战略人力资源管理学（第三版）

Strategic Human Resource Management

王建民 主　编
钱诚　王艳涛 副主编

图书在版编目(CIP)数据

战略人力资源管理学/王建民主编. —3 版. —北京:北京大学出版社,2020.7
21 世纪经济与管理规划教材·工商管理系列
ISBN 978-7-301-31356-5

Ⅰ.①战… Ⅱ.①王… Ⅲ.①人力资源管理—高等学校—教材 Ⅳ.①F243

中国版本图书馆 CIP 数据核字(2020)第 104471 号

书　　　名	战略人力资源管理学（第三版） ZHANLÜE RENLI ZIYUAN GUANLIXUE（DI-SAN BAN）
著作责任者	王建民　主编
责 任 编 辑	任京雪　徐　冰
标 准 书 号	ISBN 978-7-301-31356-5
出 版 发 行	北京大学出版社
地　　　址	北京市海淀区成府路 205 号　100871
网　　　址	http://www.pup.cn
微信公众号	北京大学经管书苑（pupembook）
电 子 信 箱	em@pup.cn
电　　　话	邮购部 010-62752015　发行部 010-62750672　编辑部 010-62752926
印 刷 者	天津中印联印务有限公司
经 销 者	新华书店
	787 毫米×1092 毫米　16 开本　15 印张　302 千字
	2009 年 1 月第 1 版　2013 年 7 月第 2 版
	2020 年 7 月第 3 版　2020 年 7 月第 1 次印刷
定　　　价	36.00 元

未经许可，不得以任何方式复制或抄袭本书之部分或全部内容。
版权所有，侵权必究
举报电话：010-62752024　电子信箱：fd@pup.pku.edu.cn
图书如有印装质量问题，请与出版部联系，电话：010-62756370

丛书出版前言

作为一家综合性的大学出版社,北京大学出版社始终坚持为教学科研服务,为人才培养服务。呈现在您面前的这套"21世纪经济与管理规划教材"是由我国经济与管理领域颇具影响力和潜力的专家学者编写而成,力求结合中国实际,反映当前学科发展的前沿水平。

"21世纪经济与管理规划教材"面向各高等院校经济与管理专业的本科生,不仅涵盖了经济与管理类传统课程的教材,还包括根据学科发展不断开发的新兴课程教材;在注重系统性和综合性的同时,注重与研究生教育接轨、与国际接轨,培养学生的综合素质,帮助学生打下扎实的专业基础和掌握最新的学科前沿知识,以满足高等院校培养精英人才的需要。

针对目前国内本科层次教材质量参差不齐、国外教材适用性不强的问题,本系列教材在保持相对一致的风格和体例的基础上,力求吸收国内外同类教材的优点,增加支持先进教学手段和多元化教学方法的内容,如增加课堂讨论素材以适应启发式教学,增加本土化案例及相关知识链接,在增强教材可读性的同时给学生进一步学习提供指引。

为帮助教师取得更好的教学效果,本系列教材以精品课程建设标准严格要求各教材的编写,努力配备丰富、多元的教辅材料,如电子课件、习题答案、案例分析要点等。

为了使本系列教材具有持续的生命力,我们将积极与作者沟通,争取每三年对教材进行一次修订。无论您是教师还是学生,您在使用本系列教材的过程中,如果发现任何问题或者有任何意见或者建议,欢迎及时与我们联系(发送邮件至em@ pup. cn)。我们会将您的宝贵意见或者建议及时反馈给作者,以便修订再版时进一步完善教材内容,更好地满足教师教学和学生学习的需要。

最后,感谢所有参与编写和为我们出谋划策提供帮助的专家学者,以及广大使用本系列教材的师生,希望本系列教材能够为我国高等院校经管专业教育贡献绵薄之力。

北京大学出版社
经济与管理图书事业部

献给未来的领导者、执行者和作业者！

人力资源是第一战略资源！
战略人力资源管理是第一战略管理！

第三版前言

为学习者和参考者提供客观准确、前沿创新、简明精练的知识、理念与方法,是本书编者坚守的价值观。一如既往,主编及其工作团队在即将面世的本书第三版的修订中,为此付出了不懈的努力。每一版的修订,都会得到北京大学出版社编辑团队给予的支持与帮助,在此表示衷心的感谢!当然,最需要感谢的是线上、线下教学使用本书的老师和同学,以及学习或参考本书的读者!

本书第一版以王建民教授主持的"战略人力资源管理"国家级精品课程讲义为基础编著,第二版则是"战略人力资源管理"国家级精品资源共享课线上学习的主要参考书。在线下课堂教学中,据不完全统计,有数十所高校将本书选作教材或推荐阅读书。在本书的第一版和第二版中,为读者精选了丰富的案例、重要引用观点的英文原文以及"知识与信息"专栏等内容。在第三版中,根据编辑建议和多方面考虑,删去了英文原文标注和全部的"知识与信息"专栏,节约了不少篇幅,更主要的变化是替换了大部分案例,进一步订正、精练正文的表述,升级了数据和信息。概念框架、理论观点和技术方法等基础性内容,暂时还没有变动的理由和根据,等到资料充足、思考成熟、认识到位之时,在新的版本中再呈现给大家。

战略人力资源管理学,讨论有关"完成组织战略使命,实现组织战略目标,落实组织战略计划,规划、获取、配置、使用与建设组织中员工生产能力的一系列政策措施和实践活动"的理性思考与技术对策等问题。长期跟踪研究现实中组织战略的调整及其相应的人力资源需求变动,是持续保持和创造教材阅读者价值的必要条件。但是,教材内容的研究、选编和出版,有一定的滞后效应。作者无论多么努力,也会有赶不上企业战略调整与人力资源政策变动节奏的情况出现。为此,建议学习者和参考者,在立足于本书基础内容的同时,经常关注处于激烈的市场竞争和非市场化的不确定性压力中的企业;关注企业为了生存与发展,采取了什么样的竞争战略和人力资源管理实践。

有实力的企业在激烈的市场竞争中实现战略目标是正常状态,受到政治利益集团的打压、遭遇重大灾害影响等,则属于非市场化的不确定性压力;后者对企业家智慧、意志力和领导力以及对企业决胜的战略能力,势必带来更大的挑战和考验。一个传遍世界的例子是中国的华为公司,自2018年以来,华为受到美国特朗普政府的持续政治性打击,2018年12月1日,华为首席财务官孟晚舟在加拿大应美国要求被捕……华为轮值董事长徐直军在公司2019年年度报告中表示:"2019年对华为来说是不平凡的一年,在极为严苛的外部挑战下,全体华为员工团结一致,聚焦为客户创造价值,赢得广大客户和伙伴的尊重和信任。2019年,华为实现销售收入8 588亿人民币,同比增长19.1%,实现净利润627亿人民币,经营性现金流914亿人民币,公司整体经营稳健。"

特朗普政府欲置华为于死地的目的在过去一年里以失败而告终。2020年5月15日,美国商务部再次出台针对华为的出口管制规定,试图切断华为与全球芯片商的联系。华为对此尚未做出正式回应,但5月16日上午11时许,华为心声社区发布了一篇题为"没有伤痕累累,哪来皮糙肉厚,英雄自古多磨难"的文章,配了一张图片,上面写着两句话:"回头看,崎岖坎坷;向前看,永不言弃。"配图是"一架第二次世界大战中被打得像筛子一样,浑身弹孔累累的伊尔2攻击机,依然坚持飞行,终于安全返回"。华为表示:"除了胜利,我们别无选择!"①

华为在面对美国特朗普政府"动用国家力量"进行政治打压有可能进一步严峻的情况下,和其他无数企业一样,还要受到自2019年12月以来在全球蔓延的新型冠状病毒的影响。此次疫情极其严重,截至2020年5月18日,全球215个国家(地区)累计确诊470多万例,死亡31万多人,其中美国累计确诊152万多例,死亡9万多人。② 全球范围内,停航停运,停工停产,十分普遍。③ 著名经济学家张五常认为,这次新冠肺炎疫情不会像中世纪黑死病那样带来一个世纪的不景气,但一定会导致1929年那样的大萧条。④

面对人祸、天灾带来的困境,许多公司开始裁员以削减规模。但是《哈佛商业评论》发表的一篇报道则指出,明智的公司反其道而行之,不管外部的经济状况如何,这些公司都愿意投资在人才上,为危机过后的复苏和增长做好准备。作者认为,当前正是难得的

---

① 乌元春:《美新规再对华为"卡脖子",华为今早发了一张图》(2020年5月18日,环球网:https://world.huanqiu.com/article/3yGGmpfOrUy)。
② 凤凰网新闻:新冠肺炎(COVID-19)全球疫情实时动态(2020年5月18日,凤凰网:http://news.ifeng.com/c/special/7uLj4F83Cqm)。
③ 环球网:《又一巨头公司宣布大规模停工!76 000名员工"放长假"!外界还担忧……》(2020年4月16日,环球网:https://tech.ifeng.com/c/7vijOVwuTLg)。
④ 澎湃号—文化纵横:《张五常:全球大萧条已成定局》(2020年5月18日,澎湃新闻:https://www.thepaper.cn/newsDetail_forward_7367001)。

机会,各种人才唾手可及,此时不抢更待何时。①

事实上,无论面对什么样的挑战与机遇,高质量的研究开发人才与管理人才都是企业战略调整和新目标实现的第一战略资源及决定因素。管理学专业的学生、人事管理从业人员,以及企业事业单位的管理人员,有必要掌握战略人力资源管理学知识与方法。这既是发展个人职业生涯的必备技能,又是建立和管理组织的核心能力。

希望本书第三版能够为广大读者在自己的学习活动中创造更大的"剩余价值"。第三版延续了第二版的体系和框架,再次用逻辑结构示意图展示全书内容:

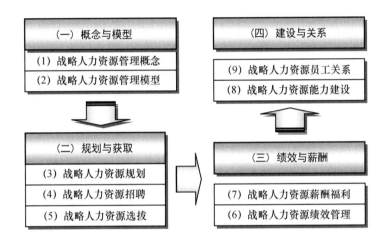

全书由四篇9章组成。主要内容概述如下:

第一篇,概念与模型,包括第1章"战略人力资源管理概念"和第2章"战略人力资源管理模型"。第1章全面界定和梳理了战略、资源、有形资源、无形资源、人力资源、人力资本、人力资源管理、战略管理和战略人力资源管理等相关概念。第2章分为四节,分别说明了模型与管理模型、战略管理模型、人力资源管理模型和战略人力资源管理模型等问题。

第二篇,规划与获取,包括第3章"战略人力资源规划"、第4章"战略人力资源招聘"和第5章"战略人力资源选拔"。主要介绍如何在组织战略基础之上规划人力资源战略,以及如何根据所规划的战略目标去招聘和选拔符合组织需要的人力资源等内容。

第三篇,绩效与薪酬,包含第6章"战略人力资源绩效管理"和第7章"战略人力资源薪酬福利"。第6章介绍了绩效管理的概念、理论和方法,其中包括关键绩效指标与平衡计分卡两种重要的现代绩效管理技术。第7章介绍了薪酬福利与战略的相关性、薪酬的决定与构成、福利的形式与作用以及薪酬与福利的设计等内容。

---

① 克劳迪奥·费尔南德斯—阿劳斯(Claudio Fernández-Aráoz):《听说都在裁员?明智的企业已经准备好抢人了》(2020年5月6日,哈佛商业评论:https://mp.weixin.qq.com/s/I4h_fi5RprubJ5-Sy365Nw)。

第四篇,建设与关系,包括第 8 章"战略人力资源能力建设"和第 9 章"战略人力资源员工关系"。第 8 章主要包括开发的基本问题、开发需求分析、开发与职业发展、战略生产力开发、战略执行力开发和战略领导力开发六方面的内容。第 9 章包括员工权利与法律规定、雇佣关系与工会制度,以及组织制度与和谐文化三个方面的内容。

第三版的修订有两位副主编参与,分别是钱诚博士和王艳涛博士。肖志康和张继争博士生,张艺缤和刘源硕士生,参与了第三版的数据更新和内容校订,在此表示感谢。再次感谢曾经和继续使用本书作为教材或推荐为学生参考书的老师:西安交通大学蒋园园老师、北京工业大学刘幸菡老师、安徽师范大学吴秀莲老师、广西大学漆贤军老师、江苏大学施进华老师、北京理工大学周锐老师、郑州大学夏德峰老师、安徽师范大学吴秀莲老师、武汉纺织大学周玉艳老师、上海海事大学瞿群臻老师,以及其他未和编者或出版社留下姓名与联系方式的老师及读者。非常感谢!

最后,感谢北京师范大学政府管理学院从事组织与人力资源管理教学研究的各位优秀同事——于海波教授、王颖教授、李永瑞副教授、柯江林副教授、余芸春副教授、王昌海博士、李艳副教授、关晓宇博士、尚哲博士。各位老师同时兼任北京师范大学战略人才研究中心研究员。

再次重复一句话:请把这本书的优点告诉大家,把缺点告诉主编(wangjm@bnu.edu.cn)!谢谢!

王建民
2020 年 5 月 18 日
于北京

目 录

第一篇 概念与模型

第1章 战略人力资源管理概念 /3

主要内容 /3

核心概念 /3

预期目标 /3

开篇案例 沃尔玛：世界500强榜首的人力资源管理秘诀 /4

1.1 战略与资源 /6

1.2 资源中的人力资源 /11

1.3 战略管理与人力资源管理 /15

要点回顾 /19

思考与练习题 /20

案例研究 /20

第2章 战略人力资源管理模型 /23

主要内容 /23

核心概念 /23

预期目标 /23

开篇案例 海尔："人单合一"创新案例走进哈佛课堂 /24

2.1 模型与管理模型 /28

2.2 战略管理模型 /31

2.3 人力资源管理模型 /33

2.4 战略人力资源管理模型 /34

要点回顾 /37

思考与练习题 /37

案例研究 /38

第二篇 规划与获取

第3章 战略人力资源规划 /43

主要内容 /43

核心概念 /43

预期目标 /43

开篇案例 《制造业人才发展规划指南》起草的前前后后 /44

3.1 框架与内容 /47

3.2 程序与技术 /52

3.3 执行与评价 /59

要点回顾 /60

思考与练习题 /61

案例研究 /61

第4章 战略人力资源招聘 /64

主要内容 /64

核心概念 /64

预期目标 /64

开篇案例 飞利浦：独特招聘揽人才 /65

4.1 招聘准备 /66

4.2 招聘过程 /72

4.3 招聘方法 /75

要点回顾 /81

思考与练习题 /82

案例研究 /82

第5章 战略人力资源选拔 /85

主要内容 /85

核心概念 /85

预期目标 /86

开篇案例 通用电气"机舱面试"选择接班人 /86

5.1 选拔认识 /88

5.2 选拔测试 /92

5.3 选拔面试 /96

5.4 录用决策 /102

要点回顾 /103

思考与练习题 /105

案例研究 /105

第三篇 绩效与薪酬

第6章 战略人力资源绩效管理 /111

主要内容 /111

核心概念 /111

预期目标 /112

开篇案例 美孚公司:世界500强的平衡计分卡之旅 /112

6.1 绩效管理的概念与模型 /114

6.2 绩效管理的基本问题 /119

6.3 绩效信息与绩效管理中的错误 /124

6.4 绩效管理的方法 /128

6.5 关键绩效指标与平衡计分卡 /133

要点回顾 /138

思考与练习题 /140

案例研究 /140

第7章 战略人力资源薪酬福利 /144

主要内容 /144

核心概念 /144

预期目标 /145

开篇案例 美国三大零售企业的薪酬模式 /145

7.1 薪酬福利与战略 /147

7.2 薪酬的决定与构成 /152

7.3 福利的形式与作用 /158

7.4 薪酬与福利的设计 /160

要点回顾 /165

思考与练习题 /166

案例研究 /166

第四篇 建设与关系

第8章 战略人力资源能力建设 /173

主要内容 /173

核心概念 /173

预期目标 /174

开篇案例 迪士尼:"快乐培训"造就梦想 /174

8.1 开发的基本问题 /177

8.2 开发需求分析 /181

8.3 开发与职业发展 /184

8.4 战略生产力开发 /187

8.5 战略执行力开发 /190

8.6 战略领导力开发 /193

要点回顾 /201

思考与练习题 /202

案例研究 /203

第9章 战略人力资源员工关系 /207

主要内容 /207

核心概念 /207

预期目标 /208

开篇案例 滴滴出行:专车司机身份之谜 /208

9.1 员工权利与法律规定 /210

9.2 雇佣关系与工会制度 /213

9.3 组织制度与和谐文化 /217

要点回顾 /220

思考与练习题 /221

案例研究 /221

附录一 主要参考文献 /223

附录二 图表目录 /226

21世纪经济与管理规划教材

工商管理系列

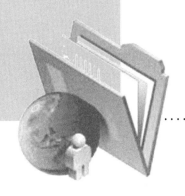

第一篇

概念与模型

- 第1章　战略人力资源管理概念
- 第2章　战略人力资源管理模型

第1章 战略人力资源管理概念

我并不喜欢戴着有色眼镜看人,但必须承认,如果你的战略和员工的技能能够匹配起来,那可是一件大好事。

战略不过是制定基本的规划,确立大致的方向,把合适的人放到合适的位置上,然后以不屈不挠的态度改进和执行而已。

——杰克·韦尔奇和苏茜·韦尔奇

主要内容

- ■ 战略与资源
- ■ 资源中的人力资源
- ■ 战略管理与人力资源管理

核心概念

战略(strategy)

资源(resource)

有形资源(tangible resources)

无形资源(intangible resources)

人力资源(human resource)

人力资本(human capital)

人力资源管理(human resource management)

战略管理(strategic management)

战略人力资源管理(strategic human resource management)

预期目标

通过本章学习,你可以获得以下知识和能力:

- ■ 明确战略、资源、人力资源管理、战略管理等概念的含义;
- ■ 区分有形资源和无形资源,人力资源、人力资本和人才资源的概念;

- 理解战略人力资源管理概念的内涵和外延；
- 认识组织战略与组织人力资源能力的高度相关性。

开篇案例

沃尔玛：世界500强榜首的人力资源管理秘诀

在《财富》世界500强榜单上，有这样一个长期排名榜首的商业帝国，这就是全球零售业霸主——沃尔玛。2007—2018年的世界500强排名中，沃尔玛只在2012年排名第三，2013年排名第二，其他10年均排名第一。这样一家以零售为主业的企业到底为何成功？许多人从它的人力资源管理中寻找答案。

沃尔玛百货有限公司（WalMart Inc.，NYSE：WMT）（以下简称"沃尔玛"）是美国的一家世界性连锁企业，其控股人为沃尔顿家族，总部位于美国阿肯色州的本顿维尔。沃尔玛主要涉足零售业，是世界上雇员最多的企业；有8500家门店，分布于全球15个国家；主要有沃尔玛购物广场、山姆会员店、沃尔玛商店、沃尔玛社区店等四种营业方式。如此庞大的企业实现多年营收全球第一，与其实施的人力资源战略有着重要的关系。

零售业的竞争，归根结底是人才的竞争。沃尔玛最独特的优势是其员工的献身精神和团队精神。山姆·沃尔顿（Sam Walton）和他的继任者一再强调人对沃尔玛的重要性，员工被视为公司最大的财富。沃尔玛的人力资源战略可以归纳为三点：激励人才、尊重人才、发展人才。

激励人才

沃尔玛致力于为每一位员工提供良好和谐的工作氛围、完善的薪酬福利计划、广阔的事业发展空间，并且在这方面已经形成一整套独特的政策和制度。

在沃尔玛的术语中，公司员工不被称为员工，而被称为合伙人。这一概念具体化的政策体现为三个互相补充的计划：

一是利润分享计划。凡是加入公司一年以上，每年工作时数不低于一定小时的员工，都有权分享公司的一部分利润。公司根据利润情况按员工工薪的一定百分比提留，一般为6%。提留后用于购买公司股票，由于股票价值随着公司业绩的成长而提升，当员工离开公司或是退休时就可以得到一笔数目可观的现金或是公司股票。一位1972年加入沃尔玛的货车司机，20年后的1992年离开公司时得到了70.7万元的利润分享金。

二是员工购股计划。本着自愿的原则，员工可以购买公司的股票，并享有比市价低15%的折扣，可以交现金，也可以用工资抵扣。目前，沃尔玛80%的员工都享有公司的股票，真正成为公司的股东，其中有些成为百万和千万富翁。

三是损耗奖励计划。店铺因减少损耗而获得的盈利，公司与员工一同分享。其他福利计划,如建立员工疾病信托基金,设立员工子女奖学金。从 1988 年开始,沃尔玛每年资助 100 名员工的孩子上大学,每人每年 6 000 美元,连续资助 4 年。

尊重人才

在公司内,领导和员工是"倒金字塔"形的组织关系,领导处于最低层,员工是中间的基石,顾客永远是第一位的。员工为顾客服务,领导则为员工服务,是员工的公仆。对于所有走上领导岗位的员工,沃尔玛首先提出这样的要求:如果您想事业成功,那么您必须要您的同事感觉到您是在为他们工作,而不是他们在为您工作。公仆不是坐在办公桌后发号施令,而是实行走动式管理,管理人员要走出来直接与员工交流、沟通,并及时处理有关问题。在沃尔玛,每一位员工佩戴的工牌上都写有这样一句话"OUR PEOPLE MAKE DIFFERENCE"(我们的员工创造非凡)。工牌上只有姓名没有职务,最高总裁也不例外。公司内部没有上下级之分,可以直呼其名,这有助于营造一个温暖友好的氛围,给员工提供一个愉快的工作环境。另外,公司还有离职面试制度,可以确保每一位离职员工离职前有机会与公司管理层交流和沟通,从而能够了解到每一位员工离职的真实原因,有利于公司制定相应的人力资源战略。挽留政策的实行不仅使员工流失率降到最低程度,而且即使员工离职,仍会成为沃尔玛的一位顾客。

发展人才

沃尔玛重视对员工的培训和教育,建立了一套行之有效的培训机制,并投入大量的资金予以保证。各国际公司必须在每年的 9 月与总公司的国际部共同制订并审核年度培训计划。培训项目分为任职培训、升职培训、转职培训、全球最佳实践交流培训和各种专题培训。在每一个培训项目中又包括 30 天、60 天、90 天的回顾培训,以巩固培训成果。培训又分为不同的层次,有在岗技术培训,如怎样使用机器设备、如何调配材料;有专业知识培训,如外国语言培训、电脑培训;有企业文化培训,全面灌输沃尔玛的经营理念。更重要的是,沃尔玛根据不同员工的潜能对管理人员进行领导艺术和管理技能培训,这些人将成为沃尔玛的中坚力量。沃尔玛非常注重提高分店经理的业务能力,并且在做法上别具一格。沃尔玛的最高管理层不是直接指导分店经理怎样做生意,而是让他们从市场、从其他分店学习这门功课。

除了从公司内部选拔和培养现有优秀人才,沃尔玛开始从外部适时引进高级人才,补充新鲜血液,以丰富公司的人力储备。在招聘员工时,对于每一位应聘人员,无论种族、年龄、性别、地域、宗教信仰等,沃尔玛都为他们提供相等的就业机会。从 1998 年开始,沃尔玛开始实施见习管理人员计划,即在高等院校举行 CAREER TALK(职业发展讲座),吸引了一大批优秀的应届毕业生,经过相当长一段时间的培训,然后充实到各个岗位,此举极大地缓解了公司业务高速扩展对人才的需求。

沃尔玛总裁兼首席执行官(CEO)大卫·格拉斯(David Glass)说:是我们的员工创造了沃尔玛的价值体系。沃尔玛如此辉煌的发展历史和发展前景,其用人之道确实值得中国的零售业深思和借鉴。员工是公司的主体,只有尊重员工,与员工建立利益共享的伙伴关系,最大限度地挖掘员工的创造潜力,让每一位员工充分实现个人的价值,在各项工作中达到卓越的境界,才能真正使企业站在较高的起点上,实现跨越式发展。

资料来源:改编自百度文库《沃尔玛员工的激励》(2019年8月29日,https://wenku.baidu.com/view/c4b010ea59eef8c75ebfb3cc.html)和Hroot网文章《沃尔玛公司组织文化与人资管理特色》(2019年8月29日,http://www.hroot.com/d-9353682.hr)。

讨论题:

(1) 沃尔玛长期排名《财富》世界500强首位的秘诀有哪些?其中,人力资源在其战略中发挥了怎样的作用?

(2) 如何评价沃尔玛在激励人才、尊重人才和发展人才方面的做法?

沃尔玛辉煌的发展历史,根本上是人力资源管理成功的历史。沃尔玛认为,员工是公司的主体,尊重员工,与员工建立利益共享的伙伴关系,最大限度地挖掘员工的创造潜力,让每一位员工充分实现个人价值,在各项工作中达到卓越的境界,是实现企业战略目标的关键所在。

新的时代已经到来,经济、政治和社会发展日新月异,全方位、全球化的竞争日趋激烈。新时代的竞争是战略的竞争。战略的竞争是资源的竞争。资源的竞争最关键的是人力资源的竞争,或者说是核心人力资源的竞争。

人力资源是最重要的战略资源。认识并掌握战略人力资源管理的理念与技术,对于未来营利组织和非营利组织的决策者、执行者与建设者,都具有极其重要的意义。

本章界定战略、人力资源、战略管理、人力资源管理和战略人力资源管理等概念,为读者建立战略人力资源管理观察视角和思维模式奠定基础。

1.1 战略与资源

什么是战略?什么是资源?资源对于战略意味着什么?正确认识这三个问题,是建立战略人力资源管理概念框架的初始条件。

1.1.1 什么是战略

在一般意义上,战略(strategy)一词可以定义为"指导全局工作、决定全局命运的方针、方式和计划"①。

因认识的角度或关注的重点不同,研究者对战略概念就会有不同的界定或表述。詹姆斯·布赖恩·奎因(James Brian Quinn)从方向性、协调性和决策结构角度观察,认为战

---

① 参见王建民编著:《战略管理学》,北京大学出版社,2013年第3版,第7页。

略是把组织的主要目标、政策和行为有序整合为一体的计划或模式。①

威廉姆·亨(William Hen)强调战略的资源分配作用,提出战略是为取得竞争优势,围绕所选择的机会进行资源集中的行动方案。②

威廉·P. 安东尼(William P. Anthony)等专家认为,战略是指在明确承认竞争和外部环境力量作用的前提下,确立的组织使命与目标,以及为了实现使命与目标而制订的行动计划。③

战略的原意为"指导战争全局的计划和策略"(overall plan and tactics for a war)。④《中国大百科全书·军事》对战略的定义是:"战争指导者为达成战争的政治目的,依据战争规律所制定和采取的准备和实施战争的方针、策略和方法。"⑤

"发生在民族与民族之间、国与国之间,或者政治集团与政治集团之间的军事战争……关系民族、国家或者政治集团的主权、尊严、利益,直至生死存亡,因而需要精心计划、全面准备、竭力实施。""战争意味着荣辱——胜者为王,败者为寇,意味着胜败——你胜我负,意味着存亡——你死我活。类似的情况,在市场化、全球化、知识化、数字化、网络化的现代经济和社会生活中普遍存在,有经济大战、商业战、人才争夺战等多种说法。"⑥制定和实施战略,是取得"战争"胜利的有力保证。

战略概念大约在 20 世纪五六十年代开始应用于工商企业管理领域。"商场如战场",随着技术进步和生产力水平的不断提高,市场竞争日趋激烈。企业所面对的外部环境危机四伏,不确定性程度显著提高,经营者和研究者借鉴战略理论和方法的需要油然而生。据考证,1962 年,美国管理学家阿尔弗雷德·D. 钱德勒(Alfred D. Chandler, Jr.)⑦所著的《战略与结构》,首次运用军事术语"战略"分析企业管理问题,开创了企业战略管理研究的先河。1965 年,美国教授伊戈尔·安索夫(Igor Ansoff)出版研究企业战略制定和实施的著作《公司战略》,大大促进了战略管理在企业的广泛应用。⑧

上述是理论家对"战略"的理解。下面再看看一位实践家怎么说。

有"全球第一 CEO"之称的美国通用电器前董事长兼首席执行官杰克·韦尔奇(Jack

---

① Quinn, J. B., *Strategic for Chang: Logical Incrementalism*, Homewood, IL: Richard D. Irwin, 1980, p.7.
② 转引自查尔斯·R. 格里著,孙非等译:《战略人力资源管理》,机械工业出版社,2004 年第 1 版,第 81 页。
③ 参见威廉·P. 安东尼等著,赵玮、徐建军译:《人力资源管理:战略方法》(第四版),中信出版社,2004 年第 1 版,第 9 页。
④ 参见中国社会科学院语言研究所词典编辑室编:《现代汉语词典(汉英双语版)》(2002 年增补本),外语教学与研究出版社,2002 年第 1 版,第 2413 页。
⑤ 参见中国大百科全书出版社《中国大百科全书》光盘(1.1 版)军事卷"战略"词条。
⑥ 参见王建民编著:《战略管理学》,北京大学出版社,2013 年第 3 版,第 6 页。
⑦ 阿尔弗雷德·D. 钱德勒(1918—2007),伟大的企业史学家、战略管理领域的奠基者之一。1952 年在哈佛大学历史系获博士学位,随后任教于麻省理工学院和霍普金斯大学。1971 年被哈佛商学院聘为企业史教授,在那里工作至近 80 岁退休。
⑧ 参见王建民编著:《战略管理学》,北京大学出版社,2013 年第 3 版,第 6 页。王建民在书中介绍了"战略"与"战术"概念的联系和区别。摘录于此,供读者参考:"战略与战术不同。二者是全局与局部、宏观与微观的关系。战略是路线、方针、政策,战术是手段、措施、方法。战略指导、制约战术的运用,战术决定、影响战略目标的实现。"

Welch)抱着"怀疑的态度"看待"战略大师"的战略理论。韦尔奇认为,战略并不是什么高深莫测的科学方法,"战略不过是鲜活的、有呼吸的、完全动态的游戏而已"。战略是"有趣的、迅速的、是有生命力的"。"在真实的生活中,战略其实是非常直截了当的。你选中一个努力的方向,然后不顾一切地实现它罢了。""战略其实就是对如何开展竞争的问题做出清晰的选择。"①

⊰概念·要点⊱

战略,是指导全局工作、决定全局命运的方针、方式和计划。

1.1.2 什么是资源

战略可以理解为事关全局生存与发展的方针和政策。资源(resource)如何理解?

联合国认为,资源一般是指在一定时期、一定地点和一定条件下,能够产生经济价值,以提高人类当前和未来福利的自然因素及条件。《辞海》把资源概念解释为"资财的来源。一般指天然的财源"②。显然,这里所强调的是自然形态的资源。

马克思主义经典作家从自然因素和劳动因素两个角度阐释了资源的含义。马克思在《资本论》中指出,社会的财富表现为"庞大的商品堆积",而这"种种商品体,是自然物质和劳动这两种要素的结合","正像威廉·配第所说,劳动是财富之父,土地是财富之母"。③ 恩格斯进一步提出,劳动和自然界在一起才是一切财富的源泉,"自然界为劳动提供材料,劳动把材料转变为财富"④。从自然界获取的材料是指自然资源,而人类社会的劳动涉及人力、物力、财力、知识、技能、信息、制度等多方面的资源。

综合而言,资源可以理解为用来创造物质财富与精神财富的各种投入要素和条件保障的总称。资源以多种形态广泛存在于自然界和人类社会。按照现代科学的观点,资源可以分为人力资源、物力资源、信息资源和制度资源等类型。

对于一个组织而言,资源是组织生存与成长的"必需品"——是组织的"阳光、空气、水和食物";是打造组织比较优势的基本材料;是构建组织竞争与发展战略的基础和模块;是组织生产产品和提供服务、创造效用与价值的投入要素及条件保障。⑤

组织中的资源可以分为有形资源(tangible resources)和无形资源(intangible re-

---

① 参见杰克·韦尔奇、苏茜·韦尔奇著,余江译:《赢》,中信出版社,2005年第1版,第150、155页。
② 参见辞海编辑委员会编:《辞海》(缩印本),上海辞书出版社,1980年第1版,第1436页。
③ 参见中共中央编译局译:《资本论》第一卷,人民出版社,1975年第1版,第47、56—57页。
④ 参见中共中央编译局译:《马克思恩格斯选集》第四卷,人民出版社,1995年第2版,第373页。
⑤ 参见王建民编著:《战略管理学》,北京大学出版社,2013年第3版,第94页。

sources)两类。有形资源是指能够看得见并且可以量化的资产,如土地、写字楼、工厂、车间、机器设备,以及正式的(信息)报告系统、技术手段等。无形资源是指植根于组织历史,伴随组织的成长而积累,以独特方式存在,并且不易被竞争对手了解和模仿的资产。这类资源的外在特点是"无形"——看不见、摸不着,但其存在是可以意会和感知的。组织中管理者和员工所掌握的知识与技能、相互之间的信任程度和交往方式、思想观念、创新能力、领导风格、管理制度、产品或服务的声誉、人际交往方式等,都可归为无形资源一类。①

有形资源的价值是确定的,通常可以在财务报表上反映出来。与有形资源不同,无形资源的价值难以估计,一般没有确定的数值。事实上,无形资源对组织绩效和组织发展的贡献也是难以估计的。无形资源有两个特点:一是不易被竞争对手获知、模仿或取得,二是价值的不转移性。②

> ◀概念·要点▶
>
> 资源,是用来创造物质财富与精神财富的各种投入要素和条件保障的总称。
>
> 组织中的资源,可以分为有形资源和无形资源两类。有形资源是指能够看得见并且可以量化的资产;无形资源是指植根于组织历史,伴随组织的成长而积累,以独特方式存在,并且不易被竞争对手了解和模仿的资产。

1.1.3 资源与战略

资源是组织生存与成长的"阳光、空气、水和食物",战略是事关组织全局生存与发展的方针和政策。资源对于战略意味着什么?意味着基础条件和决定因素。

资源是战略制定的基础和根据。任何一项活动都离不开资源投入。战略制定是对未来组织活动的规划。在制定战略的过程中,组织必须以现有的及潜在的资源条件为基础和根据。超越或滞后于资源基础的战略,必然造成资源的浪费。

---

① 参见王建民编著:《战略管理学》,北京大学出版社,2013年第3版,第97—98页。
② 无形资源的"价值不转移性"是指:作为投入要素,在完成产品和服务的价值创造之后,资源自身的价值不会转移到产品中去。有形资源会越用越少、越用越旧,在使用中其价值会逐步转移到产品和服务之中。但是,无形资源无论使用多少次其价值都不会减少。无形资源在创造价值的同时,自身的价值水平不会下降。比如,员工在生产中要投入自己掌握的知识和技能,生产过程结束之后,产品中包含了知识和技能创造的价值。此时,员工自己的知识和技能的价值不但没有下降,反而会因使用提高了熟练程度而使价值增加。

资源是战略成功与否的决定因素。战略的生命在于执行,战略执行最重要的因素之一,在于战略资源有效和持续地供应。战略资源供应链的中断,必然导致战略的失败。

资源的开发与利用是战略的重要内容。为了开发自然资源和非自然资源,满足经济和社会发展的需求,有关组织或机构常常会制定战略。

资源对战略的基础性和决定性作用,可以从企业战略实践的成败中得到证明。这里不妨审视一下两家中国企业集团的战略之道。一个是海尔集团(Haier),另一个是TCL集团。海尔集团首席执行官张瑞敏与TCL集团董事长李东生的战略决策,是否依据了集团的资源条件?海尔集团的六阶段发展战略是否成功?TCL集团的"全球彩电业霸主"战略为什么会失败?

海尔集团在首席执行官张瑞敏确立的"名牌战略"指导下,先后实施了名牌战略(1984—1991年)、多元化战略(1991—1998年)、国际化战略(1998—2005年)、全球化品牌战略(2005—2012年)、网络化战略(2012—2019年)和生态品牌战略(2019—)。海尔集团对每一个战略阶段的特征,都有清晰的概括和总结。图1-1所示为海尔集团迄今为止制定的六个阶段的发展战略。①

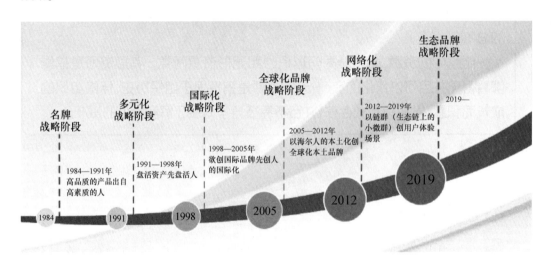

图1-1 海尔集团六阶段发展战略

---

① 参见海尔集团网站资料《集团战略》(2020年4月11日,http://www.haier.net/cn/about_haier/strategy/)。海尔集团创立于1984年,是一家全球领先的美好生活解决方案服务商。在持续创业创新过程中,海尔集团始终坚持"人的价值第一"的发展主线。海尔集团董事局主席、首席执行官张瑞敏提出"人单合一"模式,以其时代性、普适性和社会性实现了跨行业、跨文化的融合与复制。2019年12月26日,海尔集团宣布开启了第六个战略阶段——生态品牌战略阶段。目前,海尔集团拥有上市公司4家,孵化独角兽企业4家,瞪羚企业21家,在全球设有10大研发中心、25个工业园、122个制造中心,拥有海尔、卡萨帝、统帅、美国GE Appliances、新西兰Fisher & Paykel、日本AQUA、意大利Candy、卡奥斯COSMOPlat、日日顺、盈康一生、海尔生物医疗、海纳云、海创汇、海尔兄弟等众多生态品牌和新物种(2020年4月11日,http://www.haier.net/cn/about_haier/)。

2007年2月11日,TCL集团董事长李东生做客CCTV《对话》节目,"坦陈国际化道路成败"。2004年7月,TCL多媒体(TMT)并购法国汤姆逊公司彩电业务,双方合资成立TCL汤姆逊公司(TTE)。这次并购让TCL集团几乎在一夜之间一跃成为全球彩电业霸主。鲜花与掌声背后掩藏的却是巨大的危机。截至2006年9月30日,TMT在欧洲业务上的累计投资损失约2.03亿欧元(约合人民币20.3亿元)。之后,TCL集团对外公布重组方案,意味着TMT暂时放弃了欧洲业务。在《对话》现场,李东生对这次失利进行了深刻的反思:"在国际化中一定要做的,就是要有很清晰的国际化战略。要战略牵引,而不是机会牵引。特别是一些并购项目,必须做好整体规划。"李东生强调,"国际化战略是企业未来发展的必由之路,想好这条路就要坚韧不拔地走下去。'山石方土木,百折不回头'。"①

≺概念·要点≻

资源是战略制定的基础和根据,是战略成功与否的决定因素。资源的开发与利用是战略的重要内容。

1.2 资源中的人力资源

按照形态,资源可以分为有形资源和无形资源两类。按照性质,资源有人力资源、物力资源、信息资源和制度资源等类型。在各类资源中,人力资源是最重要的资源。

1.2.1 什么是人力资源

人力资源(human resource)有三层含义:一是指一个国家或地区内具有劳动能力的人口的总和(如图1-2所示);二是指在一个组织中发挥生产力作用的全体人员;三是指一个人具有的劳动能力。这是国内学者比较普遍接受的人力资源定义。

管理学是发展中的学科。管理学与经济学等比较成熟的学科相比,其概念的内涵和外延往往不是那么确定,一般没有清楚的、统一的内容和边界。尽管各路专家、学者达成"共识"的趋势不断加强,"共同语言"日益增多,但是持不同意见者比比皆是。

对人力资源概念的认识,除上述三种理解外,还有多种说法。这里择要介绍几位专家的观点。

管理学大师彼得·德鲁克(Peter Drucker)在1954年出版的《管理的实践》这部经典

---

① 李东生做客《对话》的文字报道,详见2007年2月12日央视国际《对话》:《李东生·远征心得》(TCL远征欧洲"失败",以及之后李东生的公开"反思",很有借鉴意义)。

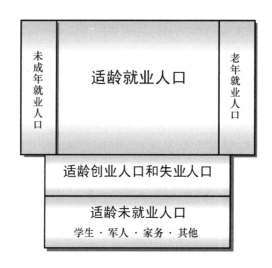

图 1-2　一个国家或地区内人力资源构成

著作中,首次在管理学领域阐释了人力资源的含义,奠定了人力资源管理学理论的基础。德鲁克教授指出:"人力资源——完整的人——是所有可用资源中最具生产力、最有用处、最为多产的资源。""人力资源具有一种其他资源所没有的特性:具有协调、整合、判断和想象的能力。""人力资源还有与其他任何资源都不同的一点,即对于自己要不要工作,拥有绝对的自主权。"因此,德鲁克教授认为,企业在雇用员工时,要雇用整个人,而不能只是雇用"人手",必须连双手的主人一起雇用。① 从德鲁克的阐释中可以得出这样的结论,即人力资源是组织中由人员所发挥出的生产能力。来自人的生产能力是最重要和最有价值的能力。人力资源作用的发挥具有特殊性。

一位美国学者认为,人力资源是人类可用于生产产品或提供各种服务的活力、技能和知识。另一位专家提出,人力资源是企业内部的成员及外部的与企业相关的人,即总经理、雇员、合作伙伴和顾客等可提供潜在合作与服务及有利于企业预期经营活动的人力的总和。还有专家认为,所谓人力资源管理,就是指运用现代化的科学方法,对与一定物力相结合的人力进行合理的培训、组织和调配,使人力、物力经常保持最佳比例,同时对人的思想、心理和行为进行恰当的诱导、控制与协调,充分发挥人的主观能动性,使人尽其才、事得其人、人事相宜,以实现组织目标。②

---

① 参见彼得·德鲁克著,齐若兰译,那国毅审订:《管理的实践》,机械工业出版社,2006 年第 1 版,第 522—523 页。在引用时,根据原文对译文做了修订。1954 年《管理的实践》一书的出版,标志着管理学科的诞生。彼得·德鲁克所著的《管理的实践》一书对管理学的贡献,相当于亚当·斯密所著的《国民财富的性质和原因的研究》一书对经济学的贡献。学习管理学专业,必读《管理的实践》。

② 参见百度百科"人力资源管理"(2013 年 3 月 14 日,http://baike.baidu.com/view/4692.htm)。

◁概念·要点▷

人力资源,一是指一个国家或地区内具有劳动能力的人口的总和;二是指在一个组织中发挥生产力作用的全体人员;三是指一个人所具有的劳动能力。

1.2.2 人力资源与人力资本

在谈论人力资源的时候,经常可以遇到另一个词:人力资本(human capital)。二者是同义词、近义词,还是互不相干?在此予以简要说明。

什么是人力资本?简而言之,人力资本是指"凝聚"在人体中的知识和技能。"凝聚"的过程,是资本的投资过程;"凝聚"在人体中的知识和技能,是具有价值和使用价值的生产要素。

人力资本是一种特殊的"资本";资本"是一种产生于经济过程之中,并用于进一步生产,以获得最大化的剩余劳动产品或剩余价值的生产要素"。按照资本定义的逻辑,人力资本可以界定为:"生产于经济过程之中,并用于进一步生产,由人的使用产生的力量推动生产进行,以实现产出最大化目标的生产要素。"与人力资本相对应的概念是物力资本——"生产于经济过程之中,并用于进一步生产,由物的使用产生的力量推动生产进行,以实现产出最大化目标的生产要素"。[①]

任何生产中投入的要素,都可以归纳为人力资本和物力资本两种类型。人力资本和物力资本,均具有"推动生产进行"和"实现产出最大化目标"的功能。二者的区别在于"人的使用"和"物的使用"这方面。随着经济和社会的发展,生产过程中"人的使用"所发挥的作用越来越强,人力资本日益成为最重要的、具有决定性作用的生产要素。

人力资本概念有广义和狭义之分。广义的人力资本,包括人的体质、智力、知识和技能四部分;狭义的人力资本,只包括"凝聚"在人体中的知识和技能两部分。体质和智力是作为生物体的人本身所具有的运动功能状态和认识、决策能力。体能和智能的提高,取决于全社会营养、健康和医疗的发展水平与保障制度。知识和技能是社会或个人有计划投资——参加教育与培训等学习活动——的产物。这种产物,以具有一定发展水平的体能和智能的人为载体,能够在经济过程的使用中,为所有者带来收益或剩余价值。国内外文献中所指称的一般是狭义的人力资本范畴。[②]

[①] 参见(1)王建民著:《人力资本生产制度研究》,经济科学出版社,2001年第1版,第47—49页;(2)王建民著:《研究生人力资本研究》,科学出版社,2010年第1版,第5页。

[②] 同①(1)。

在现代经济学文献中,对人力资本概念的第一次正式阐述,出现于1935年。美国经济学家、哈佛大学教授 J. R. 沃尔什(J. R. Walsh)在发表于《经济学季刊》的一篇名为《运用于人的资本概念》的文章中完成了这一工作。1960年,诺贝尔经济学奖获得者西奥多·W. 舒尔茨(Theodore W. Schultz)[①]在美国经济学年会上,以会长的身份发表了题为《人力资本投资》的演讲,对人力资本概念做了充分的论述,初步建立了人力资本理论体系。[②] 人力资本概念于20世纪80年代初传入中国,经过三十多年的研究、认识、运用,目前已被专家、学者、政府官员和新闻媒体等社会各界普遍接受。

通过讨论可以发现,人力资源和人力资本这两个概念,既有区别又有联系。

第一,人力资源是管理学或一般意义上的概念,而人力资本是由经济学家在解决经济学问题时提出的经济学概念。

第二,人力资本强调投资收益关系,人力资源着重创造社会财富的能力资源性质。人力资本是通过有计划的投资活动——教育与培训活动——"凝聚"在人体中的、可以带来收益的"无形资产"——知识和技能。人力资源是已经存在的、有待开发和利用的社会或组织中的生产能力。

第三,人力资源是人力投资的结果,是资本性质的资源。

第四,人力资本理论是人力资源理论的理论基础和重点内容。

第五,人力资源和人力资本都以"人力"的使用产生的力量推动生产进行,创造产品和服务价值。

◁概念·要点▷

人力资本是指"凝聚"在人体中的知识和技能。人力资本是一种产生于经济过程之中,并用于进一步生产,由人的使用产生的力量推动生产进行,以实现产出最大化目标的生产要素。

1.2.3 人力资源与人才资源

人才、人才资源、人才队伍资源等词语,在国内正式和非正式场合有很高的使用频率。这几个词语与人力资源有何区别?

推敲发现,人才资源基本等价于人力资源。换句话说,人才资源就是本土化的人力资源。也有人认为,人才是指人力资源中的优秀分子。但是,从《中共中央国务院关于进

[①] 西奥多·W. 舒尔茨(1902—1998年),美国著名经济学家,人力资本理论之父,农业经济学大师,1979年获得诺贝尔经济学奖。

[②] 参见王建民著:《人力资本生产制度研究》,经济科学出版社,2001年第1版,第47—49页。

一步加强人才工作的决定》(以下简称《决定》)中对人才的界定来看,人才概念还是属于人力资源范畴。《决定》指出:"只要具有一定的知识或技能,能够进行创造性劳动,为推进社会主义物质文明、政治文明、精神文明建设,在建设中国特色社会主义伟大事业中作出积极贡献,都是党和国家需要的人才。"

众多的人才为了共同的目标汇聚在一起,形成人才资源或人才队伍资源。按照人才资源概念的逻辑,中国的人才队伍资源可以分为党政人才、企业经营管理人才、专业技术人才、高技能人才和农村实用人才等类型。

1.3 战略管理与人力资源管理

了解了战略、资源与人力资源等概念,还需要进一步辨析战略管理、人力资源管理和战略人力资源管理的含义。辨析从认识管理开始。

什么是管理?管理是"一个协调工作活动的过程,以便能够有效率和有效果地同别人一起或通过别人实现组织目标"。管理者在"协调工作活动"的过程中,通常要履行四项职能,即计划(planning)、组织(organizing)、领导(leading)和控制(controlling)。[1]

1.3.1 战略管理

战略管理(strategic management)总是要针对一个组织(如政府部门、企业、学校、协会)的整体活动,或者是组织中某方面的活动展开。在组织中开展的战略管理活动,主要包括如何制定战略、如何把战略方案付诸实践,以及如何评估和调整战略管理活动结果等内容。

具体而言,所谓战略管理,是指"在制定、实施和评价指导全局工作并决定全局命运的方针、方式及计划活动中,通过一定的程序和技术,获取最优效率和效果的过程"[2]。战略管理过程,主要分为战略制定、战略实施和战略评价三个阶段。企业的战略管理,主要致力于对人力资源、生产作业、市场营销、财务会计、研究与开发和信息系统的综合管理,以实现企业年度目标和长期目标。

战略管理与战略规划(strategic planning)既有区别,又有联系。战略规划一词主要在实际操作中应用,而战略管理则更多地为学界所青睐。在有些场合,战略管理指战略的制定、实施与评价,而战略规划仅指战略制定。战略管理和战略规划的目的也有所不同。战略管理的目的在于为未来的发展开拓和创造新的机会,而战略规划(长期规划)的目的则在于为明天的经营优化今天的条件。[3]

---

[1] 详见斯蒂芬·P. 罗宾斯、玛丽·库尔特著,孙建敏等译:《管理学》(第7版),中国人民大学出版社,2004年第1版,第7页。
[2] 参见王建民著:《人力资本生产制度研究》,经济科学出版社,2001年第1版,第6页。
[3] David, F. R. *Strategic Management: Concepts and Cases*, 8th ed., Upper Saddle River: Prentice Hall, 2001, p.5.

◁概念·要点▷

战略管理是指在制定、实施和评价指导全局工作并决定全局命运的方针、方式及计划活动中,通过一定的程序和技术,获取最优效率和效果的过程。

1.3.2 人力资源管理

如前所述,人力资源有三层含义:一是指一个国家或地区内具有劳动能力的人口的总和;二是指在一个组织中发挥生产力作用的全体人员;三是指一个人所具有的劳动能力。因此,人力资源管理(human resource management)自然就应该是分别对这三个层次的劳动能力或生产能力进行"管理"的过程。但实际上,作为一门学科研究或者作为一门功课学习的"人力资源管理",主要是针对一个组织中全体员工的生产能力这一层面的问题。

常见的人力资源管理定义有以下几种:

(1) 加里·德斯勒(Gary Dessler)认为,人力资源管理是指履行管理工作中有关人或人事方面职能所需掌握的政策规定和实务技术。具体包括以下十个方面:① 工作分析,确定每一位员工的岗位职责;② 劳动力需求规划与员工招募;③ 员工选拔;④ 新员工岗前培训;⑤ 薪酬管理,决定如何给员工发放报酬;⑥ 激励与员工福利;⑦ 绩效评价;⑧ 沟通(面谈、咨询与纪律);⑨ 培训与开发;⑩ 培养员工责任感。[1]

(2) 美国人力资源管理专家雷蒙德·A. 诺伊(Raymond A. Noe)等人认为,人力资源管理是指影响雇员的行为、态度及绩效的各种政策、管理实践和制度。[2]

(3) 中国台湾地区的人力资源管理专家黄英忠提出:人力资源管理是将组织的所有人力资源做最适当的确保(acquisition)、开发(development)、维持(maintenance)和使用(utilization),以及为此所规划、执行和统制的过程。[3]

(4) 国内学者赵曙明把人力资源管理概念界定为:对人力这一特殊的资源进行有效开发、合理利用与科学管理。[4]

管理学大师彼得·德鲁克在1954年出版的《管理的实践》一书中,首次提出了人力资源概念,阐述了企业人力资源管理的"人本主义"新思想。德鲁克强调,在把"人"当成

---

[1] 参见 Dessler, G., *Haman Resource Management*, 8th ed., Upper Saddle River:Prentice Hall, 2000, p. 2.
[2] 参见雷蒙德·A. 诺伊等著,刘昕译:《人力资源管理:赢得竞争优势》(第3版),中国人民大学出版社,2001年第1版,第3页。
[3] 转引自彭剑锋主编:《人力资源管理概论》,复旦大学出版社,2005年第1版,第11页。
[4] 参见赵曙明著:《人力资源管理研究》,中国人民大学出版社,2001年第1版,第15页。

"资源"进行管理的过程中,要特别注意把"人力"作为"人"来看待。要高度重视"人性面",要认识到"人是有道德感和社会性的动物",要"设法让工作设计安排符合人的特质"。人类以个体存在,但是通常在群体中工作。因此,在组织的工作安排中,要保证个体与群体之间实现和谐关系。

德鲁克指出:"这意味着工作的组织方式,必须始终按照这样的方式设计,即让个体所有的长处、进取心、责任感和能力,能够成为整个群体优势和绩效的来源。"①

1958年,研究培训和跨学科工业关系的社会学家E. 怀特·巴克(E. Wight Bakke)出版了《人力资源职能》一书,从管理职能的角度,深入探讨了把管理人力资源作为组织管理中一项重要工作的问题。巴克强调指出,人力资源管理职能,对于组织的成功来讲,与会计、生产、营销等其他管理职能一样是至关重要的。② 巴克的研究,促进了人力资源管理理论体系的系统化发展。

综合上述观点,可以把人力资源管理概念理解为规划、获取、配置、使用和建设组织中员工生产能力的一系列活动。开展这一系列活动的动力和目的,在于提高员工工作绩效水平,实现组织存在与发展的目标。换句话说,人力资源管理是指为了实现组织存在与发展目标而采取的规划、获取、配置、使用和建设组织中员工生产能力的一系列政策措施及实践活动。

概念·要点▶

人力资源管理是指为了实现组织存在与发展目标而采取的规划、获取、配置、使用和建设组织中员工生产能力的一系列政策措施及实践活动。

1.3.3 战略人力资源管理

战略人力资源管理(strategic human resource management),或者称为战略性人力资源管理,是指为了完成组织战略使命,实现组织战略目标,落实组织战略计划,规划、获取、配置、使用和建设组织中员工生产能力的一系列政策措施与实践活动。

杰克·韦尔奇认为,"战略和员工的技能能够匹配起来,那可是一件大好事"! 战略就是制定规划,确立发展方向,然后"把合适的人放到合适的位置上",不屈不挠地执行到底。③

---

① 参见彼得·德鲁克著,齐若兰译,那国毅审订:《管理的实践》,机械工业出版社,2006年第1版,第522—523页。在引用时,根据原文对译文做了修订。
② Bakke, E. W., *The Human Resources Function*, New Haven: Yale Labor Management Center, 1958, pp.198-200.
③ 杰克·韦尔奇、苏茜·韦尔奇著,余江译:《赢》,中信出版社,2005年第1版,第153页。

"把合适的人放到合适的位置上",目的在于满足战略目标对人力资源能力的需求。使人力资源能力与战略目标相匹配,是实现组织战略目标的必要条件。人力资源管理部门和人员,在组织战略管理活动中,扮演着越来越重要的角色。从本章开篇案例中可以看出,人力资源管理在沃尔玛的战略执行过程中,发挥了极其重要的作用。

有专家指出,人力资源是组织战略不可或缺的有机组成部分。组织战略与组织人力资源具有高度的相关性。对于企业而言,制定战略的关键在于确定和经营好自己的客户,提高客户满意度和忠诚度,从而实现企业的可持续发展。要做到让客户满意,需要企业提供优质的产品和服务为客户创造价值,带来利益;而高质量的产品和服务,需要企业员工的努力。此外,企业战略的成功与否,取决于研发能力、营销能力、生产能力、财务管理能力等多种因素,但最终都要落实到人力资源能力。由此可见,企业绩效的提高,企业战略目标的实现,首先是人力资源管理的成功。①

据介绍,近十多年来,在美国的许多企业中,人力资源管理职能发生了质的变化,由行政支持角色转变为企业的"战略伙伴"角色。作为企业的战略伙伴,人力资源管理部门和人员,全面参与企业发展战略的制定和实施。几乎人力资源管理的所有职能,都被赋予了战略层面的意义。人力资源管理职能在美国企业中从"功能性"到"战略性"的转变,意味着其在企业经营中要扮演四种角色:

一是战略伙伴。人力资源管理部门全程参与企业战略管理过程。人力资源管理人员既要作为企业战略的制定者而存在,又要作为基于企业战略的人力资源管理战略专家,为战略管理中所涉及的所有人力资源问题提供解决方案。

二是行政管理专家。人力资源管理部门要不断地开发高效率的人力资源管理系统,提高人力资源管理的服务质量。

三是员工激励者。人力资源管理人员要及时地了解员工的需要,采取措施提高员工对企业的忠诚度,重视激发员工的潜能,促进员工个人职业成长目标与企业发展目标一致性程度的提高。

四是变革推动者。人力资源管理人员要及时、准确地掌握企业经营中内部和外部环境因素发生的变化,预测、诊断、分析出现的新问题,并提出解决问题的方案。当企业战略发生变化时,人力资源管理人员要做好员工的沟通、协调工作,保证员工对企业战略变化的认同与支持。②

最后再讨论一个概念——战略人力资源管理学。顾名思义,战略人力资源管理学是研究战略人力资源管理的"艺术与科学"。

---

① 参见《HR 管理世界》(www.hroot.com)文章:《战略性人力资源管理的核心理念、规划与职能》。
② 参见《HR 管理世界》(www.hroot.com)文章:《美国战略性人力资源管理考察》。

> ◁概念·要点▷
>
> 战略人力资源管理是指为了完成组织战略使命，实现组织战略目标，落实组织战略计划，规划、获取、配置、使用和建设组织中员工生产能力的一系列政策措施与实践活动。

要点回顾

- 战略是指导全局工作、决定全局命运的方针、方式和计划。
- 资源是用来创造物质财富与精神财富的各种投入要素和条件保障的总称。资源以多种形态广泛存在于自然界和人类社会。按照现代科学的观点，资源可以分为人力资源、物力资源、信息资源和制度资源等类型。
- 资源是组织生存与成长的"阳光、空气、水和食物"，是打造组织比较优势的基本材料；是构建组织竞争与发展战略的基础和模块；是组织生产产品和提供服务、创造效用与价值的投入要素和条件保障。
- 组织中的资源可以分为有形资源和无形资源两类。有形资源是指能够看得见并且可以量化的资产；无形资源是指植根于组织历史，伴随组织的成长而积累，以独特方式存在，并且不易被竞争对手了解和模仿的资产。
- 资源是战略制定的基础和根据。资源是战略成功与否的决定因素。资源的开发与利用是战略的重要内容。
- 人力资源有三层含义：一是指一个国家或地区内具有劳动能力人口的总和；二是指在一个组织中发挥生产力作用的全体人员；三是指一个人具有的劳动能力。
- 人力资本是"凝聚"在人体中的知识和技能。人力资本是一种产生于经济过程之中，并用于进一步生产，由人的使用产生的力量推动生产进行，以实现产出最大化目标的生产要素。人力资本概念有广义和狭义之分。广义的人力资本，包括人的体质、智力、知识和技能四部分；狭义的人力资本，只包括"凝聚"在人体中的知识和技能两部分。
- 战略管理是指在制定、实施和评价指导全局工作并决定全局命运的方针、方式及计划活动中，通过一定的程序和技术，获取最优效率和效果的过程。
- 人力资源管理是指为了实现组织存在与发展目标而采取的规划、获取、配置、使用和建设组织中员工生产能力的一系列政策措施及实践活动。
- 战略人力资源管理是指为了完成组织战略使命，实现组织战略目标，落实组织战略计划、规划、获取、配置、使用和建设组织中员工生产能力的一系列政策措施与实践活动。

思考与练习题

1.1 资源对于战略意味着什么？
1.2 为什么说人力资源是第一资源？
1.3 组织中的人力资源管理和战略管理有何关系？为什么？
1.4 什么是战略人力资源管理？
1.5 在美国企业中，人力资源管理职能发生了什么质的变化？原因何在？
1.6 如何理解人力资源管理扮演的"战略伙伴"角色？

案例研究

大数据+人工智能：百度这样管理人才

作为中国互联网行业的领军企业，百度充分发挥其在人工智能和大数据方面的天然优势，为应对人工智能时代背景下人才管理问题做出了很多具有前瞻性的探索。

百度组建了面向智能化人才管理的专业复合型团队——百度人才智库(Baidu Talent Intelligence Center,TIC)。在没有模板或先例的情况下，为了开发出能够切实解决科技公司人才管理痛点的实用工具，TIC 团队从业务场景入手，与人才管理专家以及不同背景的百度员工反复沟通，以超过 10 万内部员工数据(历史+在职)与海量多源外部公开数据为基础，在近一年内创建并提供了国内首套智能化人才管理综合解决方案。目前该套解决方案已经在公司内部投入使用，在智能选拔、匹配人才、舆情掌握和预测等方面卓有成效。凭借 TIC 科学的理论模型，百度能以更加量化、客观的衡量手段，从人才、组织和文化三方面践行"让优秀人才脱颖而出"的人才管理理念。

人才管理的"易与不易"

以大数据驱动人工智能进行人才管理，不仅彰显了百度崇尚尖端技术的 DNA，也反映了该企业对未来跨学科合作趋势的准确判断。只有将数据分析、算法和编程等技术知识与人力资源等领域知识有机结合，才能提升人力资源领域工作的准确性、效率和成功概率。数据分析首先是过滤器，能够屏蔽掉干扰管理的杂质和噪声；然后是雷达，帮助管理者更好地定位价值所在，推荐管理行动；最后真正做决定的还是靠人。然而，技术水平和数据本身发现了人力资源领域中哪些管理需求能够被满足，哪些无法满足。百度拥有强大的大数据挖掘团队，在内外部 ERP(企业资源计划)和舆情系统等数据方面有长期的积累,这让 TIC 在智能管理行业处于领先地位。

就管理而言,不易的三个方面是对人才、对组织和对文化的管理,自人类历史有组织以来,对这三个层面的管理都是不变的。小型企业的成功主要在于领导者的能力,即领导者是否优秀;中型企业的成功主要在于组织的高效管理,即组织是否有合理的强大团队;大型企业的成功主要在于组织的文化建设,即组织是否有合理的价值观、方向和团队的使命感。

智能管理人才、组织和文化

TIC 主要作用于人才、组织和文化三大方面,包含"智·管理""智·选才"和"智·人物"等六个功能模块。人才方面,TIC 能够极大地提升招聘效率,科学识别优秀管理者与人才潜力,预判员工离职倾向和离职后影响,并为有针对性的人才获取、培养与保留提供智能支持。组织方面,TIC 能够通过分析部门活力、人才结构和部门圈子,科学评估组织稳定性,揭示组织间人才流动规律,为组织优化调整、高效激励人才与促进人才流动提供智能支持。文化方面,TIC 能够及时地呈现组织内外部舆情热点,智能分析外部人才市场状况,为管理者提升组织口碑、提振员工士气,为组织预先进行人才储备提供智能支持。

TIC 项目以大数据、人工智能为基础,提供了从数据、技术到系统落地的一整套智能化人才管理综合解决方案,推动了百度人才管理模式从传统经验模式向大数据驱动的、以人为本的人工智能管理模式的转型,使百度员工在个人成长和团队管理等方面有了更加科学化、个性化的指导和预测,并确立了百度人才管理模式领先的创新性地位。项目产出的智能工具已应用于支持人力资源部门的日常管理,提升了百度人才管理模式在人才、组织和文化等不同决策场景下的智能化水平与管理效果。

TIC 带来的最大变化之一,就是实现了"人才"与"岗位"的智能双向自动匹配。从候选人搜寻(sourcing)角度改变了以前依靠人力资源部门从海量简历中大海捞针的模式,通过人工智能实现了从"百里挑一"到"十里挑一"的转变。以前部门管理者在向人力资源部门提出人才需求时,描述可能主观且模糊,而人力资源部门人员去各大招聘网站大海捞针般寻找简历,招聘结果还不尽如人意,须反复寻找、匹配,过程烦琐且耗时漫长。而 TIC 可以在整个百度招聘系统中自动搜索排列某个岗位最具价值的人才资源。比如,人力资源部门提出招聘 C 语言工程师的岗位需求,TIC 能够通过分析百度系统中所有相关员工的简历信息和工作绩效数据,立刻把市面上最符合要求的前 10 位人选资源直接搜索出来,省略了很多不必要的招聘中间环节。

通过收集公司内外部数据,包括来自社交媒体和互联网的舆论信息及文本,TIC 建立了包含经济、职业发展和个人家庭原因等数百个动态特征的 90 天离职预测模型,预测准确率高达 90% 以上。例如,在 2015 年进行的一项离职预测中,TIC 分析出了离职指数最高的前 30 名百度员工,3 个月内其中的 29 人向人力资源部门提出了离职申请。相应地,

TIC还能计算出员工的离职影响力有多大,并分析出离职的各项原因。如果离职指数高的员工达到一定的重要程度或不可或缺,且离职原因在公司可控范围内,那么百度就能够及时进行干预,采取适当的激励挽留手段。

TIC为员工建立了成长"电子档案",通过计算员工的业务核心度指数,判断其成为"人物"的可能性,并且发现员工在五个维度的优劣强度,因材、因需给予适合的任命或有针对性的培训辅导。

除前五个维度外,领导力还须从组织层面进行衡量。当面对新的形式和新的业务挑战时,应该如何从平级管理者中提拔能够胜任高风险新岗位的人?TIC也给出了相应的解决方案——人才管理风险指数。通过该指数,可以及时识别管理者在各个时期面临的管理复杂性和困难程度,并清晰比较不同管理者职业生涯中的风险变化。例如,某些管理者可能只胜任特定的领域,在转换跑道后风险曲线就会呈现出大幅波动。有能力的管理者在相对较短的时间内就可以让动荡的风险曲线趋于平缓。而如果转换到某个岗位的任何管理者都表现出长期的大幅波动或不适应,那么组织就要思考是不是该业务的组织结构设置存在问题。人才管理风险指数给提拔任命领导者提供了有说服力的客观依据——假如一位管理者曾经分别领导过三支极不稳定的团队,而他仅利用了三个月的时间,让所有团队的风险曲线都平稳了下来,就说明他足以胜任高风险的新岗位。

TIC不仅能够应用于公司内部的人才和组织管理预测,还能够预测市场上人才招聘的热点,建立人才圈子雷达。从感性上说,人才圈子反映出的事实就是:找工作也须"门当户对"。比如,TIC通过数据挖掘发现,美国在线(AOL)所招聘的编程人员和媒体人才呈现出截然不同的层次特点。AOL编程人员大都来自比较二线的IT(信息技术)公司,没有谷歌、脸书这种一线公司的员工;而其媒体人才相对来自更高端的圈子,比如《华尔街日报》《金融时报》等。通过构造这样的社交职业生涯网络,以及对数百万份人才档案和招聘广告进行智能建模,TIC就可以预测出特定行业和市场圈层的招聘热点,让企业人力资源部门能够针对大趋势做好准备和调整。

资料来源:改编自刘锋:《大数据+人工智能:百度这样管理人才》,《哈佛商业评论:中文版》,2016年第12期。

● 思考与讨论题

1.1 大数据、人工智能、互联网+等新技术给传统人力资源管理带来了哪些影响和挑战?

1.2 百度人才智库在人才招聘、配置和选拔等方面的实践给我们带来了哪些启示?

第 2 章 战略人力资源管理模型

> 智力、想象力及知识,都是我们必要的资源。但是,资源本身是有一定局限性的,只有通过管理者卓有成效的工作,才能将这些资源转化为成果。
>
> 一个人的才能,只有通过有条理、有系统的工作,才有可能产生效益。
>
> ——彼得·德鲁克

主要内容

- 模型与管理模型
- 战略管理模型
- 人力资源管理模型
- 战略人力资源管理模型

核心概念

模型(model)
管理模型(management model)
战略管理模型(strategic management model)
人力资源管理模型(human resource management model)
战略人力资源管理模型(strategic human resource management model)

预期目标

通过本章学习,你可以获得以下知识和能力:
- 理解模型和模型化认识的含义及其在分析管理问题中的作用;
- 区分物理模型与非物理模型,了解管理模型的属性;
- 明确战略管理模型和人力资源管理模型的特点;
- 认识战略人力资源管理模型的逻辑关系。

> **开篇案例**

海尔:"人单合一"创新案例走进哈佛课堂

2018年3月13日,《人民日报》以题为《中国企业案例走进哈佛课堂》的文章介绍了海尔的"人单合一"模式。海尔的经营管理案例《海尔:一家孵化创客的中国企业巨头》入选美国哈佛大学商学院教材案例,这也是海尔的经营管理案例第三次进入哈佛课堂。张瑞敏走进哈佛大学,与学生分享了管理心得和海尔的管理实践。

海尔"人单合一"模式中,"人"即具有"两创"(创业和创新)精神的员工,"单"即用户价值。"人单合一"就是每个员工都直接面对用户需求,为用户创造价值,从而实现自身价值、企业价值和股东价值。这顺应了互联网时代"零距离"和"去中心化""去中介化"的特征。在"人单合一"模式下,海尔实现了"企业平台化、员工创客化、用户个性化",从而激发了员工的创造力,成为物联网时代的成功探索,并引起国际著名商学院的关注。

2005年,海尔首次提出"人单合一"模式,经过长时间探索,形成了整套管理体系,取得了很大成功。2017年,海尔实现全球营业额2 419亿元,同比增长20%,海尔大型白色家电第九次蝉联全球第一,利税总额突破300亿元,经营利润同比增长41%。张瑞敏在《正和岛·砺石商业评论》中撰文介绍了"人单合一"的六要素。"人单合一"是一个探索性的模式,之所以说探索,是因为"人单合一"模式的六要素都和传统企业不同,甚至是颠覆性的。这六要素分别是企业宗旨、管理模式、组织架构、驱动力、财务体系、物联网。

企业宗旨

传统企业的企业理念是长期利润最大化,人员理念是股东第一。张瑞敏认为应该改过来,企业理念应该是2 500多年前老子在《道德经》中的一句话,"上善若水,水善利万物而不争"。也就是说,企业和社会、和用户的关系,不是去争利,只管自己赚钱和长期利润最大化而不管别人。企业应该为社会创造更大价值,就像"水善利万物而不争",否则只争谁是老大,最后没有社会价值再大也会倒闭。人员理念应该从股东第一转向员工第一。股东只能分享利益,从来不能创造价值。员工第一是指员工和用户的价值合一,员工能够创造出用户价值,股东价值也就得以实现了。所以,股东价值只是一个结果,不能成为宗旨。

员工第一的理念适用于不同的文化。海尔并购国外的企业都没有从总部派管理人员,只是改变它们的理念和文化就实现了扭亏为盈。张瑞敏称之为"沙拉式"文化融合。就像蔬菜沙拉,不同的蔬菜就是它们原来的文化,在沙拉里还保持各自原来的形态,但沙拉酱是统一的,就是"人单合一"。

在日本,海尔把日本三洋的团队第一转向为员工第一。海尔兼并三洋家电时它已经亏损八年,但是这个亏损找不到任何人的责任。全世界没有哪个国家能比得了日本的团队精神,大家都是按照上级指令去做的,上级一个指令不睡觉也必须干出来,问题是市场在哪里?用户要什么?这个没人去管,所以企业连续亏损。海尔差不多用了将近一年的时间,日本员工才慢慢接受"人单合一"。员工也很高兴,但工会这时候又跳出来说不行,因为不符合日本原来的团队精神,团队创造的价值必须平分,不能有的多有的少。海尔做工会的工作,告诉它其实团队精神没有改变,只是把团队精神的方向从上级变成了用户。

在美国,海尔把 GEA(通用家电)的股东第一转向为员工第一。2018 年张瑞敏在斯坦福大学讲过一个概念,叫"硅谷悖论"。硅谷的初创企业都很有激情,但一旦到华尔街上市,就变成要为股东负责,慢慢形成大企业病,失去持续创业的活力。

"人单合一"理念在不同的文化背景下都可以被接受,这是因为全世界不管哪个国家、不管哪个民族、不管哪种文化,有一点完全一样,就是每个人都希望得到别人的尊重,每个人都希望把自己的价值发挥出来。

管理模式

海尔"人单合一"模式的理论依据主要是互联网和物联网。美国人杰里米·里夫金(Jeremy Rifkin)在《第三次工业革命》一书中的两个观点,一个是制造从大规模制造变成分布式制造,另一个是组织从传统组织变成去中心化、去中介化和分布式的组织。

传统管理模式的价值主张强调工具理性,体现为 X 理论和 Y 理论,X 理论主张人性本恶,Y 理论主张人性本善,分别对应经济人假设和社会人假设。X 理论和经济人假设催生福特模式,Y 理论和社会人假设催生丰田模式。

张瑞敏认为,目前这两种模式都有问题。无论是经济人思维下的效率优先,还是社会人思维下的精益制造,都局限于管理的主客体对立的工具理性。海尔"人单合一"模式的价值主张强调以价值理性为先导,实现目的与手段的统一。所以,海尔主张人应该成为自主人。你能够创造价值就可以实现自己的价值,不能创造价值就没有自己的价值。

张瑞敏认为,"人单合一"恰恰把价值理性和工具理性的矛盾解决了,每个人都创造用户价值,同时又体现每个人自身的价值,两个价值的合一就把价值理性和工具理性结合起来了。本来价值理性是主导,工具理性是手段,现在等于把目的和手段结合起来了。

自第一次工业革命以来,世界上公认的最好的两个模式一个是福特的流水线模式,另一个是丰田的 JIT(准时制)产业链模式。福特的流水线局限在产品端;丰田的产业链从产品端延伸到上游供应商,但其支持平台仍是串联的单边平台。传统金融业的存贷差模式也是单边平台模式。

海尔"人单合一"模式的支持平台是并联的多边平台,比如海尔的大规模定制平台,企业、用户和供应商等利益攸关方并联在同一个平台上,变成一个共创共享的生态系统,这是一个多边平台。

传统时代是名牌的竞争,谁是名牌谁就赢;物联网时代是平台的竞争,像电商,谁的平台大谁就赢,但还没有形成生态系统。物联网时代一定是生态系统的竞争,只有利益攸关各方都得利才能持续发展。

"人单合一"首先是体验迭代,不是说开发一个产品推向市场就行了,而是持续和用户交互,根据用户体验不断迭代,绩效评价不看你销售多少,而是考核你的迭代次数。

如果你开发的产品上市时不能使你感到"脸红"的话,那就说明你的产品推出得太晚了。意思是说没有产品可以无懈可击,关键是根据用户需求迭代。然后,体验迭代的结果是形成共享的生态社群,进而产生产品之外的生态收入。生态收入这个创新,把传统的财务报表改革了。

组织架构

传统企业的组织架构是执行上级命令的线性组织,即科层制。海尔"人单合一"模式的组织架构是创造用户个性化需求的非线性组织。海尔把传统组织颠覆为创业平台,平台上没有领导,只有三类人:一类叫作平台主,平台主的"单"是看你这个平台产生了多少创业团队;一类叫作小微主,小微主的"单"是看你吸引了多少创客;一类叫作创客,竞"单"上岗,按"单"聚散。三类人都变成网络的节点,每一个节点都可以连接网络上所有的资源自创业。小微主创业遵循资本社会化、人力社会化原则,只有吸引到外部风投,海尔才跟投,前提是小微合伙人必须跟投。这样就实现了"世界就是海尔的人力资源部"。

驱动力

张瑞敏认为,所有企业的驱动力主要是薪酬。传统企业的薪酬大体分为两种:第一种是宽带薪酬,根据职位和能力划分;第二种是委托代理激励薪酬,也叫"金手铐",委托人是股东,代理人是职业经理人,它最大的问题是只能激励少部分人。这两种薪酬制度产生的驱动力都是他驱力。

"人单合一"模式下的薪酬,是用户付薪及创客所有制的自驱力。以 GEA 为例,海尔兼并 GEA 之后,海尔用"金手铐",把原来一个很差的产品部门变成了一个小微。兼并前,2016 年通用电气的家电部门亏损 300 万美元,一年后,它盈利了 1 248 万美元。驱动这个部门扭亏为盈的就是薪酬制度的变革,它把每个人的积极性都充分调动了起来。

财务体系

传统企业的财务体系以损益表为核心,反映的是产品收入及价值。海尔"人单合一"模式下的财务体系创新了共赢增值表。共赢增值表的第一项是用户资源,然后才是收入、成本,通过生态收入和生态价值,产生边际效益、边际利润。

例如,海尔的"社区洗"小微,过去的收入主要来自洗衣机销售。其实用户要的不是一台洗衣机,而是一件干净的衣服。"社区洗"小微把洗衣机作为载体,搭建用户社群,吸引利益攸关方都到这个社群平台上来,变成了一个大学生创业平台和大学生生活娱乐平台,一台洗衣机半年带来的生态收入就超过了硬件销售收入。

物联网

传统时代没有物联网,现在进入物联网时代,很多企业做的都是产品传感器,海尔做的则是用户传感器。移动互联网成就了电商平台,也创造了历史。但移动互联网之后一定会进入物联网时代。电商只是交易平台,物联网要求的不是交易而是交互。也就是说,交易平台可以做到海量商品供用户选择,但交互平台不是,用户交互的是体验而不是产品。

比如,海尔的"酒知道"小微,其把酒柜免费提供给很多酒店,红酒商把酒放进去,用户可以选择自己喜欢的品类。酒柜连上网变成了红酒平台,没有了中间商,解决了原来酒店的红酒很贵还不知道真假的难题。用户、红酒商、酒店都实现了自身利益的最大化,这就是物联网。

哈佛大学商学院教授罗莎贝斯·莫斯·坎特(Rosabeth Moss Kanter)认为,虽然"人单合一"模式仍然在探索当中,不过实践证明该模式是成功的,海尔的变革是没有先例的。海尔此前分别于1998年和2015年两次入选哈佛大学商学院的教材案例。海尔的"人单合一"模式是互联网与物联网时代下的成功探索,在企业管理模式上,中国企业已经从模仿者成为引领者,至少是引领探索者。中国有很多先进的企业管理模式,相信未来会得到国际学界和商界的更多关注。

资料来源:改编自张瑞敏:《"人单合一"模式的六要素》,《正和岛:砺石商业评论》(2019年6月7日,搜狐网:http://www.sohu.com/a/231873314_660818)。

思考题:

(1)如何理解海尔"人单合一"模式六要素之间的关系?
(2)"人单合一"模式解决了传统人力资源管理中的哪些问题?

彼得·德鲁克所说的"智力、想象力及知识"等资源,实际上都是人力资源的重要组成部分。人力资源像其他资源一样,总是不能满足人们的需求。带着"经济学眼镜"的人就会说:"人力资源具有稀缺性。"德鲁克教授认为,"管理者卓有成效的工作"是把稀缺资源转化为"成果"的关键,而一个人要想卓有成效地工作,必须"有条理"和"有系统性"。

工作的条理性和系统性,企业的管理模式,都意味着人们在思考、决策和执行时,依据了某种概念结构或逻辑框架。这种结构或框架,对于认识问题、解决问题具有十分重要的作用。

本章讨论与战略人力资源管理有关的这类概念结构或逻辑框架——可以称之为"模型"。

2.1 模型与管理模型

人们在思考、决策和执行时所依据的概念结构或逻辑框架就是模型吗？到底什么是模型？什么是管理模型？

2.1.1 什么是模型

学习西方经济学理论时，第一次遇到"模型"概念。经济学者通过假定、假定、再假定，把现实世界中的经济问题高度简化，概括出一定规律，用一个数学方程式表示出来，称其为模型。一个数学不好的人，误闯到理论经济学领域攻读博士学位，经常被"模型"吓得战战兢兢，最后只好转战到了管理学阵地。

据新华社报道，中国紫檀博物馆赠送了一个大型木雕模型"天坛祈年殿"给法国人。这件紫檀木模型，按照与建筑实物1∶15的精确比例，由一百多名能工巧匠历时两年多雕制而成。① 又是一个模型——建筑物的缩微模型。

IBM专家撰文指出，建立模型对于"软件和系统开发"具有"积极影响"。"建模是解决管理软件开发复杂性问题的有效手段，能促进需求、构架、软件及系统的交流、设计与评估。""建模贯穿于软件开发生命周期中的各个阶段。"②开发软件也要建立模型，用来把复杂性情况简单化。

经济学模型、建筑模型、软件模型……被称为模型的事物一定还有不少。究竟什么是模型呢？如果把模型等价于英文中的 model 来理解，则可以概括出以下含义：

（1）依实物的形状和结构按比例制成的物品，用于展览或实验；

（2）制造产品之前制作的参考雏形或结构；

（3）对系统、理论或现象的示意性描述，用来解释其已知的或推断的性质，也可用于进一步研究其特点。

实际上，模型可以分为物理模型和非物理模型两类。物理模型，如"天坛祈年殿"模型、汽车模型等；非物理模型，如经济学模型、软件模型、管理学模型等。物理模型是指现存的或者构建中的真实物体的小型仿制品或雏形；非物理模型是指对一个系统、一种理论或一类现象概括、本质、抽象或直观的描述。

管理学中所谈到的模型，一般都是非物理模型，是对管理实践中的现象或规律性事物概括、本质或直观的描述。

---

① 参见2007年3月9日新华社记者林晓轩巴黎报道：《中国天坛模型"入住"法国香波堡》。
② 参见IBM软件集团（IBM Software Group）软件设计师加里·瑟诺塞克（Gary Cernosek）：《建模的价值》。

◁概念·要点▷

模型可以分为物理模型和非物理模型两类。物理模型是指现存的或者构建中的真实物体的小型仿制品或雏形;非物理模型是指对一个系统、一种理论或一类现象概括、本质、抽象或直观的描述。

2.1.2 模型化的认识

无论是工商管理还是公共管理,需要解决的问题一般都十分复杂。如果能够运用一种模型对需要解决的问题加以认识,则往往会有事半功倍之效。

一位麦肯锡公司(McKinsey)的专家认为,商业问题的解决是一个有机的、复杂的过程,和医生看病的过程很相似。病人说自己在发烧、嗓子痛、头疼、鼻塞,浑身不舒服,感冒了!医生不会完全相信病人的自我感觉和结论,一定会翻看病历,问一些探究性的问题,然后做出自己的诊断。发烧可能是感冒所致,也可能是得了更严重的病。

有一家投资银行要求麦肯锡帮助"提高赢利能力",这就像一位病人告诉医生"我觉得不舒服,帮我治疗"一样。麦肯锡的一个团队应邀为一家制造业公司的分公司评估扩张机会。经过数周研究,这个团队发现,这家分公司需要的不是扩张,而是关闭或出售。[①]

面对复杂多变的有机性商业问题,麦肯锡的解决之道有三个特征:一是以事实为基础;二是严格的结构化;三是以假设为导向。其中,结构化对于麦肯锡咨询顾问而言,与其说是一种思维工具,不如说是一种生活方式。

在麦肯锡咨询顾问的意识中,"事实"只是"基础";"解决问题的过程并非始于事实,而是从结构开始"。什么是结构?麦肯锡的定义是"解决问题的特殊分析框架,通常是指界定问题的边界并将问题细分为组成部分"。

麦肯锡咨询顾问的结构化思维模式被称为 MECE(读作 me-see),意思是"相互独立,完全穷尽"(mutually exclusive, collectively exhaustive),即在解决问题时,要列出问题的各项组成内容。问题的组成内容确定以后,再仔细推敲,核实审查每一项内容是不是独立的、可以清楚区分的事项。如果答案是肯定的,那么内容清单就是相互独立的。如果可以确定所要解决问题的每一个方面都出自内容清单的一项(而且是唯一的一项),也就是说,想到了问题的所有方面,则内容就是完全穷尽的。[②]

[①] 这里关于麦肯锡专家的介绍,参见艾森·拉塞尔著,赵睿等译:《麦肯锡方法》,华夏出版社,2003年第1版,第7页。

[②] 参见艾森·拉塞尔、保罗·弗里嘉著,张涛、赵陵译:《麦肯锡意识》,华夏出版社,2002年第1版,第1—2页。

通过 MECE 模型至高的条理化(使困惑减至最少)和至善的完备性,分析人员能够清晰地梳理出事物的脉络,迅速地把握问题的实质。麦肯锡问题的解决之道,可以证明模型化的认识的价值。

◁概念·要点▷

模型化的认识,就是运用一种模型——"概括、本质或直观的描述",认识并解决复杂的管理问题,以达到事半功倍的效果。

2.1.3 管理模型

管理模型(management model)属于非物理模型,可以理解为对管理实践或者管理理论中一个系统、一种理论或一类现象本质或直观的描述。

以麦肯锡 7S 模型为例。① 管理咨询专家考察了美国四十多家获利能力和成长速度表现卓越的公司的发展之路,分析了日本企业的成功经验。研究发现,企业成功的决定要素主要有七种,简称7S:

(1)共同价值观(shared values)。员工享有共同的价值观是 7S 模型的核心,回答诸如组织赖以构建的基础是什么、组织的信仰和态度又是什么等问题。

(2)战略(strategy),是指对组织稀缺资源进行配置的规划,以满足组织不同时期的发展需求,实现组织既定的发展目标,涉及环境、竞争和客户等要素。

(3)结构(structure),是指组织内部各部门之间的联系形式,如集中化形式、功能化形式、去中心化形式、矩阵和网络化形式等。

(4)系统(system),是指组织中各项任务的运作流程与操作程序,如财务系统,招聘、晋升和绩效考核系统,信息系统等。

(5)员工(staff),是指组织内雇员的数量与构成。

(6)风格(style),是指组织的文化风格,以及管理人员的工作风格等。

(7)技能(skill),是指员工个人的能力或组织作为整体所反映出来的独特能力。

这七种要素决定了组织的运行模式。其中,战略、结构和系统构成理性的"硬"框架,而员工、风格、技能和共同价值观形成感性的"软"环境。只有"软""硬"条件兼备,软硬兼施,强弱有度,刚柔相济,才能够保证组织战略的有效实施,才可能把组织航船驶向成

---

① 这里对麦肯锡 7S 模型的介绍,参见(1)中国管理咨询网《什么是 7S 模型?》;(2)《21 世纪经济报道》文章:《麦肯锡 7S 模型与 HRM》;(3) 12MANAGE 网《麦肯锡 7-S Framework[7S 架构]解析》。

功的彼岸。7S模型已经成为麦肯锡重要的管理咨询工具,对于诊断组织效率、指导组织变革具有重要的应用价值。图2-1为麦肯锡7S模型示意图。

显然,麦肯锡7S模型是管理模型的一个典型例子。管理咨询专家通过对大量管理实践活动的观察与分析,发现了成功企业取得成功的七种关键要素,以及七种要素之间高度相关、相互作用、全面协调,对于保持和提高组织绩效、实现组织战略目标的重要意义;从具体的实践活动,概括出了具有规律性的本质认识,建立了分析、指导管理活动的模型。

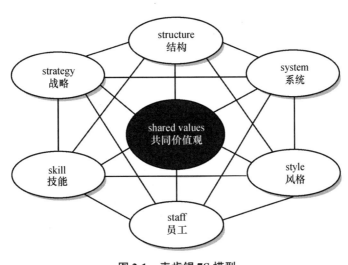

图2-1 麦肯锡7S模型

◀概念·要点▶

管理模型属于非物理模型,是对管理实践或者管理理论中一个系统、一种理论或一类现象本质或直观的描述。

2.2 战略管理模型

按照对管理模型的界定,战略管理模型(strategic management model)自然可以认为是对战略管理实践或者战略管理理论中某种系统、某个理论或某类现象本质或直观的描述。

2.2.1 模型的逻辑

战略管理理论以战略管理实践为基础,而战略管理实践是在市场经济规律的作用、竞争态势的影响、组织使命与目标的实现,以及组织物力资源与人力资源的条件保障之下进行的活动。

战略管理实践活动包括一系列环节:审视环境状况、盘点组织资源、研究战略方案、选择战略目标、落实战略计划、评估战略绩效。

因此,战略管理模型的逻辑,基于实践活动,寓于战略制定、战略实施和战略评价三部曲之中。

2.2.2 模型的结构

战略管理模型的逻辑贯穿于战略的制定、实施和评价三个环节之中。模型的结构如图 2-2 所示。①

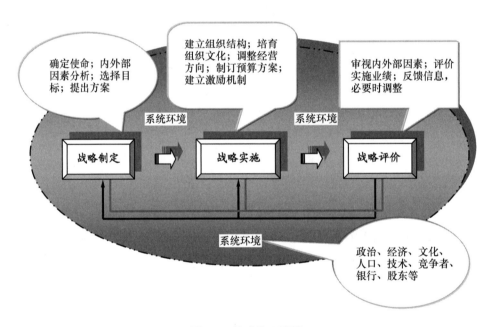

图 2-2 战略管理模型

一个组织的战略管理活动,从总体上可以分解为三个阶段:首先是战略的制定,需要做的工作包括确立组织使命、判断组织外部环境中面临的机会与威胁、分析外部组织的优势与劣势、选择战略目标、提出战略方案。其次是战略的实施,需要做的工作包括调整优化或重新建立组织结构,培育有利于实现战略目标的组织文化,做好资源准备,建立有

---

① 参见王建民编著:《战略管理学》,北京大学出版社,2006 年第 2 版,第 48 页。

效的激励机制。最后,在战略实施过程中,需要不断地进行绩效评价活动,审查战略目标的实现情况,及时做出修正,以确保战略管理活动的有效性和收益的最大化。

◀概念·要点▶

战略管理模型的逻辑,基于实践活动,寓于战略制定、战略实施和战略评价三部曲之中。

2.3 人力资源管理模型

一个组织的战略需要管理,人力资源更需要管理。

按照界定战略管理模型的逻辑,人力资源管理模型(human resource management model)可以定义为人力资源管理实践或者管理理论中某种系统、某个理论或某类现象本质或直观的描述。

2.3.1 模型的基础

这里所谈的人力资源管理模型,主要是指对一个组织中的人力资源管理实践活动直观而本质的描述。模型以实践为基础。一般而言,组织内部的人力资源管理实践活动包括战略规划、员工招聘、测试选拔、培训发展、绩效评价、薪酬福利、劳动关系和国际员工管理等。

组织规模不同、政策不同,人力资源管理的内容也会有所差别。比如,规模较小的公司可能没有员工培训,不考虑员工职业生涯发展问题,劳动关系很简单,更没有国际员工管理问题。还有一些公司可能会把部分人力资源管理任务"外包"(outsourcing),由专业的人力资源管理服务机构来完成。组织中人力资源管理活动不同,所运用的模型的结构自然有所差别。

2.3.2 模型的构成

图2-3所示为大型组织中职能比较完整的人力资源管理模型。模型中,既有战略规划、员工招聘、测试选拔、培训发展,又有绩效评价、薪酬福利和劳动关系,还有国际员工管理,几乎涉及人力资源管理职能的所有方面。

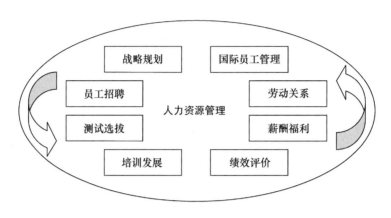

图 2-3 人力资源管理模型

◀概念·要点▶

人力资源管理模型是对组织中人力资源管理实践活动直观而本质的描述。人力资源管理实践活动主要包括战略规划、员工招聘、测试选拔、培训发展、绩效评价、薪酬福利、劳动关系和国际员工管理等。

2.4 战略人力资源管理模型

如前所述,战略人力资源管理是指为了完成组织战略使命,实现组织战略目标,落实组织战略计划,规划、获取、配置、使用和建设组织中员工生产能力的一系列政策措施与实践活动。

同样的道理,战略人力资源管理模型(strategic human resource management model)是对战略人力资源管理实践或者管理理论中某种系统、某个理论或某类现象本质或直观的描述。战略人力资源管理模型与战略管理模型和人力资源管理模型既有联系又有区别,它们之间具有高度的相关性。

2.4.1 模型的内在关系

战略人力资源管理模型的内在关系丰富而复杂,这里主要说明两种:一是人力资源与组织战略制定的相关性,二是人力资源与组织战略实施的重要性。

人力资源与组织的战略密切相关。组织为了完成战略使命而确定了分阶段、分层次、分部门的战略目标。制定恰当的战略,是实现目标的重要保证。战略的制定,必须以分析环境中的机会和威胁,以及系统内的优势和劣势为基础。环境分析和系统分析必须重点考察人力资源因素。而且,分析、选择本身的质量,取决于人力资源质量。人力资源是第一资源,是组织战略目标顺利实现的必要条件和根本保证。图2-4为人力资源与组织战略制定的关系示意图。

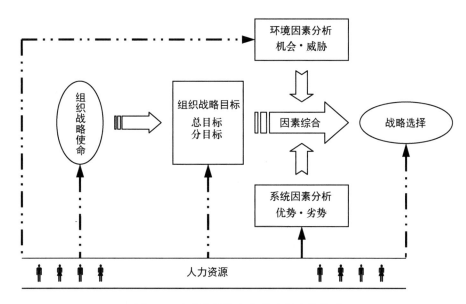

图2-4 人力资源与组织战略制定的关系

战略的实施,对组织资源,特别是人力资源(知识、技能和文化)的需求往往会发生变化。这时,人力资源管理部门需要开展一系列工作,使人力资源的能力得到提高,需求得到满足,进而使员工的行动更加积极和有效率。积极的、有效率的人力资源,是保持和提升组织绩效水平的保证,是实现组织战略目标的必要条件。图2-5为人力资源与组织战略实施的关系示意图。

2.4.2 模型的外在形式

内在关系决定外在形式。根据人力资源与组织战略制定和战略实施的关系,可以描绘出战略人力资源管理模型的逻辑示意图。

如图2-6所示,组织制定和实施新的战略,对人力资源,即员工的知识、技能、态度及其数量和质量的需求必然会发生变化。此时,人力资源管理部门需要及时制定满足组织战略要求的人力资源战略规划。按照规划中的目标,人力资源管理部门通过一系列的人力资源管理实践活动,调整或变动人力资源的供给状况,以满足组织战略对人力资源的需求。

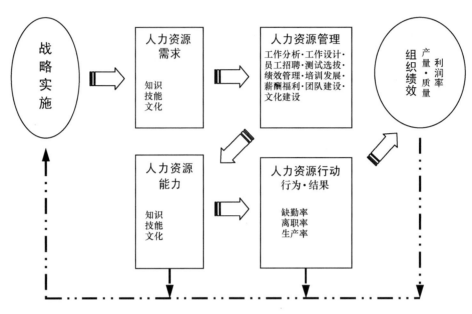

图 2-5 人力资源与组织战略实施的关系

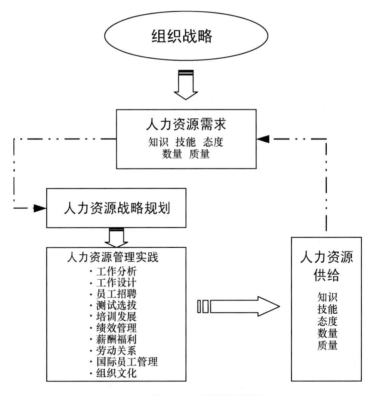

图 2-6 战略人力资源管理模型

❑ 要点回顾

- 模型可以分为物理模型和非物理模型两类。物理模型是指现存的或者构建中的真实物体的小型仿制品或雏形;非物理模型是指对一个系统、一种理论或一类现象概括、本质、抽象或直观的描述。
- 模型化的认识,就是运用一种模型——"概括、本质和直观的描述",认识并解决复杂的管理问题,以达到事半功倍的效果。
- 管理模型属于非物理模型,可以理解为对管理实践或者管理理论中一个系统、一种理论或一类现象本质或直观的描述。
- 战略管理模型可以认为是对战略管理实践或者战略管理理论中某种系统、某个理论或某类现象本质或直观的描述。
- 战略管理模型的逻辑,基于实践活动,寓于战略制定、战略实施和战略评价三部曲之中。
- 人力资源管理模型可以定义为人力资源管理实践或者管理理论中某种系统、某个理论或某类现象本质或直观的描述。
- 人力资源管理模型是对组织中人力资源管理实践活动直观而本质的描述。人力资源管理实践活动主要包括战略规划、员工招聘、测试选拔、培训发展、绩效评价、薪酬福利、劳动关系和国际员工管理等。
- 战略人力资源管理模型是对战略人力资源管理实践或者管理理论中某种系统、某个理论或某类现象本质或直观的描述。战略人力资源管理模型与战略管理模型和人力资源管理模型既有联系又有区别,它们之间具有高度的相关性。

❑ 思考与练习题

2.1 什么是模型?采用模型的意义何在?
2.2 如何理解模型化的认识?举例说明。
2.3 管理模型的主要特点有哪些?
2.4 战略管理模型与人力资源管理模型有什么联系?
2.5 简要说明战略人力资源管理模型的内在关系和外部特征。

案例研究

以奋斗者为本：华为的人力资源管理体系

华为成立于1987年，是一家由员工持有全部股份的民营企业，目前有19万多名员工，业务遍及170多个国家和地区。华为是全球领先的ICT（信息与通信）基础设施和智能终端提供商，致力于把数字世界带入每个人、每个家庭、每个组织，构建万物互联的智能世界。在通信网络、IT、智能终端和云服务等领域，华为为客户提供有竞争力、安全可信赖的产品、解决方案与服务，与生态伙伴开放合作，持续为客户创造价值，释放个人潜能，丰富家庭生活，激发组织创新。

人力资源管理的四个特点

华为一直贯彻构建适应知识经济的人力资源管理模式，致力于建立一支宏大的高素质、高境界和高度团结的队伍，创造一种自我激励、自我约束和促进优秀人才脱颖而出的机制。华为人力资源管理模式总的特征可以概括为"管理创造性人才，激发与引导创造力"。具体来讲有以下特点：

- 吸引人才。要想吸引人才就要从自身做起，不仅要改善企业的经营状况，还要考虑工作条件、氛围、工资待遇、发展前途等，企业要设身处地地为员工考虑，只有这样才能吸引人才、留住人才。

- 动态适应。企业吸引人才并不是目的，而是要人才发挥应有的作用。通过变事适人、变人适事、双向变动和优化组合，给每个员工找到一个合适的职位。

- 公平竞争。公平竞争反映在建立内部劳动力市场、采取自由雇用制上，主要表现在工作机会和工作成绩两个方面。在工作机会方面，对于一个岗位，所有职工都应该有机会竞争上岗，只要他能胜任这个职位。

- 合理激励。在确定薪酬时，应遵循"论功定酬"原则，公平的薪酬最具有激励作用，员工有机会通过不断提高业绩水平和对公司做出贡献而获得加薪。

多元激励提升人才竞争力

- 薪酬激励。薪酬激励中的物质激励，是员工激励机制中最基本也是最重要的一个激励机制。华为的薪酬激励方案制订于1996年，经过二十多年的发展，已经相当成熟。按照华为的《公司基本法》，其价值分配体系是"外部竞争、内部公平"。外部竞争是指有竞争力的、行业领先的薪酬。在任正非的眼中，高工资是公司的第一推动力并牵引其成长，因此华为的工资水平明显高于同行业的平均水平。

华为的实物收入包括工资、奖金、安全退休金、医疗保险等。其中，工资是职能工资制，按责任及贡献分配；奖金则与关键绩效挂钩；安全退休金依工作态度分配；医疗保险按职位高低和贡献大小分配。收入不仅与员工的业绩挂钩，还与其能力、责任心、工作态度相关，一方面，职位高低不再是员工收入的决定因素，员工的工资可以高于领导，兼顾了内部的公平；另一方面，员工在做好自己分内事的同时，因受到长期激励而不断追求发展，进而激励效果将最大化。

- 股权激励。作为一种捆绑式、利益互享式的薪酬体制，全民持股无疑是对员工长期激励的最好办法，尤其是对企业的中、高层管理者将起到不可低估的作用。因此，全员持股越来越受到企业的推崇，被许多学者形象地喻为"金手铐"薪酬管理。

华为几乎从一开始就实行了全民持股，在每个营业年度开始时，公司有关部门就会按照员工在公司工作的年限、级别、业绩表现、劳动态度等指标确定符合条件的员工购买的股票数（新员工工作满一年后才有资格购买），员工可以选择购买、套现或放弃。华为的这种内部股可以用奖金认购，也可以通过从公司无息贷款认购。

在2002年以前，华为员工年终奖金发的不是现金而都是股票。华为员工就用相当于半年工资的奖金去购买公司的股票。当然股票不是白买的，分红也很高，华为历史上最高的一次分红，每个员工都分得了相当于原始股票70%的红利。举个例子：按照70%的分红率，当一名新员工在华为工作满一年后，公司给他分配了5万股股票，到第二年年底，5万股股票就变成了8.5万股股票，多出的这3.5万股股票就属于他的赢利。如果第二年他的表现出色，公司又给了他2万股奖金，年底他就应该得到10.5万股股票。

华为的这种内部持股制度不仅开了中国企业内部机制的先河，而且在华为资金匮乏甚至出现经营困境时极大地调动了华为人不屈不挠的韧劲。一方面，拿着公司大量股票的华为老员工为了能够保证自己股票的利润，一定会安心为公司工作；另一方面，新来的员工为了能够尽可能多地分配到回报率极高的内部股，也会好好努力。华为的员工会产生一股强大的动力，齐心协力为公司的发展而努力。

干部管理"三优先、三鼓励"

在干部政策导向方面，华为提出"三优先、三鼓励"的政策。

"三优先"是：优先从优秀团队中选拔干部，出成绩的团队要出干部，连续不能实现管理目标的主管要免职，免职的部门副职不能提为正职；优先选拔责任结果好、在一线和海外艰苦地区工作的员工进入干部后备队伍培养，华为大学的第一期就办在尼日利亚；优先选拔责任结果好、有自我批判精神、有领袖风范的干部担任各级一把手。

"三鼓励"是：鼓励机关干部到一线特别是海外一线和海外艰苦地区工作，奖励向一线倾斜，奖励大幅向海外艰苦地区倾斜；鼓励专家型人才进入技术和业务专家职业发展通道；鼓励干部向国际化、职业化转变。所有干部都要填表表示自愿申请到海外最艰苦的地区工作，否则不管你是多么优秀的人才均不招聘。

华为的干部任职标准从品德、素质、行为、技能、绩效到经验等方面都有明确的要求。在华为有两条通道，一是向管理者走，二是向技术专家走，同等任职的管理者和技术专家享受同等待遇。华为否定以实现员工个人价值为目的的自由文化，员工在华为改变命运的道路只有两条，一是努力奋斗，二是产生优良的贡献。华为给员工的报酬以其贡献大小和任职能力为依据，不会为员工的学历、工龄、职称及内部"公关"支付任何报酬。认知不能作为任职的要素，必须看态度、看贡献、看潜力。干部培养选拔的原则，一是要认同华为的核心价值观，二是要具有自我批判的能力。

灵活的用人机制

- 末位淘汰制。末位淘汰制可以帮助华为招揽更多优秀的人才。由于经济形势导致一些同行业公司破产或裁员，致使不少优秀、熟练的人才流落到市场上。而华为正处于业务发展期，需要大量优秀的人才，因此华为严格执行末位淘汰制，很大一部分原因是想要空出岗位，招揽能为公司立即带来效益的优秀人才。

- 自由雇用制。华为采取自由雇用制，促使每个员工成为自强、自立、自信的强者，使公司具有持续的竞争力。由于双方的选择是对等的，领导要尊重员工，员工要珍惜机会，对双方都起到了威慑作用，更有利于矛盾的协调。自由雇用制是公司稳定的因素。

老员工在公司里担任着很重要的职位，同时他们又做不出很大的贡献，最后成为华为内部的沉淀层，这个沉淀层的存在极大地刺伤了新员工的积极性。华为在清除沉淀层的同时，也能给公司的员工注入新的活力，使他们能更好地为公司服务。

实际上，华为在成立初期为了给予员工长期激励，建立了股权激励计划，员工根据工作年限可以获得一定的内部股，由于股票与工作年限及员工的工号间接相连，这就形成了华为独特的"工号文化"。但随着时间的推移，"工号文化"的弊端也开始显现，部分老员工单凭内部股就可以每年获得不错的收益，与新员工的收入形成明显的对比，严重打击了新员工的积极性。华为认为，薪酬制度改革的重点是按责任与贡献付酬，而不是按资历付酬，改革受益最大的应该是那些有奋斗精神、勇于承担责任并做出贡献的员工，这样就降低了员工内心的不平衡感。

- 转岗制度。转岗制度可以使不能胜任此工作的员工到更适合他的岗位上去工作，这样不仅能使每个人都在适合自己的岗位上工作，发挥他们的优势，还能使公司更好地把握企业总战略，把他们塑造成为战略型人才，提高公司的经济效益。

华为和众多高科技企业一样，都认识到技术和管理的不断创新是企业生存与发展的关键，而优秀的人才是实现这些创新的主体，所以人才越来越成为企业发展的根本。

资料来源：改编自梁传勇：《华为人才观给人力资源规划带来的启示》（2019年8月26日，HR研究网：http://www.chochina.com/content-477-20650-1.html）及《知识经济下华为的人力资源管理》（2019年8月29日，百度文库：https://wenku.baidu.com/view/3ae25ab70166f5335a8102d276a 20029bd646383.html）。

● 思考与讨论题

2.1 简述华为人力资源管理的主要特点。

2.2 华为的员工激励管理能够带来哪些启示？

21世纪经济与管理规划教材

工商管理系列

第二篇

规划与获取

- ☐ 第3章　战略人力资源规划
- ☐ 第4章　战略人力资源招聘
- ☐ 第5章　战略人力资源选拔

第 3 章　战略人力资源规划

充分发挥人的长处,才是组织存在的目的。

管理者的任务,就是要充分运用每个人的长处,共同完成任务。

管理者……的用人决策,不在于如何克服人的短处,而在于如何发挥人的长处。

——彼得·德鲁克

主要内容

- 框架与内容
- 程序与技术
- 执行与评价

核心概念

战略人力资源规划（strategic human resource planning）

规划技术（planning techniques）

预测（forecasting）

德尔菲法（Delphi method）

趋势分析法（trend analysis）

马尔科夫分析法（Markov analysis）

预测技术（forecasting techniques）

需求预测技术（forecasting techniques for demand）

供给预测技术（forecasting techniques for supply）

内部供给预测（internal forecasting for supply）

外部供给预测（external forecasting for supply）

预期目标

通过本章学习,你可以获得以下知识和能力:

- 认识战略人力资源规划的概念框架；

- 了解战略人力资源规划的主要内容；
- 明确战略人力资源规划的基本程序；
- 掌握战略人力资源规划的重要技术；
- 了解执行战略人力资源规划的主体与原则。

开篇案例

《制造业人才发展规划指南》起草的前前后后

2016年，教育部、人力资源和社会保障部、工业和信息化部联合印发了《制造业人才发展规划指南》(以下简称《指南》)。《指南》是《中国制造2025》的重要配套文件，是1+X规划体系的重要组成部分，也是促进制造业人才发展、为实现制造强国战略目标提供人才保证的重要举措。

编制背景和过程

2015年5月，国务院印发《中国制造2025》，部署全面推进实施制造强国战略，确定了"三步走"的战略目标，从国家战略层面描绘了建设制造强国的宏伟蓝图。《中国制造2025》把"人才为本"作为制造强国建设的"五大方针"之一，强调坚持把人才作为建设制造强国的根本，建设一支素质优良、结构合理的制造业人才队伍，走人才引领的发展道路。

中央领导高度重视制造业人才队伍建设。习近平总书记指出，要大力培育支撑中国制造、中国创造的高技能人才队伍。李克强总理强调，打造高素质产业工人队伍对于实现《中国制造2025》目标至关重要。

为全面实施《中国制造2025》，国家制造强国建设领导小组部署了11个专项规划的编制工作，其中人才发展规划指南决定由教育部牵头，会同人力资源和社会保障部、工业和信息化部等部门共同编制。刘延东、马凯副总理高度重视《指南》的编制工作，多次做出重要批示。

2015年8月，教育部会同人力资源和社会保障部、工业和信息化部、质量监督检验检疫总局、外国专家局共同成立了编制工作领导小组，领导小组办公室日常工作由教育部职业教育与成人教育司负责。一年多来，教育部组织31个单位开展了21项专题研究，先后赴多个省份进行调研，实地考察了部分先进制造业企业，充分听取了行业企业和学校代表的意见。《指南》文本形成后，先后充分征求了有关专家、行业企业、学校、地方教育行政部门、相关部门的意见，通过了国家制造强国建设战略咨询委员会的评估论证，2016年6月经国家制造强国建设领导小组第三次会议审议并原则通过，2016年12月经国务院同意，教育部等三部门联合印发。

编制思路

《指南》编制的总体思路可以概括为"一二四四"。"一"就是实现一个目标,"二"就是坚持两个导向,一个"四"就是秉承四个理念,另一个"四"就是突出四个重点。

实现一个目标,即为实现制造强国战略目标提供坚实的人才支撑。坚持两个导向,即需求导向和问题导向。秉承四个理念,即创新、融合、协调、精准:创新的重点是深化体制机制改革创新,激发人才发展活力;融合的重点是推进产教融合、校企合作,提升人才培养质量;协调的重点是完善多层次、多类型人才培养体系,提高人才供给能力;精准的重点是对接制造强国建设战略任务和重点领域,提高人才支撑效率。突出四个重点,即抓改革、强基础、补短板、优环境:抓改革的重点是完善制造业人才培养体系和创新人才开发体制机制;强基础的重点是夯实专业技术、技术技能和经营管理三支人才队伍基础;补短板的重点是加快培育创新型技术领军人才、高技能紧缺人才和复合型人才;优服务的重点是完善人才使用、流动、评价、激励等机制。

主要特点

制造业人才发展,涉及人才培养、使用、流动、评价、激励等各个方面,《指南》涵盖了人才发展多个领域的政策措施。实施《中国制造2025》"关键在人才,基础在教育",人才培养在人才发展中具有重要的基础性作用。教育部部长陈宝生同志在2017年全国教育工作会议上强调,教育要"坚持以服务经济社会发展需求为根本导向""服务决定地位,有为才能有位"。《指南》有关教育方面的内容集中体现了"服务国家战略,教育主动作为"的思想,具体概括为四个"全"。

一是全方位构建人才培养体系。《指南》强调要健全多层次、多类型人才培养体系,统筹规划各级、各类教育发展,全面服务"中国制造2025",并对从中小学教育、职业教育、本科教育一直到研究生教育以及继续教育的各层次、各类型教育均提出了重点任务。中小学教育,强调要在实践活动课程、通用技术课程中加强制造业基础知识、能力和观念的启蒙与培养;开展质量意识普及教育。职业教育,强调加快构建现代职业教育体系,重点培育工匠精神,帮助学生树立崇高的职业理想和良好的职业道德;大力培养技术技能紧缺人才。本科教育,强调推进探索应用技术型发展模式;加强制造业相关一流大学和一流学科建设;强化学生工程实践能力培养,切实把制造业相关高等学校打造成"工程师的摇篮"。研究生教育,强调加强高等学校与科研院所联合培养博士生工作,促进在重大工程、项目实践中培养博士生。继续教育,强调利用各类教育资源,推动制造业企业职工培训全覆盖。

二是全领域进行人才供给改革。《指南》强调要推进制造业人才供给改革,精准对接重点领域人才需求,提出了制造业十大重点领域人才需求预测,确定了从业人员平均受教育年限、受过高等教育的比例、高技能人才和研发人员占比等具体目标。同时,《指南》按照《中国制造2025》提出的提高国家制造业创新能力、强化工业基础能力、推动信息化与工业化深度融合、积极发展服务型制造和生产服务业、全面推行绿色制造、打造"中国品牌""中国质量"等对制造业人才培养的新要求,有针对性地做出了部署、提出了要求。例如,提出要引导高校本专科招生计划向制造业十大重点领域的相关专业倾斜,扩大制造业重大基础研究、重大科研攻关方向的博士研究生培养规模,提高重点领域专业学位研究生培养比例;强调要围绕"四基"建设、智能制造、"互联网+制造"等领域,重点培养先进设计、关键制造工艺、材料、数字化建模与仿真、工业控制及自动化、工业云服务和大数据运用等方面的专业技术人才。

三是全过程推进教育教学创新。《指南》在专业设置上强调要促进学科专业设置与产业发展同步;建立学科专业动态调整机制,主动适应新技术、新工艺、新装备、新材料发展需求,增设前沿和紧缺学科专业,改造传统专业。在教学内容上围绕先进制造业所需的关键能力和素质,强调要推进工匠精神进校园、进课堂,面向高校学生开发开设研究方法、学科前沿、创业基础、就业创业指导等方面的必修课和选修课,在相关专业教学中强化信息化、绿色制造、质量管理等方面的内容。在培养模式上强调要深化产教融合,推动制造业企业深度参与相关专业标准制定、课程教材开发、教学实施等;推动高校探索建立跨院系、跨学科、跨专业交叉培养新机制;深化工程教育教学改革,改变"重论文、轻实践"的倾向,完善工科学生实习制度,强化学生工程实践能力培养。在师资队伍建设上强调要建立并推行企业技术人员、高技能人才与学校专业课教师相互兼职制度,强化教师实践能力培养,将实践能力、社会服务能力等纳入教师考核评价体系。

四是全角度加强人才培养保障。为保证制造业人才培养质量,《指南》对一些重点领域明确提出了保障和支持政策,强调要加大制造业人才培养投入力度。在人才培养改革的重点领域,强调要完善高等学校、职业学校教师和学生在企业实习实践期间的保障政策,完善现代学徒制试点有关支持政策,加大对传统制造业类专业建设投入力度,改善实训条件,保证学生"真枪实练"。在经费保障方面,强调要落实好职业学校和普通高校学生均拨款制度;在实施相关重大建设工程、重点项目时统筹安排人才开发培养经费;鼓励和引导社会、用人单位、个人投资人才培养;要求地方各级政府加大职工教育培训经费、就业经费等统筹力度,支持制造业人才培养。

资料来源:改编自教育部:《"制造业人才发展规划指南"有关情况介绍》(2019 年 8 月 25 日,教育部网站:http://www.moe.gov.cn/jyb_xwfb/xw_fbh/moe_2069/xwfbh_2017n/xwfb_170214/170214_sfcl/201702/t20170214_296156.html)。

思考题:

(1) 与企业人才规划相比,国家(地区、行业)人才规划有哪些相同点和不同点?
(2) 简要归纳宏观人才规划的主要步骤和特点。

本章介绍战略人力资源规划几方面的问题,包括规划的模型、性质与内容,规划的程序与技术,以及规划的执行与评价。

3.1 框架与内容

通过模型的直观表达,有助于理清战略人力资源规划的思想路径。认识规划的性质,明确规划的主要内容,有利于把握战略人力资源规划的本质与内涵。

3.1.1 战略人力资源规划的模型

《世界经理人》讲述过一个故事:牧师的儿子小约翰嚷着要去迪士尼乐园玩。牧师出了个难题考儿子。他把一幅世界地图撕成许多碎片,说如果儿子能重新拼起来就带他去。结果只花了不到十分钟时间,小约翰就拼好了地图。牧师感到惊讶!小约翰说:"很简单呀!地图的另一面是一个人的照片,我先把照片拼好,然后把它翻过来。我想如果这个人拼对了,这张世界地图也应该就对了。""是的,人对了,世界就对了!"一位跨国集团公司的董事长在听到这个故事时,不由得发出这样的感叹。[1]

隐含在故事中"人对了,世界就对了!"的寓意,在战略人力资源专家的词典里,可以被赋予"人对了,组织战略就对了!"这样的含义。规划人力资源的目的在于把人的问题解决好,即把"人"选"对"了。解决好人的问题,选"对"了"人",虽然不能说同时就解决了战略方面的所有问题,但可以肯定地说,为解决战略方面的问题奠定了基础和提供了保证。

基于组织战略或者说为了实现组织战略目标而进行的人力资源规划,称为战略人力资源规划(strategic human resource planning)。在宏观层面,战略人力资源规划可以理解为根据组织使命、战略与目标,确定预期组织任务、分析组织工作、设置组织岗位,以及确定组织发展中所需的人力资源数量、质量、层次和结构的过程。在微观层面,战略人力资源规划可以界定为根据组织战略目标,预测组织人力资源需求与供给现状,对满足组织战略人力资源需求的实际工作做出安排的活动。

威廉·P. 安东尼(William P. Antbony)等专家在《人力资源管理:战略方法》(第四版)一书中,把发生在战略人力资源规划中的一系列活动用一个模型表示了出来。[2] 威廉等人的模型自然是基于西方人的思维方式和语言习惯,为满足中国学习者的阅读心理需求,有必要加以修订或优化,结果如图 3-1 所示。

图 3-1 展示了战略人力资源规划的全景。规划始于组织内战略决策者的价值观和行为准则,以及组织内各方人士权利博弈的规则与结果。比如,海尔要不要进军美国市场,

---

[1] 参见理查德·李:《人对了,公司就对了》,《世界经理人》。
[2] 参见威廉·P.安东尼等著,赵玮、徐建军译:《人力资源管理:战略方法》(第四版),中信出版社,2004 年第 1 版,第 121 页。

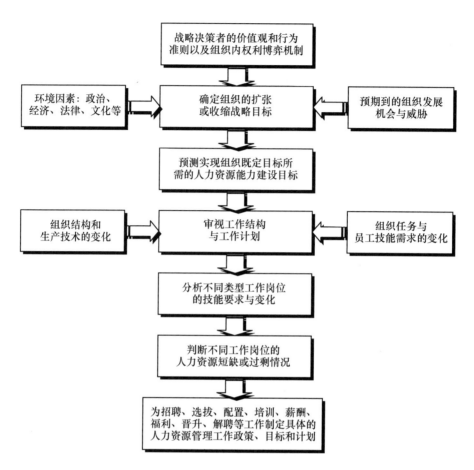

图 3-1　战略人力资源规划模型

TCL 是否收购欧洲相关企业，蒙牛什么时候不再自称内蒙古乳业"老二"，这些战略，取决于张瑞敏、李东升和牛根生及其领导或控制下的高层管理者"一帮人"持有什么样的发展观念、通常采取的做事方式，以及组织内部话语权的分配结构、交易规则和可能的均衡结果。简而言之，公司发展大事，主要取决于最高领导者的思路和行动。

决定了发展思路和方向，接下来要审视环境中的机会与威胁、组织内的优势与劣势，并由此确定比较具体的扩张或收缩战略目标；预测实现组织既定目标所需的人力资源能力建设目标；根据组织结构、生产技术、组织任务和员工技能需求等因素的变化，确立完成组织生产（或服务）任务所需的工作结构与工作计划；分析不同类型工作岗位的技能要求与变化；比较人力资源能力的现状，判断不同类型工作岗位的短缺或过剩情况；最后，为招聘、选拔、配置、培训、薪酬、福利、晋升、解聘等工作制定具体的人力资源管理工作政策、目标和计划，以消除短缺或过剩，促进战略人力资源需求与供给的均衡。

‹概念·要点›

战略人力资源规划,在宏观层面,可以理解为根据组织使命、战略与目标,确定预期组织任务、分析组织工作、设置组织岗位,以及确定组织发展中所需的人力资源数量、质量、层次和结构的过程;在微观层面,可以界定为根据组织战略目标,预测组织人力资源需求与供给现状,对满足组织战略人力资源需求的实际工作做出安排的活动。

3.1.2 战略人力资源规划的性质

战略人力资源规划就是对如何获得满足组织战略需要的人力资源,提前做好计划和安排。一个组织,比如企业组织,制定和实施战略的关键,在于选择并经营好自己的客户,保持和提高客户满意度与忠诚度,从而实现组织的可持续发展。

要做到让客户满意,必须通过优质的产品与服务为客户创造价值,促进利益增长。优质的产品与服务主要由员工创造,其中员工中的核心成员更是发挥着举足轻重的作用。有报道说,比尔·盖茨曾坦言:如果把我们最优秀的20名员工挖走,则微软将变成一个无足轻重的公司。关键的少数往往是决定整个组织的效率、产出、盈亏和成败的主要因素,这是"80/20效率法则"所表达的道理。[①]

毫无疑问,人力资源是组织获取竞争优势的第一资源,是组织存在与发展的必要条件。规划组织的发展必不可少的,甚至是首要的环节,就是要规划人力资源,尤其要重视做好"关键少数"成员的规划工作。

在工作过程中,有必要从五个维度了解清楚战略人力资源规划的性质。一是规划的态度,是主动采取行动,还是因环境或其他条件的变化不得已而为之;二是规划与组织战略的相关性,是密切相关,还是比较疏远;三是规划的范围,是多方面、多项目的宽范围规划,还是有限项目的窄范围规划,比如只制定招聘和选拔的规划;四是规划的正规程度,是正式的、书面的规划,还是存在于管理人员头脑中的、口头的规划;五是规划的灵活性,即所制定的规划抵御外部环境或内部条件发生突然变化的能力。灵活性良好的规划面对突发事件时能够表现出适应性和稳定性,必要时做出适当反应或调整。[②]

图3-2所示为战略人力资源规划的五个维度。

---

① 关于"80/20效率法则",参见王建民:《构建基于"80/20效率法则"的组织人力资本管理制度》,《经济管理》,2002年第21期。

② 这里"五个维度"的内容参考了威廉·P.安东尼等著,赵玮、徐建军译:《人力资源管理:战略方法》(第四版),中信出版社,2004年第1版,第116—117页对规划中"战略选择"的说明。

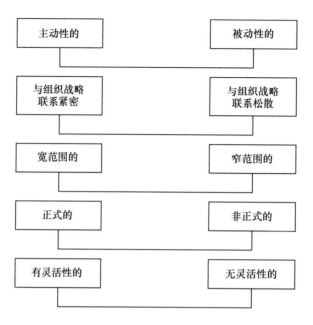

图3-2　战略人力资源规划的五个维度

> ◁概念·要点▷
>
> 　　战略人力资源规划的五个维度：一是规划的态度；二是规划与战略的相关性；三是规划的范围；四是规划的正规程度；五是规划的灵活性。

3.1.3　战略人力资源规划的内容

明确战略人力资源规划的态度、与组织战略的相关性、范围、正规程度和灵活性五个维度的问题，构成规划制定的思想条件和基本原则。在此基础之上，开始考虑规划的具体内容。

规划的内容由事先确定的规划的范围来决定，可以针对一方面或几方面，也可以全方位开展。图3-3是由人力资源规划范围决定的规划内容梯度变化示意图。如果规划的范围可以区分为窄、中和宽三种情况，那么其中所涉及的内容就呈递增趋势。窄的情况，可以包括招聘、选拔两项内容；中的情况，可以涉及招聘、选拔、培训和发展四项内容；宽的情况，可以涵盖全面的人力资源管理实践活动。窄、中和宽规划内容梯度的区分只有相对意义，所涵盖的内容随具体情况而变化。

从另外一个角度，规划的内容可以分为数量、结构和质量三部分。人力资源数量规划要在组织战略任务分析的基础上进行。首先把战略任务细化为具体的工作任务，再把

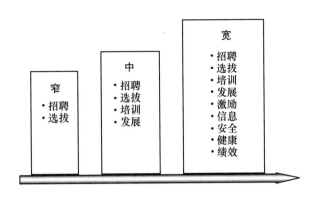

图 3-3 人力资源规划内容梯度

需要完成的工作任务合理地设计为工作岗位。由工作岗位数可以预测人力资源的需求总量。在战略实施的不同阶段和不同的生产运行状态下,对人力资源需求总量的变动情况也需要做出判断和安排。

确定了人力资源需求总量还不够,还需要对人力资源结构进行规划。需要规划的人力资源结构主要包括:

(1) 工种结构,即从事不同种类工作的人员比例及其变化趋势,比如研究开发人员、生产作业人员、市场营销人员、后勤保障人员、领导管理人员等,在人力资源总量中各占多大的比例及所占比例的变化情况。

(2) 部门结构,即组织中不同部门的人力资源配置量与需求增长比例。组织中各个生产部门和职能部门的人力资源配置结构,对生产效率和管理效率的保持与增进,对生产成本与管理成本的节约,具有重要影响。

(3) 工龄结构,即按照在组织中工作时间长短来区分的员工比例。员工的工龄长短,往往意味着工作技能的熟练程度、工作经验的丰富程度和组织文化的融合深度;同时,也反映出员工的职业生涯发展阶段和生理年龄。组织战略人力资源的有效利用和可持续发展与员工工龄结构的合理性具有高度的相关性。

(4) 性别结构,即男女员工的比例。根据组织业务的性质和工作需要、相关法律法规的要求及员工保持工作效率的心理需求等因素,提出合理、合法、科学的性别结构规划。

(5) 学历结构,即员工接受正规和非正规教育与培训的构成情况。员工的学习经历一般可以反映出其知识状况和技能水平。员工所掌握的知识和技能构成组织人力资本的主体,对组织存在与发展起决定作用。

(6) 国籍与种族结构,即外籍员工与不同人种员工的比例。跨国经营、国际化运行或涉及外交事务的组织或机构,往往会由于工作需要或国家法律法规要求雇用一定比例的外籍员工,保持员工人种的多样性。比如,在美国等一些西方国家的大型企业、公共机构或国际组织中,一眼看去,员工的肤色往往多种多样;稍作交流,就会发现员工的国籍也不尽相同,文化传统千差万别。

战略人力资源规划除了数量和结构这两部分显性的客观内容,还有质量这种隐性的主观项目。人力资源的质量,或者说人才的素质,虽然确实存在,但看不见、摸不着,难以衡量。人力资源个体质量的差异,只有通过外在的信息,比如获得的文凭和证书、接受过的教育与培训、过去的工作经历以及曾经取得的工作成绩等,才能做出初步判断。有时这种判断并不准确(也难以准确),因为人力资源的质量即以人为载体的知识和技能的质量,受人的心理状态的影响很大。如果人感受到的激励不足而没有动力去工作、去创造,那么再好质量的"知识和技能"也无济于事。① 因此,在人力资源质量规划中,有必要对质量的保障机制,即人力资源的激励与约束机制有所考虑。

最后需要强调的是,在战略人力资源规划中,需要进行 SWOT 分析②,尽可能了解组织在国内和国际竞争环境中所面临的机会与威胁,认清组织自身的比较优势和劣势。在此基础上做出数量、结构和质量规划,满足实现组织战略目标的需求。

◀概念·要点▶

战略人力资源结构包括:(1)工种结构;(2)部门结构;(3)工龄结构;(4)性别结构;(5)学历结构;(6)国籍与种族结构等。

3.2 程序与技术

战略人力资源规划要按照一定的程序进行,有成熟的技术可以利用。实践已经证明,按照既定程序和利用现有技术有利于保持规划工作的效率。

3.2.1 战略人力资源规划的程序

事实上,规划战略人力资源的程序在 3.1.1"战略人力资源规划的模型"中已经有所说明。一般的步骤如下:

---

① 这种情况可以从人力资本产权角度予以说明。人力资本产权具有特殊性。当产权残缺时,人力资本将自我贬值。另外,人力资本产权有一种特殊的权能——运用权,即运用或操作凝聚在自己身体中的知识和技能的权利。运用权主体具有唯一性。关于这方面的内容,详见(1)王建民,《人力资本产权的特殊性》,《财经科学》,2001 年第 6 期;(2)王建民,《企业人力资本管理:产权特征》,《经济管理》,2002 年第 15 期。

② 关于 SWOT 分析,参见王建民编著:《战略管理学》,北京大学出版社,2006 年第 2 版,第 225—227 页。

第一,分析工作任务和工作量。分析实现组织战略目标有哪些任务需要完成,每一项任务的工作量有多大。

第二,预测人力资源需求。测算完成既定任务所需要的人力资源数量、结构和质量。

第三,预测人力资源供给。审视人力资源市场,评估有可能满足组织战略需求的人力资源供给现状和趋势。

第四,评估人力资源供需状况。比较人力资源需求与供给情况,做出过剩或短缺判断,以及具体需要解决的问题。

第五,选择人力资源管理目标,制定工作规划。从需要解决的人力资源过剩或短缺方面的问题出发,选择人力资源管理工作需要实现的目标,制订有效的战略方案和工作计划。

第六,落实人力资源管理目标,评估实施绩效。完成规划中的各项人力资源管理工作任务,并对完成情况进行评估;同时,及时反馈评估信息,以期完善今后的工作。

上述战略人力资源规划的基本程序,可用图3-4直观表示。

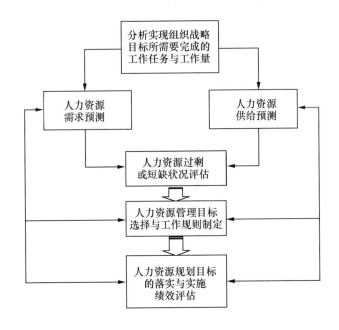

图3-4 战略人力资源规划的基本程序

如图3-4所示,人力资源需求预测与供给预测,与人力资源管理目标选择和工作规划制定,以及人力资源规划目标的落实和实施绩效评估两个环节,均为双向互动关系。其中,实施绩效评估结果的及时反馈,对于提高需求与供给预测的准确性具有重要作用。

规划的重点和难点在于评估某类工种或工作岗位人力资源是短缺还是过剩。参考威廉·P. 安东尼(William P. Anthony)等专家的观点，可以描绘出评估某类工种或工作岗位人力资源短缺或过剩状态的程序。如图3-5所示，首先统计组织中某一工种或工作岗位现有的雇员人数(1)；预计由于退休、离职、解雇、晋升、死亡等，这一工种或工作岗位在规划执行期间可能减少的人数(2)。接下来分别考察供给和需求情况。预计根据人力资源规划目标晋升的人数(3)，那么(1)-(2)+(3)即为组织内部可供给的雇员总人数；估计根据人力资源规划目标需要配置新员工的数量(4)，根据组织战略目标决定的业务增长对员工的需求(6)，那么(1)-(2)+(4)+(6)即为组织现阶段实现战略目标的人力资源总需求。如果内部供给＞战略需求，则意味着人力资源过剩，需要采取解雇、降薪、退休等多项措施减少在岗员工数量；如果内部供给＜战略需求，则需要通过外部招聘满足需求。

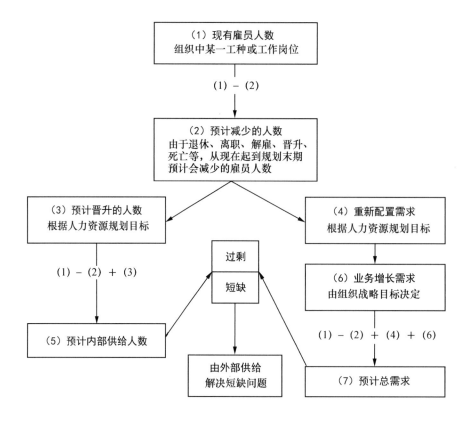

图3-5　某类工种或工作岗位人力资源短缺或过剩状态评估程序

了解所在国家或地区人力资源供给状况，是做好外部招聘工作的必要环节。2005年10月，麦肯锡公司发表《迫在眉睫的中国人才短缺》报告，认为中国缺乏训练有素的可以满足跨国公司需求的大学毕业生。这种说法也许有言过其实之处，但这无疑会成为已经进入或打算进入中国市场的跨国公司、已经实施或打算实施国际化战略的中国企业,可以参照的重要警示信号。

中国是否存在人才短缺现象?沃顿知识在线发表文章"给跨国公司提建议"。①众多有识之士如是说。葛兰素史克(GlaxoSmithKline)公司负责中国研发事务的区域副总裁陈之键(George Chen)认为,虽然中国学生在主动性和创造性方面有所不足,但中国仍然是一块巨大的"人才原料"基地。跨国公司面临的挑战之一,是如何培养中国本土人才,使他们成熟起来达到公司期望的水准。陈之键强调指出,虽然培养年轻人才的工作很重要,但招募到经验丰富的领导人更重要。他认为,"中国缺少的是经验丰富和成熟老练的管理人才"。这使得跨国公司处于两难困境。

翰威特咨询(上海)有限公司(Hewitt Associates Consulting, Shanghai)华东区咨询业务总监颜蓉(Ramona Yan)详细阐述了这个问题:中国的人才在总体上还是比较匮乏的。中国不仅缺乏新兴职业人才,例如那些十年前根本就没有的品牌管理、供应链管理及风险管理等人才,还缺乏拥有国际视野和管理能力的人才。那些真正能够驾驭国际化竞争、从战略定位到资源配置、从利用资本市场到实施兼并收购等非常复杂的经营活动的国际化人才是非常匮乏的。

光辉国际人力资源有限公司(Korn Ferry International)就中国的人力资源需求问题,对300名跨国公司的CEO进行了一项调查。结果显示,在中国市场上的跨国公司,最严峻的挑战是寻找那些拥有国际经验的领导人。

3.2.2 战略人力资源规划的技术

战略人力资源规划的技术(planning techniques)主要包括战略人力资源需求预测技术(forecasting techniques for demand)与供给预测技术(forecasting techniques for supply)两部分。管理学中所谓的技术,实际上就是一些定性的或者定量的方法。预测技术(forecasting techniques)就是在进行预测时所采用的方法。

什么是人力资源规划中的预测(forecasting)?雷蒙德·A. 诺埃(Raymond A. Noe)等专家给出了如下定义:

预测是指确定各类人力资源供给与需求状况而付出的努力,以便预告组织内部某些岗位或部门可能出现的劳动力短缺或过剩。

在战略高度,人力资源需求预测技术,可以理解为预报和测度完成组织战略任务所

---

① 参见沃顿知识在线:《中国是否人才短缺?——给跨国公司的建议》。沃顿知识在线(www.knowledgeatwharton.com.cn/)是沃顿商学院(the Wharton School of the University of Pennsylvania)旗下研究与商业评论在线期刊。沃顿商学院创立于1881年,被誉为现代MBA的发祥地,是"全球顶尖商学院""美国第一所商学院",一直以来被认为是"美国最具有开拓精神、创新意识和国际化视角的商学院,被誉为商业知识之源"。

需要的雇员数量、结构和质量的方法;供给预测技术,可以理解为预报和测度组织内部与外部人力资源市场能够提供的符合组织要求的雇员数量、结构和质量的方法。

人力资源需求预测技术可以分为定性和定量两类。有专家认为,定性预测技术包括德尔菲法(Delphi method)、经验预测法、描述法、微观集成法、工作研究法等;定量预测技术包括趋势分析法(trend analysis)、回归分析法、生产函数模型、工作量定员法、技能组合法、时间序列模型等。① 不同专家对需求预测技术的价值、分类和应用有不同认识。总体来看,德尔菲法和趋势分析法最有借鉴意义。

什么是德尔菲法?维基百科②上的定义如下:

> 德尔菲法是一种通过专家组两轮以上的评估确定预测值的方法。要求专家组预测某些项目的数值。每轮过后,管理人员就专家预测结果做出匿名小结并说明原因。当专家组各轮之间的预测结果变化幅度很小时,预测过程结束,取最后一轮预测结果的平均值。德尔菲法有精心设计的工作规则,远比其他非结构化小组预测的结果准确。

德尔菲法由 T. J. 戈登(T. J. Gordon)和奥拉夫·赫尔默(Olaf Helmer)首创于20世纪40年代。1946年,美国兰德公司为避免集体讨论中存在的屈从于权威或盲目服从多数的缺陷,首次用这种方法来进行定性预测,后被广泛采用。③ 德尔菲(Delphi)是古希腊地名。相传太阳神阿波罗(Apollo)在德尔菲杀死了一条巨蟒,成了德尔菲的主人。在德尔菲建有阿波罗神殿,是一个预卜未来的神谕之地,德尔菲法由此得名。④ 德尔菲法通常要经过四轮评估,专家组以10—15人为宜。

趋势分析法是比较两项或两项以上指标或看指标比率的变动情况,从中推算出演变方向、需求数额或变化幅度等可能性趋势的方法。在表3-1所示的例子中,选择销售额作为关键商业指标,根据历史数据可以计算得到销售人员的劳动生产率。⑤ 确定未来战略目标下的销售任务(如本例中的2020年、2021年和2022年三个年度),选择合理、有效的劳动生产率,销售任务除劳动生产率,即为销售部门未来三年的人力资源需求量。这里的关键是选择好劳动生产率。劳动生产率要以过去的业绩为基础,既有现实性,又有挑战性。

---

① 参见彭剑锋主编:《人力资源管理概论》,复旦大学出版社,2005年第1版,第185页。
② 维基百科(Wikipedia)是一个多语言版本的免费百科全书协作计划,已经成为互联网上最受欢迎的参考资料查询网站。维基百科是依靠捐赠发展起来的非营利机构,目前还没有接受广告的计划。
③ 参见:(1)百度百科"德尔菲法";(2)MBA智库百科"德尔菲法"。
④ 改编自世界经理人网资料(2013年3月6日,http://www.ceconline.com/ART_8800046275_140000_MT_01.HTM)。
⑤ 改编自乔治·伯兰德、斯科特·斯内尔著:《人力资源管理》(英文第13版),东北财经大学出版社,2003年第1版,第139页表4-4(Figure 4.4)。

表 3-1　人力资源需求趋势分析举例

年度	（1）商业指标 （销售额，千美元）	（2）劳动生产率 （销售额/雇员，千美元/人）	（3）[（1）÷（2）]人力资源 需求（雇员人数）
2013	2 351	14.33	164
2014	2 613	11.12	253
2015	2 935	8.34	352
2016	3 306	10.02	330
2017	3 613	11.12	325
2018	3 748	11.12	337
2019	3 880	12.52	310
2020*	4 095	12.52	327*
2021*	4 283	12.52	342*
2022*	4 446	12.52	355*

人力资源供给预测技术可以分为内部供给预测(internal forecasting for supply)和外部供给预测(external forecasting for supply)两部分。内部供给预测技术有马尔科夫分析法(Markov analysis)、员工安置表法(staffing table)、技能量表(skill inventories)、人员替换图法(replacement charts)、继任计划法(succession planning)等多种方法。[①]

表 3-2 为运用马尔科夫分析法进行预测的例子。[②] 表中，销售代理、部门经理、分部经理、商店经理助理、商店经理是这家零售公司的职位名称，从低到高排列。2019 年度"商店经理"有 12 人($N=12$)，到 2020 年度，1 人退出(占 8%)，11 人留任(占 92%)；"商店经理助理"在 2019 年度有 36 人，到 2020 年度，4 人晋升为"商店经理"(占 11%)，30 人留任原职位(占 83%)，2 人退出(占 6%)。同理，2019 年度有"销售代理"(这是最基础的职位)1 440 人，到 2020 年度，86 人晋升为"部门经理"(占 6%)，1 066 人留任原岗位(占 74%)，288 人退出(占 20%)。纵向数字相加，可以得到各个职位的预期供给人数，如"商店经理"为 15 人，"部门经理"为 301 人。

表 3-2　一家零售公司的马尔科夫分析举例

2019 年度	2020 年度					
	商店经理	商店经理助理	分部经理	部门经理	销售代理	退出
商店经理 ($N=12$)	92% 11					8% 1
商店经理助理 ($N=36$)	11% 4	83% 30				6% 2

---

① 改编自乔治·伯兰德、斯科特·斯内尔著：《人力资源管理》（英文第 13 版），东北财经大学出版社，2003 年第 1 版，第 140—141 页。

② 改编自上书，第 140 页表 4-5(Figure 4.5)。采用了原表中的数字。有较大改动。

(续表)

2019 年度	2020 年度					
	商店经理	商店经理助理	分部经理	部门经理	销售代理	退出
分部经理 (N=96)		11% 11	66% 63	8% 8		15% 14
部门经理 (N=288)			10% 29	72% 207	2% 6	16% 46
销售代理 (N=1 440)				6% 86	74% 1 066	20% 288
预期的供给	15	41	92	301	1 072	351

注释：图例

现任职位 (N=任职人数)	职位变动% 职位变动人数

可见，马尔科夫分析法是通过对两个年度职位变动情况的统计分析，找到变化趋势或规律，预期未来供给状况的方法。

外部供给预测主要是在宏观层面和微观层次分析国家、地区和组织所在地的人力资源市场。尤其要高度关注人力资本生产组织即各级、各类学校和技能培训机构的学科结构、专业设置、课程开设情况，以及招生人数、培养计划与就业状况等信息。

如果预测中国人力资源市场的供给情况，那么中国高校毕业生人数无疑是一个必不可少的信息。在 2020 年城镇需要就业的劳动力中，中国普通高校毕业生达 874 万人，同比增加 40 万人，规模创历史新高。① 有专家指出，在中国就业市场群体中，大的群体是农民工和应届毕业生。中国在 2000 年后实行高校扩招，2000 年之前基本是每年 100 万人左右的招生规模，而 2019 年中国的大学生规模已达 800 多万人，加上留学生群体 50 万人左右，所以，中国应届毕业生的规模非常庞大。②

人力资源专业机构或其他组织调查、发布的有关人力资源市场的信息，比如"最佳雇主排行榜"之类，对于人力资源供给预测者而言，往往具有重要的参考价值。

---

① 参见 2020 年 4 月 9 日人民日报：《多部门统筹推进招聘考录等工作 让高校毕业生早就业就好业》(2020 年 4 月 11 日，人力资源和社会保障部网站：http://www.mohrss.gov.cn/SYrlzyhshbzb/dongtaixinwen/buneiyaowen/202004/t20200409_364877.html)。

② 参见曾湘泉：《中国就业市场的新变化：机遇、挑战及对策》(2020 年 4 月 11 日，新浪财经：https://finance.sina.cn/china/gncj/2020-04-11/detail-iircuyvh7227318.d.html?vt=4&cid=76729)。

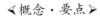

> 战略人力资源需求预测技术,可以理解为预报和测度完成组织战略任务所需要的雇员数量、结构和质量的方法。
>
> 战略人力资源供给预测技术,可以理解为预报和测度组织内部与外部人力资源市场能够提供的符合组织要求的雇员数量、结构和质量的方法。

3.3 执行与评价

规划是重要的,但执行更重要。只有在执行中,才能把规划的重要性转变为现实性。执行的过程需要管理,执行的效率必须关注。有效的执行管理是保持和提高规划质量的必要条件。评价执行过程和结果并及时反馈信息,是保证执行管理有效性的主要手段。

3.3.1 战略人力资源规划的执行

战略人力资源规划由谁执行?常规的人力资源管理工作主要由人力资源部门完成,但上升到战略高度的人力资源规划事关组织战略成败,以至于组织的生死存亡,理论上,从组织最高层的决策者、领导者和管理者,中层各生产和职能部门的管理者、工作者,到生产一线的全体作业者,都应该成为组织战略人力资源规划的执行主体。

在现实中,战略人力资源规划的执行,主要由以下人员负责:

(1) 在组织层面,最高决策者一群人,特别是负责人力资源的副首长(比如企业的人力资源副总裁),负责规划执行的领导、指挥和监督工作;

(2) 在人力资源部门,有专业人员承担规划实施方案的制订、落实和监控任务,负责传达高层指示,联系生产部门和其他职能机构,协调整个规划系统;

(3) 在人力资源需求或使用部门和机构,要求管理者积极配合人力资源部门,为获取符合规范的人力资源而工作。

在战略人力资源规划的执行中,一般要坚持以下几项原则:

其一,战略相关原则。人力资源规划的执行,是战略目标得以顺利实现的前提和基础。规划执行过程中的每一个环节、每一项活动,都应高度重视与组织战略目标的相关性。相关程度越高,行动意义越大。

其二,逐步优化原则。任何规划都不可能"毕其功于一役",总会有一个循序渐进、不断完善的过程。即使是精心编制的规划,也会因环境因素和内部条件的变化而需要调整、删减、修改或完善。为此,在规划执行过程中,应该密切关注规划的原始条件或允许条件的变化情况,及时反馈并采取有效的应对措施。

其三,梯度结构原则。在规划执行过程中,应该注意人才的梯度结构建设。梯度合理的人才结构,有利于促进组织人力资源的可持续发展。

其四,关键少数人员原则。按照"80/20 效率法则",组织中 20% 的关键少数人员可以决定 80% 的产出,做出 80% 的贡献。在规划执行过程中,应该高度重视落实关键少数人员的招募、选拔、使用、激励和保持等一系列政策,确保组织中 20% 的关键少数人员专心岗位、努力工作、不断创新、创出成绩。

3.3.2　战略人力资源规划的评价

及时评价战略人力资源规划的执行过程和执行结果,及时向前端、向上层执行者反馈信息,有利于保持和提高执行管理效率,调整和完善战略目标。

理想的评价标准主要包括是否有效规避了战略人力资源的短缺或过剩问题,是否有效保持了关键少数成员的工作活力,是否有效实现了既定的规划目标。

❏ 要点回顾

- 战略人力资源规划的五个维度:一是规划的态度;二是规划与战略的相关性;三是规划的范围;四是规划的正规程度;五是规划的灵活性。
- 战略人力资源规划的内容分为数量、结构和质量三部分。需要规划战略的人力资源结构包括:(1) 工种结构,从事不同种类工作的人员比例及其变化趋势;(2) 部门结构,组织中不同部门的人力资源配置量与需求增长比例;(3) 工龄结构,按照在组织中工作时间长短来区分的员工比例;(4) 性别结构,男女员工的比例;(5) 学历结构,员工接受正规和非正规教育与培训的构成情况;(6) 国籍与种族结构,外籍员工与不同人种员工的比例。
- 战略人力资源规划的一般步骤:第一,分析工作任务和工作量;第二,预测人力资源需求;第三,预测人力资源供给;第四,评估人力资源供需状况;第五,选择人力资源管理目标,制定工作规划;第六,落实人力资源管理目标,评估实施绩效。
- 人力资源规划中的预测定义:确定各类人力资源供给与需求状况而付出的努力,以便预告组织内部某些岗位或部门可能出现的劳动力短缺或过剩。
- 在战略高度,人力资源需求预测技术,可以理解为预报和测度完成组织战略任务所需要的雇员数量、结构和质量的方法;供给预测技术,可以理解为预报和测度组织内部与外部人力资源市场能够提供的符合组织要求的雇员数量、结构和质量的方法。
- 战略人力资源规划的执行主体:(1) 在组织层面,最高决策者的一群人,特别是负责人力资源的副首长,负责规划执行的领导、指挥和监督工作;(2) 在人力资源部门,有专业人员承担规划实施方案的制订、落实和监控任务,负责传达高层指示,联系生产部门和其他职能机构,协调整个规划系统;(3) 在人力资源需求或使用部门和机构,要求管理者积极配合人力资源部门,为获取符合规范的人力资源而工作。

- 在战略人力资源规划的执行中,一般要坚持四项原则:其一,战略相关原则;其二,逐步优化原则;其三,梯度结构原则;其四,关键少数人员原则。

❑ 思考与练习题

3.1 解释战略人力资源规划模型的要点。
3.2 如何理解战略人力资源规划的五个维度?
3.3 举例说明战略人力资源规划的程序。
3.4 如何定义人力资源规划中的"预测"?
3.5 如何进行战略人力资源需求预测?试用案例说明。
3.6 如何进行战略人力资源供给预测?试用案例说明。
3.7 举例说明什么是德尔菲法。
3.8 举例说明什么是趋势分析法。
3.9 举例说明什么是马尔科夫分析法。

❑ 案例研究

万科:让王石"放心退休"的人力资源管理体系有哪些特点?

万科,不仅仅是中国地产界的标杆,也是中国企业界的标杆。王石因创立万科和成功退出万科而成为中国企业家的楷模。2017年6月21日,这天一早,王石在自己的朋友圈发了一段长文:"我在酝酿董事会换届时,已决定不再作为万科董事被提名。从当初我们放弃股权的那一刻起,万科就走上了混合所有制道路,成为一个集体的作品,成为我们共同的骄傲。"

让王石自豪退出企业经营管理层的,是他一手打造的规范化的企业治理结构和运营管理体系。万科的人力资源管理体系到底有哪些特点?万科前CHO(人力资源总监)陈玮介绍了万科人力资源管理体系的特点,总结归纳起来,万科对员工的价值主张有以下几个方面:

第一,员工有机会与一帮老老实实做事的人一起做投资。在万科的文化里,很重视走正道,拒绝行贿及一些违规违法行为的发生,这是万科从价值观层面就非常坚守的。

第二，拥有很多聪明能干的优秀人才，员工有机会与这样一群人共事、成长。

第三，事业合伙人机制使员工能够投资自己的事业。这个是很多企业做不到的。很多地产类企业的员工想要加入万科，觉得这个机制很好，为什么呢？因为在万科，他们可以一边把盘做好，一边进行投资，获得额外的回报。这种机制不是每一家公司都有的，许多同行无法做到，而万科却非常有勇气做这样的事情。

第四，大力提拔年轻人，总让年轻人有机会干大事。地产行业都是重资产业务，买一块地动辄几亿元、十几亿元，甚至几十亿元的投入，因此在万科任何一个城市公司，其资产体量都是很大的。但万科负责这些城市公司的经理，基本上都是30岁出头的年轻人。目前，万科北京区域和成都区域的区域首席执行官都是36岁，这是什么概念？一个区域公司一般都有几百亿元的营业额，可见万科用人的胆子非常大。

第五，对员工成长有持续的投资。万科乐于帮助员工提升其竞争力，因此万科现在也变成了一所行业学校。许多人来万科"挖角"，因为他们认为万科人好用——守规矩，懂行业，且职业化。这个事实说明万科员工在工作的过程中，其自身的能力与竞争力都在提升。

第六，鼓励员工健身。每年万科管理层与所有员工都要进行体检，如果一个部门队伍的体检分数比上年差，那么部门经理是要被扣奖金的。在万科，每一个城市公司都有自己的健身房、淋浴房，这不仅是鼓励员工进行健身，更是对员工的一个管理要求。

第七，在管控方面，采取"总部—区域—一线"的模式，强化了区域的实体权利。实体化后，区域首席执行官的权利（包括他的人事、财政、薪酬资源分配以及投资的权利）大大提升，这是万科的一项重要举措。

另外，集团的人力资源团队通过采用 Seven Lever 组织诊断方法，诊断各子公司在组织绩效、管理能力、领导能力方面的情况，以评判其经营状况和组织能力。诊断之后，员工会拿到一个报告，高管会帮助员工一起推进组织绩效的提升。

基层管理者和各层员工对公司的运作其实有很多的观察和智慧，他们往往知道公司应该怎样才能做得更好，但他们通常只是回家与家人分享这些想法，并不会拿出来与组织分享。为了不浪费大量的真知灼见，万科培养了100名内部催化师，专门与员工进行"群策群力活动"，帮助员工把他们对公司的真知灼见说出来。员工的积极性与建议对管理层产生了巨大的触动，极大地推动了公司的发展。

作为公司一把手或管理者，如果你一个星期或一定时间内都听不到公司传来刺耳的声音，听不到任何逆耳之言，则说明你的公司有危险，这也是公司走向失败的开始。万科留下了95万字的"群策群力活动"文字记录，并且分门别类地剪了下来，专门贴在一个房间，整整四面墙。万科各级的管理层都要看，这里具有震撼性的东西，里面包含了员工的各种说法，比如怎样应对客户、怎样以客户为中心、怎样提升产品竞争力、怎样提升组织绩效等。

万科在机制上也进行了创新。第一个是股权计划。万科管理层会把低廉的长期激励用来买股票,这对市场来说是很重要的信心。第二个是跟投计划。例如,在做一个项目时,万科会允许或强制性地要求除法定高管外,管理层与相关人员把自己的钱投进去,这样管理层会把公司的钱和客户的钱当成自己的钱一样重视。

万科有一句口号,叫"投资自己的事业是世界上最好的投资"。一般情况下,大多数人都是打工的心态,打工的职业经理人以工资、奖金或长期激励为激励机制。但是当你可以投资自己每天操盘的事情时,你一定会把这件事情做好。

资料来源:改编自万科前CHO陈玮公开演讲《我们是如何吸引人才的?》(2019年6月26日,360图书馆:http://www.360doc.com/content/15/1202/08/14714468_517315841.shtml)。

● **思考与讨论题**

3.1 企业高管如何制订"接班人"计划?

3.2 万科的人才开发模式为人力资源规划创造了哪些条件?

第4章 战略人力资源招聘

永远记住:来自年轻的中国人、印度人和波兰人的竞争,不是把我们赶下悬崖,而是迫使我们上升到更高层次。他们并不想为我们工作,甚至他们根本就不想抢我们的饭碗。从创立公司角度来说,他们是想统治我们,想要在未来建立公司,让全世界的人们都羡慕并争先恐后地为他们服务。

——托马斯·弗里德曼

主要内容

- 招聘准备
- 招聘过程
- 招聘方法

核心概念

招聘(recruitment)

工作(job)

岗位(position)

职责(duty)

工作分析(job analysis)

工作说明书(job description)

工作规范表(job specification)

内部招聘(recruiting within the organization)

外部招聘(recruiting outside the organization)

预期目标

通过本章学习,你可以获得以下知识和能力:

- 认识工作分析对招聘的重要性;
- 掌握工作分析的方法,理解工作分析成果的用途;

- 熟悉招聘的程序和计划；
- 掌握内部招聘方法；
- 掌握外部招聘方法。

> **开篇案例**

飞利浦：独特招聘揽人才

为了降低人才投资和招聘风险，飞利浦公司将采取一些新的措施，从而降低每年招聘毕业生时因信息不对称而带来的用人风险。

人招进来先看不用

已经招聘进企业的毕业生，没有任何工作经验，应该让他们做什么工作才能够最大限度地发挥他们的价值？这个问题不仅困扰着毕业生自己，而且困扰着企业。

飞利浦中国区人力资源副总裁徐承楷告诉《财经时报》记者，没有工作经验的大学毕业生，在选择工作岗位时往往比较盲目和短视，所以企业按照职位空缺招聘的毕业生，往往并不能最好地发挥他们的特长，只有让职位与人才相匹配，对企业和毕业生来说才是最完美的结合。

为了提高人才的使用价值，飞利浦每年招聘毕业生时，都会比实际用人需求多录用大约1/3的名额，这样做的目的，除了可以为企业日益增长的人才需求做储备，更重要的是可以让一些人在企业内部不同的部门之间转换，让他们去看不同部门不同职位上的员工如何工作，让他们用自己的眼睛去观察和了解；同时，企业也在这段时间里充分观察和挖掘这些毕业生的特长与兴趣。

用徐承楷的话来说，这一段时间内，被转换的这部分毕业生基本上是不做什么实质性工作的，这样做就是为了能够让企业和毕业生通过一段时间的互相观察后，寻找到最匹配的结合点，从而最大限度地发挥这些毕业生的价值。

不过，这种"只看不用"的方式还是需要大气魄和大手笔的投入的，因为这些毕业生在观察期内的薪水还是要支付的，这对企业来说毕竟是一笔不小的投资，对毕业生来说则是难得的"福利"。

不再直接聘用毕业生

徐承楷坦承，在招聘毕业生时也常会看走眼，实际工作中会发现与当初招聘和面试时的预期相差甚远，而"请神容易送神难"，对于新招聘来的毕业生，如果公司很快与他们解除合约，则无论是对公司还是对刚参加工作的大学生而言，都会带来损失和伤害。

为了降低这种用人方面带来的损失，飞利浦打算以后在聘用毕业生时先与一家人才招聘公司签约，由他们按照飞利浦的要求选拔一些人，飞利浦将不直接与被选用的大学生签约,而是与人才招聘公司签约,被录用的大学生与飞利浦之间就不存在直接的聘用关系,而是直接从人才招聘公司领取薪酬。

6个月之后,飞利浦将根据他们在工作中的表现来决定与哪些人签约,这样就可以比较有效地降低这种招聘风险。

不过,飞利浦的这种做法对就业压力越来越大的毕业生来说,也是一种更大的挑战,因为这对他们来说意味着成绩、面试技巧都不能保证可以得到一份好工作,只有靠真本事。

资料来源:整理自2013年1月18日《财经时报》的《飞利浦的聘人之道》一文。

思考题:
(1) 你对飞利浦公司"人招进来先看不用"的做法有何评价?
(2) 飞利浦公司打算"不再直接聘用毕业生",而是先和人才招聘公司签约代理招聘,经试用后再从中选择合适人员正式聘用。简要分析这种做法的利与弊。

托马斯·弗里德曼(Thomas Friedman)在《世界是平的——21世纪简史》一书中谈到了微软中国研究院①招募研究人员的情况——竞争十分激烈,以至于成功者在事后发出这样的感慨:"记住,在中国,即使你有幸抓住百万分之一的机会脱颖而出,那么还会有1 300个人同样能够做到这一点。"弗里德曼认为,目前微软中国研究院正是以百万分之一的比例挑选人才。②

虽然"以百万分之一的比例挑选人才"这句话有夸大其词之嫌,但从中可以反映出人力资源市场竞争的激烈性和招聘与选拔管理的复杂性。飞利浦"人招进来先看不用"和"不再直接聘用毕业生"的聘人之道值得关注。

本章探讨战略人力资源的招聘问题,包括招聘准备、内部招聘、外部招聘和招聘策略四部分。

4.1 招聘准备

"凡事预则立,不预则废。"(《礼记·中庸》)

---

① 1998年11月5日,微软公司投巨资在北京成立微软中国研究院,并于2001年11月1日将其正式更名为微软亚洲研究院(Microsoft Research Asia)。位于北京的微软亚洲研究院是微软公司在亚太地区设立的基础研究机构。通过从世界各地吸纳而来的专家学者们的鼎力合作,微软亚洲研究院已经快速发展成为世界一流的计算机基础研究机构,拥有230多名研究和开发人员以及250多名访问学者和实习生。目前,微软亚洲研究院主要从事五个领域的基础研究,包括自然用户界面、新一代多媒体、以数字为中心的计算、互联网搜索和在线广告、计算机科学基础(2013年3月11日,来源于 http://www.msra.cn/aboutus/)。

② 托马斯·弗里德曼著,何帆译:《世界是平的——21世纪简史》,湖南科学技术出版社,2006年第1版,第282页。

招聘活动正式开始之前需要做好多方面的准备。基础的和必要的准备,是分析工作的性质、内容、数量和责任,确定完成工作任务对知识和技能的要求。

4.1.1 招聘与工作分析

什么是招聘(recruitment)？乔治·伯兰德(George Bohlander)和斯科特·斯内尔(Scott Snell)定义为:招聘是定位并鼓励潜在应聘者申请现有或预期空缺工作岗位的过程。

招聘的定义有多个版本,但核心意义大体一致。你的公司里有工作(job)需要人做。需要什么样的人？在哪里可以找到这些人？事先要心中有数,即要定位(locate)。然后就要采取鼓励(encourage)措施,把能干的、合用的人"忽悠"起来,跑来报名,参加竞聘。到此为止的活动,称为招聘。再往下,就要开始选拔了。[①]

在招聘管理中,最重要的问题是要事先把工作情况搞清楚,即要进行系统、深入的工作分析(job analysis)。

这里有几个基本概念需要明确。(1)工作(job),是指一组相关的活动和职责;(2)岗位(position),是指由一名员工履行的职责和承担的责任;(3)职责(duty),是指一名员工为了完成其负责的工作而要执行的若干项不同任务。[②]

所谓工作分析,专家认为就是收集工作岗位信息,确定工作责任、任务或活动的过程。

图4-1为工作分析过程示意图。如图所示,分析工作首先需要明确从何处获得有关工作的信息,可以由专业的分析员去收集,也可以向在岗员工或其上司调查。收集信息的方法有访谈法、问卷调查法、观察法和DOT法[③]等多种。实际分析所需要的信息包括任务、绩效标准、岗位职责、完成任务所需要的知识和技能等。通过对收集到的信息进行分类、整理、研究,可以做出对工作本身情况的说明,并对任职本工作岗位的资格提出要求。

实际中,工作分析的具体步骤如下:

第一步,了解战略任务,明确工作分析目的。基于组织战略的工作任务是否发生变化,发生了什么变化——增加还是减少、扩张还是收缩、合并还是分解,明确战略任务变化的性质与内容,便于决定所收集信息的方向与特征。

---

① 请注意,招聘和选拔,也有人称招募和甄选,英文分别是recruitment和selection。虽然这两个词经常"出双入对"同时现身,但却代表着两件不同的事。招聘(recruitment)是吸引符合要求的人员应聘空缺职位的过程;选拔(selection)是从应聘者中选择出合格员工的过程。关于选拔事宜,详见本书第5章。
② 职责定义参见威廉·P.安东尼等著,赵玮、徐建军译:《人力资源管理:战略方法》(第四版),中信出版社,2004年第1版,第203页。
③ DOT是Dictionary of Occupational Titles(职位名称词典)的缩写。DOT根据工作任务和要求之间的关系对职业进行了系统分类,由美国劳工部(the U.S. Department of Labor)发布。书中包含了对两万多个职位的标准化描述。

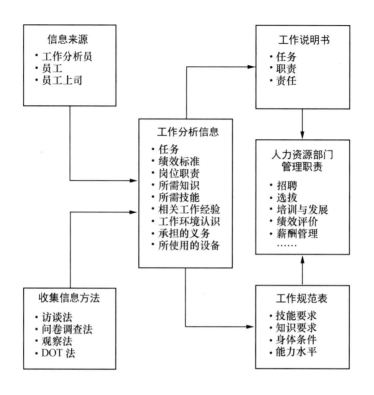

图 4-1　工作分析过程

资料来源:参考了乔治·伯兰德、斯科特·斯内尔著:《人力资源管理》(英文第 13 版),东北财经大学出版社,2003 年第 1 版,第 95 页图 3.1(Figure 3.1)。

第二步,选择工作分析对象。工作分析是有成本的活动。哪一方面、哪一类型或哪一项工作需要分析,应该有清楚的、准确的判断。判断失误,将导致成本增加,效率下降,资源浪费。

第三步,沟通员工,获得支持。工作分析意味着打破现有工作秩序或建立新的工作制度,从而不可避免地会改变现有员工的利益结构。为消除顾虑,增进理解,应该及时向员工通报工作分析情况,争取得到大多数员工的支持。

第四步,确定有效方法,收集工作分析信息。这一步最重要。信息的客观性、准确性和充分程度,对工作分析的质量具有决定性的影响。

第五步,处理工作分析信息。整理、分类、分析、解读所收集的工作分析信息。

第六步,撰写工作分析报告。最主要的报告有两份,一份是工作说明书(job description),另一份是工作规范表(job specification)。

第七步,评估工作分析的工作绩效,关注工作分析的新需求。

◁概念·要点▷

招聘是定位并鼓励潜在应聘者申请现有或预期空缺工作岗位的过程。

几个基本概念:(1)工作,是指一组相关的活动和职责;(2)岗位,是指由一名员工履行的职责和承担的责任;(3)职责,是指一名员工为了完成其负责的工作而要执行的若干项不同任务。

工作分析是收集工作岗位信息,确定工作责任、任务者活动的过程。

4.1.2 工作分析的方法

在工作分析中,主要的和重要的工作是收集信息。因此,一般所说的工作分析方法,基本上就是指信息收集方法。常用的方法有以下几种(见图4-2):

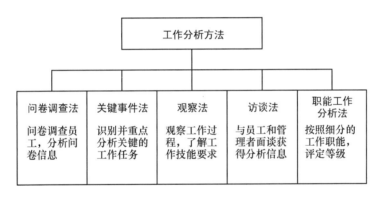

图 4-2 工作分析方法

(1)问卷调查法(questionnaire method),即请员工填写调查问卷,然后分析问卷信息。需要编制一份包括所有要完成的任务的清单,由2—3名熟悉所调查工作的员工回答问卷。

(2)关键事件法(critical incident method),即识别并重点分析关键的工作事件(行为)。通过对关键事件的分析,可以了解高绩效员工和低绩效员工的行为特征。

(3)观察法(observation method),即观察工作过程,了解工作技能要求。观察执行任务时的一个工作样本即可。观察可以是持续性的,也可以是间歇性的。观察法主要用于分析通过一系列身体运动来完成任务的工作,比如生产线上的装配工人、餐厅的服务员等人的工作。对于不依靠身体运动来完成的工作,比如文字秘书、翻译家、作家等人的工作,则不宜采用观察法分析。

(4)访谈法(interview method),即采访熟悉所分析工作情况的员工或管理者,在交谈中获得关键信息。通常可以采用结构性的表格记录信息(见表4-1)。访谈是一种需要耗费大量时间、成本非常高的信息收集方法。如果三位分析员共同分析20种工作,每种工作找两人访谈30分钟,则访谈者和被访者总共需要付出60小时。此外,还有不少访谈前的准备工作需要完成。

表4-1 结构性工作分析访谈表

姓名：_____		年龄：_____	
日期：_____		在公司工作年限：_____	
现任工作岗位名称与级别：_____			
部门：_____	组别：_____	主管姓名：_____	
1. 工作的目的：_____			
2. 工作的主要职责：_____			
3. 工作的次要职责：_____			
4. 使用的机器或设备：	持续使用 _____	经常使用 _____	偶尔使用 _____

（5）职能工作分析法（functional job analysis），即考察工作的各项职能与信息、人员和事务三方面关系的方法。

4.1.3 工作分析的成果

工作分析追求两大成果：一是工作说明书；二是工作规范表。① 举例说明,详见表4-2、表4-3和表4-4。

表4-2 "人力资源部经理"工作说明书

岗位名称：人力资源部经理
职位等级：G4
职位编号：BP470066
工作目标：编制公司人力资源规划,配置和开发公司人力资源,协调公司劳动关系。
工作职责： 1. 根据公司战略和内外部环境条件,制定人力资源规划,并在获得批准后组织实施； 2. 制定人力资源部的工作目标和工作计划,编制预算,在获得批准后负责落实； 3. 制定和完善公司人力资源管理工作制度和流程,并在获得批准后负责执行； 4. 分析培训需求,制订培训计划,并在获得批准后领导实施和控制； 5. 掌握公司内部和外部人力资源市场信息,必要时开展招聘工作； 6. 建立和完善公司绩效管理制度,并在获得批准后负责执行；

---

① 工作说明书和工作规范表分别是 job description 和 job specification 的译文。读者可以发现,在国内翻译出版的教科书或由国内学者主编的教科书中,对这两个词的翻译版本甚多,莫衷一是。经多方比较研究,笔者认为工作说明书和工作规范表应该是最佳选择。

(续表)

7. 建立和完善公司薪酬福利制度，核定员工薪酬等级，报总裁批准后由财务部执行；
8. 受理员工投诉，协调员工关系，处理员工与公司之间的劳动纠纷事件；
9. 管理公司外部关系，加强公司与政府部门、营利组织和公益机构等组织的联系。

组织关系：
1. 向人力资源总监报告工作，接受公司总经理、副总经理领导；
2. 领导人力资源部招聘主管、培训主管、薪酬主管、劳动关系主管；
3. 指导和协助公司内部其他部门工作，提供咨询服务。

表 4-3 "人力资源部经理"工作规范表

岗位名称：人力资源部经理
职位等级：G4
职位编号：BP470066
工作目标：编制公司人力资源规划，配置和开发公司人力资源，协调公司劳动关系。
知识、技能、能力等要求： 1. 大学本科以上学历，人力资源管理或工商管理专业毕业； 2. 五年以上高级管理工作经验，三年以上人力资源总监管理经验； 3. 能够熟练运用常用的人力资源管理软件； 4. 具有比较强的领导能力、组织能力、执行能力和沟通能力； 5. 善于分析问题和解决问题，具有良好的服务意识； 6. 具有强烈的责任感和事业心，工作认真、细致、扎实； 7. 适应能力强，心理素质好； 8. 口才好，写作能力强，能够熟练运用英语交流。

表 4-4 "执行秘书"工作规范表

工作名称：执行秘书
工作部门：执行总裁办公室
直接上司：总裁
知识、技能和能力要求： 1. 关于办公室日常工作内容和程序的知识； 2. 关于执行秘书工作的知识； 3. 使用计算机软件办公的技能； 4. 打字、整理文件、应答电话以及起草例行信件和报告的技能； 5. 当总裁外出时，作为公司官员、董事会成员、客户代表与州和联邦政府官员之间的联系人的能力； 6. 规划工作并对不同工作赋予不同的优先权的能力。

工作说明书是说明一项工作应当承担的任务、职责和责任的报告。

工作规范表是表明胜任某项工作的个人必须具备的知识、技能、能力和其他特征的列表。

工作说明书和工作规范表是人力资源管理活动建立标准、制定政策、采取措施、做出决策的依据和基础，在招聘选拔、绩效评价、薪酬福利、培训发展等各个管理环节，都有必要的和重要的作用，如图 4-3 所示。

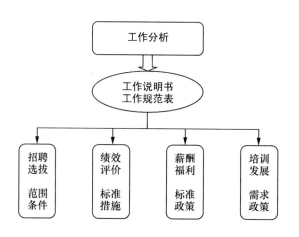

图 4-3　工作分析的结果和应用

> ◁概念·要点▷
>
> 工作说明书是说明一项工作应当承担的任务、职责和责任的报告。
> 工作规范表是表明胜任某项工作的个人必须具备的知识、技能、能力和其他特征的列表。

4.2　招 聘 过 程

招聘是季节性的。一般来说，各级、各类人力资源学成毕业之时，就是各种组织和机构招兵买马招聘人力资源的"黄金季节"到来之际。

"黄金季节"中的人力资源经理，几多欢喜几多愁，别有一番滋味在心头。欢喜的是，人力资源市场上资源流量大增，选择机会多多；发愁的是，自己组织内部的优质人力资源乘其他组织大批招聘之机，另谋高就者增加，人才流失加重，填补职位空缺的压力加大。而别有一番滋味的是，"能找到合适的人才吗？""会不会又是猴子捞月，竹篮打水一场空？"类似的问题萦绕心头，挥之不去。

招聘需要投入，招聘需要技术，招聘的过程既简单又复杂。

4.2.1　招聘的程序

招聘的过程既简单又复杂。之所以简单，主要在于程序或步骤较少。一般情况是首先审查人力资源战略规划,必要时做工作分析①,然后制订招聘计划与具体的实施方案,开始招聘活动。组织为填补职位空缺招聘人力资源,主要有两条渠道:一条是从内部其他部门招聘,另一条是从外部人力资源市场招聘。

如前所述,招聘是指定位并鼓励潜在应聘者申请现有或预期空缺工作岗位的过程。招聘管理工作的目标,是准确或比较准确地"定位"好目标求职者群体,吸引到求职者的眼球,让求职者对空缺岗位产生兴趣所采取的"鼓励"措施能够使求职者鼓起勇气做出参加应聘的决定。招聘是一种经济性活动,有成本、讲收益,还有时效性。招聘中,需要讲究方法和技术。招聘也有成本,既有直接成本,又有间接成本,还有机会成本。使求职者鼓起勇气不是一件轻而易举的事。这就是招聘的过程"既简单又复杂"之"复杂"所在。

招聘的程序,如图4-4所示。

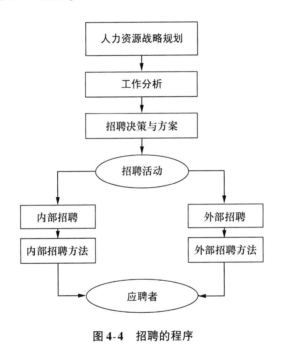

图4-4 招聘的程序

4.2.2 招聘的计划

这里简要讨论一下开展招聘活动的具体工作计划。② 假定组织内的一个部门出现岗位空缺,急需补充人员。怎么办? 一般的工作计划或思路是这样展开的:

(1) 向组织内部(比如总公司)人力资源部门提出招聘需求信号,提供工作说明书和

---

① 如果是新的工作,或者原有工作没有工作说明书、工作规范表的话,则需要进行工作分析。否则,可以直接进行下一步。

② 参考了威廉·P.安东尼等著,赵玮、徐建军译:《人力资源管理:战略方法》(第四版),中信出版社,2004年第1版,第240页图表7.2中的信息。

工作规范表,或编写工作说明书和工作规范表的必要信息。

(2) 人力资源部门搜索组织内部人才库(或人事档案),提供候选人名单,或者发布内部招聘信息吸引应聘者。如果需求部门发现合适的人选,双方谈判后达成一致,做出给予和接受工作机会的决定,则内部招聘过程结束。

(3) 如果内部应聘者都不符合要求,或者不愿意接受所提供的工作机会,则需要进行外部招聘。选择适当媒体,以适当方式发布人力资源需求信息,接受申请,审查应聘者知识、技能和态度。如果发现合适的人选,双方达成一致,签约聘用,则外部招聘过程结束。

(4) 如果外部应聘者都不符合要求,或者不愿意接受所提供的工作机会,则开始新一轮的外部招聘活动。此时,可能需要调整"定位"角度和"鼓励"措施,以期尽快找到合适的人选。

这里有个技术问题需要思考。如果有一个工作岗位空缺需要填补,则吸引到多少应聘者来竞争比较合理、科学、有效? 应聘者太多,招聘成本会上升;应聘者太少,招聘质量会下降。

中国大型国有企业 2003 年、2004 年和 2005 年连续三年向海内外公开招聘高级管理人员(2005 年包括正职岗位)。2005 年,国务院国有资产监督管理委员会发布了 25 个监管企业"高管"需求信息,面向海内外公开招聘。公开招聘工作按照"自愿报名、资格审查、统一考试、考察了解、研究确定人选、人选公示"等程序规范动作。共有 1 207 名应聘者提出申请,经资格审查符合条件的有 412 人,实际参加笔试的有 379 人,通过笔试进入面试名单的有 159 人,实际参加面试的有 154 人。有 3 个职位没有合适的人选,确定 22 人公示,其中两人发现存在问题被淘汰,最后聘用 20 人。① 录用:求职 = 20/1 207 ≈ 1:60。这一比例合理吗? 这个问题要由当事的国有资产监督管理委员会负责人来回答。

人力资源专家对录用率问题有不同的看法。威廉·P. 安东尼等学者似乎赞成 1:50 (20/1 000)的录用率。② 还有专家提出了所谓的"招聘筛选金字塔",认为录用和求职的理想比例是 1:24。③ 图 4-5 所示"招聘筛选金字塔"仅供参考。

◁概念·要点▷

招聘是季节性的。人力资源毕业之时,就是招聘人力资源的"黄金季节"到来之际。"黄金季节"中的人力资源经理,几多欢喜几多愁,别有一番滋味在心头。

---

① 参见 2005 年 5 月 8 日新华网:《中国首次公开招聘大型国企正职经营管理者》。
② 参见威廉·P. 安东尼等著,赵玮、徐建军译:《人力资源管理:战略方法》(第四版),中信出版社,2004 年第 1 版,第 241 页。
③ Dessler, G., *Human Resource Management*, 8th Edition, Upper Saddle River: Prentice Hall, 2000, p.135. (清华大学出版社,2001 年第 1 版,影印版)。

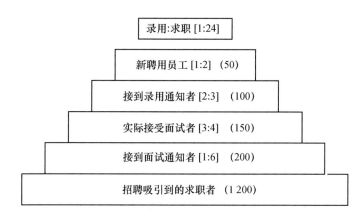

图 4-5 招聘筛选金字塔

4.3 招聘方法

招聘是有成本、讲收益,还要注意时效性的活动。招聘中需要讲究方法和技术,以节约成本、提高效益,获得事半功倍之效。

内部招聘(recruiting within the organization)和外部招聘(recruiting outside the organization)两种方法,以及这两种方法的一系列技术,值得讨论。

4.3.1 内部招聘

如果不是新创建的组织,大多数职位空缺一般是通过内部招聘填补的。对于生产组织或经济组织而言,熟练的作业技能、丰富的工作经验和对组织文化的了解与认同十分重要。因此,内部提拔或招聘有利于节约招聘成本,提高招聘效率。此外,内部提拔对在岗人员还有激励作用,使他们看到晋升的希望,对自己在组织内职业生涯的发展充满希望。内部提拔,特别是按照公开程序逐级提拔①,还有利于使被提拔者为同事所接受,便于迅速进入工作状态。

内部招聘的主要来源包括提拔本部门员工、接受组织内其他部门员工申请、重新雇用过去的员工等。内部招聘的常用方式有招聘广告、基层部门推荐、个人自荐、查阅档案、指定候选人、直接任命等(见图 4-6)。

---

① 如果不是从下一级向上一级的"逐级"提拔,而是"越级"提拔的话,情况则有所不同。"越级"提拔打破了一般的晋升逻辑和心理预期,容易导致内部矛盾,而且被提拔者胜任新职位的难度也会显著增加。因此,一般不宜采取"越级"晋升决策。出于政治或其他原因进行的所谓"破格提拔",是另外一回事。

内部招聘	主要来源
	提拔本部门员工、接受组织内其他部门员工申请、重新雇用过去的员工
	常用方式
	招聘广告、基层部门推荐、个人自荐、查阅档案、指定候选人、直接任命

图 4-6　内部招聘的来源与方式

如果内部人力资源不能满足战略需求,则只能通过外部招聘解决。内部提拔之后出现的空缺应该从外部招聘。企业的研发(R&D)中心,专业的学术机构、科研单位或高等学校等组织,强调知识创新和技术创造,要求新观点、新思想的传授。尽管这些组织的内部提拔仍然十分重要,但外部招聘不可忽视。

4.3.2　外部招聘

外部招聘具有必要性和重要价值。常见的外部招聘来源主要有人力资源市场、应届毕业的学生、其他组织的人力资源等。外部招聘的常用方式有招聘广告、校园招聘、员工推荐、猎头公司、私立就业服务机构、公立就业服务机构、政府机构、工会组织、个人申请等(见图 4-7)。

外部招聘	主要来源
	人力资源市场、应届毕业的学生、其他组织的人力资源
	常用方式
	招聘广告、校园招聘、员工推荐、猎头公司、私立就业服务机构、公立就业服务机构、政府机构、工会组织、个人申请

图 4-7　外部招聘的来源与方式

招聘广告:人力资源需求者或其代理机构在网络、报纸、杂志、电视、广播等媒体上发布需求信息。广告词撰写水平如何,对是否可以吸引到足够的"注意力"、是否能够激发出合格候选人参加竞聘的勇气具有决定性的影响。正是广告的重要性和技术性,促进了专业广告服务市场的蓬勃发展。

校园招聘:向目标大学校园(就业指导中心)发布招聘信息,或者在校园招聘会期间设立招聘摊位直接开展招聘活动。目前已经有专门针对大学毕业生的网络招聘平台。对于组织内部的初级岗位空缺,组织有长期的人力资源开发战略或比较完善的培训计划,一般会采取校园招聘方式,招聘对象主要是大学本科及以下毕业生。组织对高级管理人才、研发专家、大学教师、科研人员的需求,也可以通过校园招聘方式得到满足,招聘对象主要是专业硕士学位获得者(如 MBA、EMBA、MPA 等)及硕士和博士学位研究生等。选择学校是校园招聘的重要环节。选择学校时主要考虑哪些因素?表 4-5 所示是美国学者的观点,有 13 个因素需要考虑。按照重要性排序,分为 1—7 级,数字越大越重要。①

表 4-5 选择招聘学校的考虑因素

序号	考虑因素	重要性(1—7 级)
1	关键技能领域的声誉	6.5
2	学校总体声誉	5.8
3	以前雇用的该校毕业生的绩效	5.7
4	地理位置	5.1
5	关键技能领域师资的声誉	5.1
6	以前获得工作机会和接受工作的比率	4.6
7	过去的实习情况	4.5
8	潜在员工的人数	4.5
9	实现平等就业机会目标的能力	4.3
10	招聘成本	3.9
11	和教师熟悉的情况	3.8
12	SAT 或 GRE 分数	3.0
13	是否 CEO 或其他高管的母校	3.0

员工推荐:在职员工通常会掌握符合空缺岗位要求的人选的信息。在他们的领域内,谁具有什么技能,谁能够胜任什么工作,他们往往了如指掌。实践证明,员工推荐是一种低成本、高成功率的招聘方法。有的公司为了鼓励员工推荐新人,还设有"推荐奖",一旦所推荐人选被公司录用,他们通常就会得到 100—1 000 美元不等的奖励。② 热爱公司的员工才会把自己所在的公司推荐给亲朋好友;优秀的员工不会推荐胜任力不足的新人自毁其名。员工推荐不失为一种有效的招聘方法。但是,在诚信制度不健全、监督机制运行不力的情况下,员工推荐招聘应谨慎而行。

猎头公司:"猎头"在英文里叫 headhunting,是专门"网罗高级人才"的公司。猎头公司主要提供搜寻、评估和代理招聘高层次人才的服务。猎头公司不是帮助没有工作的人找工作,而是帮助有工作的人找到更好的发展机会。猎头公司一般的收费标准是年薪的 15%—20%(或 20%—30%)。

在中国,已经建立了比较完善的人事人才公共服务体系,基本上所有县级及以上的

---

① Dessler,G.,*Human Resource Management*,8th Edition,Upper Saddle River:Prentice Hall,2000,p.151.(清华大学出版社,2001 年第 1 版,影印版)。
② 参见威廉·P.安东尼等著,赵玮、徐建军译:《人力资源管理:战略方法》(第四版),中信出版社,2004 年第 1 版,第 235 页。

行政区域都设有专门的服务机构,提供了人事档案管理、人事代理、高校毕业生就业、人才信息发布、专家和留学人员服务、职称评定、人事考试等种类多样、数量庞大的人事人才公共服务。国家《人力资源和社会保障事业发展"十三五"规划纲要》中,明确提出"完善人力资源市场机制",充分发挥市场在人力资源配置中的决定性作用;健全人力资源市场法律法规体系,完善人力资源市场管理制度,规范人力资源市场秩序。建设统一规范的人力资源市场,维护劳动者平等就业权利。增强劳动力市场灵活性,促进劳动力在地区、行业、企业之间自由流动。规范招人用人制度,尊重劳动者和用人单位市场主体地位,消除影响平等就业的制度障碍和就业歧视。规范就业中介服务。加快全国人力资源市场供求信息监测和发布制度建设。推进人力资源市场诚信体系和标准化建设。大力发展人力资源服务业,推进人力资源服务产业园建设。加强人力资源服务业从业人员职业培训,实施人力资源服务业领军人才培养计划。①

逐步完善的人力资源公共服务体系,为中国营利和非营利组织满足人力资源需求、为求职者选择工作机会带来了极大的便利。由中央和各级地方政府主办或指导下的人才市场,以及全国性或地域性大型人才招聘会,成为各类组织外部招聘人力资源的主要渠道。

中国人力资源市场信息监测中心每个季度都会发布公共就业服务机构采集的市场供求信息。比如 2018 年第四季度,该中心对 89 个城市的公共就业服务机构采集的市场供求信息进行了统计分析,归纳出这一季度市场供求状况呈现出五方面的特征:

第一,市场需求略大于供给,岗位空缺与求职人数比率有所上升。与 2017 年同期相比,市场需求人数略有增长,求职人数略有下降;与 2018 年第三季度相比,市场需求人数和求职人数均有所下降。从变化趋势来看,2015 年以来,岗位空缺与求职人数比率呈现波动上升趋势。2016 年第三季度至 2017 年第三季度,岗位空缺与求职人数比率稳定在 1.1 左右;2017 年第四季度以来始终保持在 1.2 以上的高位,且呈现持续上升趋势。

第二,东、中、西三大区域市场需求均略大于供给。与 2017 年同期相比,东北和西部地区市场供求人数均保持增长;与 2018 年第三季度相比,东、中、西三大区域市场供求人数均有所减少。

第三,从行业需求来看,与 2017 年同期相比,制造业用人需求稳中有升,租赁和商务服务,批发和零售,房地产,科学研究、技术服务和地质勘查,居民服务和其他服务等行业用人需求保持增长;与 2018 年第三季度相比,除文化、体育和娱乐及公共管理与社会组织等行业外,其他各行业的用人需求均有所下降。

第四,市场对具有技术等级和专业技术职称人才的需求均大于供给。与 2017 年同期相比,市场对技师、高级技能等技术等级和初级职称人才的需求有所增长;与 2018 年

---

① 参见 2016 年 7 月 6 日人力资源和社会保障部发布的《人力资源和社会保障事业发展"十三五"规划纲要》(2020 年 4 月 19 日,人力资源和社会保障部网站:http://www.mohrss.gov.cn/SYrlzyhshbzb/zwgk/ghcw/ghjh/201607/t20160713_243491.html)。

第三季度相比,市场对各类技能人才和专业技术人才的需求均有所下降。

第五,全国十大城市岗位需求和求职排行榜显示,推销展销人员、部门经理、餐厅服务员、厨工、简单体力劳动人员等职业的用人需求较大,财会人员、秘书、打字员、营业人员、收银员等职业的用人需求相对较小,如表4-6所示。①

表4-6 2018年第四季度全国十大城市岗位需求和求职排行榜

城市	岗位空缺与求职人数的比率	第二产业需求	第三产业需求	岗位空缺大于求职人数缺口最大的前三个职业	岗位空缺与求职人数的比率	岗位空缺小于求职人数缺口最大的前三个职业	岗位空缺与求职人数的比率
上海	1.73	7.5%	92.4%	保险业务人员	3:1	财会人员	1:3
				其他购销人员	3:1	治安保卫人员	1:2
				车工	3:1	储运人员	1:2
重庆	1.68	42.4%	55.9%	部门经理	6:1	餐饮服务人员	1:3
				电子元器件与电子设备制造装调工	6:1	铣工	1:3
				加工中心操作工	6:1	镗工	1:3
沈阳	0.94	23.2%	73.8%	推销展销人员	2:1	财会人员	1:2
				机械冷加工人员	2:1	行政办公人员	1:3
				客服人员	3:1	建筑工程技术人员	1:3
长春	0.74	27.0%	65.2%	餐饮服务人员	2:1	机动车驾驶人员	1:2
				治安保卫人员	2:1	财会人员	1:2
				营销人员	2:1	保管人员	1:2
石家庄	1.18	22.1%	77.9%	推销展销人员	2:1	计算机工程技术人员	1:2
				行政业务人员	2:1	营业人员、收银员	1:2
				治安保卫人员	2:1	财会人员	1:2
郑州	2.33	23.1%	76.0%	简单体力劳动人员	3:1	其他仓储人员	1:2
				营业人员、收银员	2:1	财会人员	1:3
				推销展销人员	3:1	其他行政办公人员	1:3
西安	1.41	22.2%	75.2%	销售人员	7:1	道路运输服务人员	1:3
				餐饮服务人员	3:1	家用电子电器维修人员	1:3
				部门经理	8:1	美容美发和浴池服务人员	1:4
福州	1.23	55.7%	44.1%	简单体力劳动人员	2:1	营业人员、收银员	1:2
				电子器件制造工	2:1	治安保卫人员	1:2
				鞋帽制作工	2:1	秘书、打字员	1:3
南宁	2.77	22.6%	76.8%	推销展销人员	4:1	工美装饰服装广告设计人员	1:4
				营业人员、收银员	3:1	秘书、打字员	1:2
				餐厅服务员、厨工	5:1	行政业务人员	1:4
昆明	1.9	20.7%	77.4%	餐厅服务员、厨工	3:1	秘书、打字员	1:4
				推销展销人员	3:1	其他社会服务人员	1:2
				保洁人员	3:1	幼儿教师	1:3

---

① 参见2019年2月1日中国人力资源市场信息监测中心发布的《2018年第四季度部分城市公共就业服务机构市场供求状况分析》(2020年4月19日,人力资源和社会保障部网站:http://www.mohrss.gov.cn/SYrlzyhshbzb/zwgk/szrs/sjfx/201902/t20190201_310090.html)。

私立就业服务机构：这类机构的规模和服务水平有很大的不同。委托人力资源招聘业务，需要谨慎选择合适的机构。

公立就业服务机构：凡是有条件的国家，都会设立专门的公共机构提供就业服务。如前所述，在中国，建立了"人事人才公共服务体系框架"，基本所有县级及以上的行政区域都设有专门的服务机构，提供全方位的人事人才公共服务。

外部招聘还有多种方式，近年来越来越普遍采用的是网络招聘。无论是公立就业服务机构、私立就业服务机构，还是猎头公司，都会建立自己的网站，广告组织、介绍业务、发布信息、交流意见、接收订单、传送方案、提供服务的形式已经实现网络化。大型组织的人力资源部门，甚至是一些中小企业的人力资源管理人员，常常通过网络开展招聘工作。不管是内部招聘，还是外部招聘，都可以实现网络化招聘。

4.3.3 内部招聘与外部招聘比较

内部招聘好，还是外部招聘好？两者各有千秋，不可一概而论。内部招聘有很多优点：信息充分、准确性高、激励员工努力向上、适应岗位要求快、节约岗前培训费用、招聘成本低等。外部招聘的好处也不少，比如：选择范围广泛；容易招聘到最理想的人才；来自外部的员工具有思想上的差异性，有利于创新；直接招收有工作经验的员工，节约岗前培训费用；有利于避免内部竞争产生的矛盾。

但是，内部招聘和外部招聘都有自身的不足。内部招聘选择范围小，"近亲繁殖"，不利于创新，还容易引发内部矛盾，增加交易成本。外部招聘的缺点也很明显：首先，难以掌握应聘者的充分信息，增加了招聘失败的可能性；其次，"空降兵"破坏内部晋升逻辑，有可能影响现职员工的工作积极性；最后，外来的新员工难以在较短时间内接受组织文化。图4-8为内部招聘与外部招聘比较。

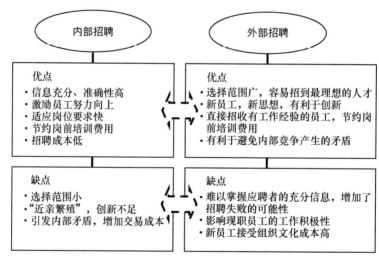

图4-8　内部招聘与外部招聘比较

第4章 战略人力资源招聘

≺概念·要点≻

招聘是有成本、讲收益,还要注意时效性的活动。招聘中需要讲究方法和技术,以节约成本,提高效益,获得事半功倍之效。内部招聘和外部招聘各有千秋。

要点回顾

- 招聘是定位并鼓励潜在应聘者申请现有或预期空缺工作岗位的过程。
- 工作:一组相关的活动和职责;岗位:由一名员工履行的职责和承担的责任;职责:一名员工为了完成其负责的工作而要执行的若干项不同任务。
- 工作分析是指收集工作岗位信息,确定工作责任、任务或活动的过程。
- 工作分析的步骤:第一步,了解战略任务,明确工作分析目的;第二步,选择工作分析对象;第三步,沟通员工,获得支持;第四步,确定有效方法,收集工作分析信息;第五步,处理工作分析信息;第六步,撰写工作分析报告;第七步,评估工作分析的工作绩效,关注工作分析的新需求。
- 工作分析方法:问卷调查法、关键事件法、观察法、访谈法、职能工作分析法。
- 工作说明书是说明一项工作应当承担的任务、职责和责任的报告。
- 工作规范表是表明胜任某项工作的个人必须具备的知识、技能、能力和其他特征的列表。
- 招聘是季节性的。各级、各类人力资源学成毕业之时,就是各种组织和机构招兵买马招聘人力资源的"黄金季节"到来之际。招聘需要投入,招聘需要技术,招聘的过程既简单又复杂。
- 招聘是一种经济性活动,有成本、讲收益,还有时效性。招聘中,需要讲究方法和技术。应聘也有成本,既有直接成本,又有间接成本,还有机会成本。
- 内部招聘的主要来源包括提拔本部门员工、接受组织内其他部门员工申请、重新雇用过去的员工等。内部招聘的常用方式有招聘广告、基层部门推荐、个人自荐、查阅档案、指定候选人、直接任命等。
- 常见的外部招聘来源主要有人力资源市场、应届毕业的学生、其他组织的人力资源等。外部招聘的常用方式有招聘广告、校园招聘、员工推荐、猎头公司、私立就业服务机构、公立就业服务机构、政府机构、工会组织、个人申请等。
- 内部招聘优点:信息充分、准确性高、激励员工努力向上、适应岗位要求快、节约岗位培训费用、招聘成本低等。

- 外部招聘的好处:选择范围广泛;容易招聘到最理想的人才;来自外部的员工具有思想上的差异性,有利于创新;直接招收有工作经验的员工,节约岗前培训费用;有利于避免内部竞争产生的矛盾。
- 内部招聘的不足:选择范围小,"近亲繁殖",不利于创新,还容易引发内部矛盾,增加交易成本。
- 外部招聘的缺点:难以掌握应聘者的充分信息,增加了招聘失败的可能性;"空降兵"破坏内部晋升逻辑,有可能影响现职员工的工作积极性;外来的新员工难以在较短时间内接受组织文化。

思考与练习题

4.1 如何定义招聘?
4.2 什么是工作分析?工作分析按照什么步骤进行?
4.3 工作分析对于招聘有何作用?为什么?
4.4 什么是工作说明书?工作说明书有何用处?
4.5 什么是工作规范表?工作规范表有何用处?
4.6 内部招聘有哪些优点和缺点?举例说明。
4.7 外部招聘有哪些优点和缺点?举例说明。

案例研究

中关村:"中国硅谷"吸引国际人才

中国正在向科技强国迈进,有"中国硅谷"之称的北京中关村2018年发布20条吸引国际人才的新政,意欲通过放宽外籍人才准入条件,突破人才瓶颈,加快建成具有全球影响力的科技创新中心。2018年2月,中共北京市委、北京市政府,会同中组部、科技部、公安部、人社部、中国科协等中央和国家有关部门联合印发了《关于深化中关村人才管理改革 构建具有国际竞争力的引才用才机制的若干措施》,在便利国际人才出入境、开放国际人才引进使用等四方面提出了20条改革举措,为国际人才进得来、留得下、融得进、干得好创造了政策条件。

自2011年中央人才工作协调小组决定在中关村建设全国首个国家人才管理改革试验区、实行13条特殊政策以来,北京市按照"试行一批、研究一批、推广一批"的思路,在中央和国家有关部门的支持下,每年都在中关村试点一批人才改革举措。2015年,中央和国家有关部门、北京市联合出台了重点支持外籍人才的8条政策。2016年,公安部出台了支持北京市创新发展的20条出入境政策,其中在中关村试点的"永久居留直通车""设立外国人服务大厅"等政策均为全国首创。这些改革试点的接续实施和持续发力,有效改善了中关村的创新创业生态和北京市的引才用才环境。同时,新形势、新任务也要求中关村进一步加大改革创新力度,实行更加积极、更加开放、更加有效的人才政策,不断优化制度环境,努力实现"栽好梧桐树,引得凤凰来"。

以吸引外籍人才为例,中关村示范园的新外籍员工将享受到慷慨的签证待遇,并将有更多的外籍人士获得梦寐以求的中国永久居留资格。这使他们在更加便捷地进行跨境旅行的同时,还能享受到北京本地的福利政策。"中关村在吸引人才方面仍然逊于旧金山,"北京市委组织部人才工作处处长刘敏华说,"中关村仅有一万多名外籍雇员,而在硅谷,三分之一的人口都是来自全球各地的技术人才。"北京市此次出台相关政策,就是为了争夺全球顶尖人才,从而弥补在人工智能和超级计算领域与西方的差距。

为了让外籍人才"进得来,留得住",作为国家级人才改革试验区,北京中关村在出入境措施上,允许中国籍高层次人才的外籍配偶及子女,通过直通车程序申请永久居留;允许来中关村的外籍知名专家学者及中关村企业的境外员工,换发多次入境有效的访问签证;此外,外籍高层次人才的科研辅助人员、随迁外籍子女来华就读都享有出入境便利。新政还允许取得永久居留资格的外籍人才在中关村示范区内担任新型科研机构的法定代表人,领衔承担中关村示范区内国家科技计划项目。中关村是中国国际人才聚集度最高的区域之一。但鉴于"中国绿卡"(外国人永久居留证)门槛高、管控严格,"绿卡"制度自2004年实行十多年后,也只有几千人拿到"绿卡"。

为了吸引更多的国际人才来京发展,北京市2018年在朝阳望京、中关村大街、昌平未来科学城以及新首钢地区四地建立了类境外环境的国际化人才社区,为外籍人才在医疗住房、子女教育方面提供保障。鼓励国际猎头入驻中关村也是北京市吸引人才的途径。根据新政,国际人才中介机构不必再有三年从业经历的限制,同时允许市场多元主体投资人才中介机构;外资在合资猎头公司的投资占比限制也由49%提高至70%。新政有利于增强外籍人才对中国的认同感;而外籍高层次人才可以申报政府课题、奖项,也有利于提升国内部分领域的科研水平,争取国际科技竞争的主导权。

政策制定部门表示,中关村作为中国科技资源最密集、创新能力最强劲、创新创业最活跃的区域,也是全国"千人计划"等境外人才集聚度最高的区域。资源所在,优势所在,就是责任所在。过去,中关村不断开展政策创新,积累了丰富的改革经验,多项政策复制推广全国。现在,面对科技创新中心建设带来的国际化人才需求,以及全球开放创新大背景下日趋激烈的国际人才竞争,中关村需要发挥"排头兵"作用,探索实施更多与国际接轨的政策举措,加快人才国际化进程,增强在全球开发和配置人才智力资源方面的能力,推动科技优势和人才优势紧密结合,从而更好地融入全球科技创新网络,在国际人才竞争中赢得战略主动。

资料来源：改编自《中国组织人事报》报道：《中关村发布20条新政集聚国际人才》(2019年6月20日，中国人才网：http://rencai.people.com.cn/n1/2018/0309/c364615-29858800.html)及2018年2月28日《联合早报》报道：《中关村推新政吸引全球顶尖人才》(2019年8月29日，凤凰周刊：http://www.ifengweekly.com/detil.php? id=5434)等。

● 思考与讨论题

4.1 宏观人才战略管理(法律、政策和服务)对一个地区的人才竞争有何作用和影响？

4.2 中关村在国际人才吸引和人才竞争方面有何优势和劣势？

第 5 章　战略人力资源选拔

权,然后知轻重;度,然后知长短。物皆然,心为甚,王请度之。

——《孟子·梁惠王上》

无论什么存在,都有量的表现。凡有量的表现,都是能够度量的。

——E. L. 桑代克和 W. A. 麦柯尔

主要内容

- ■ 选拔认识
- ■ 选拔测试
- ■ 选拔面试
- ■ 录用决策

核心概念

选拔(selection)

选拔测试(selection tests)

雇用测试(employment tests)

信度(reliability)

效度(validity)

认知能力测试(cognitive ability tests)

身体能力测试(physical ability tests)

职业兴趣测试(occupational interest tests)

个性特征测试(personality inventories tests)

面试(interview)

结构化面试(structured interviews)

行为描述面试(behavioral description interviews)

情境面试(situational interviews)

非结构化面试(unstructured interviews)

压力面试(stress interview)

晕轮效应(halo effect)

对比效应(contrast effect)

预期目标

通过本章学习,你可以获得以下知识和能力:

■ 认识选拔标准,了解选拔程序;

■ 深刻理解、熟练运用信度与效度概念;

■ 掌握重要的测试技术;

■ 知道面试的内容与步骤;

■ 清楚面试的类型与方法;

■ 认识面试中的常见错误。

开篇案例

通用电气"机舱面试"选择接班人

通用电气(GE)选择接班人的做法是投入大量的时间去了解几位候选人,同时,花更多的时间去讨论他们的情况。通常由现任董事会确定接班人选择最佳程序方案。普通公司确定这样的方案,董事会投入的时间一般不超过 100 个小时,而通用电气的董事会却要花几千个小时。

杰克·韦尔奇(Jack Welch)领导的董事会如何选择杰夫·R. 伊梅尔特(Jeffrey R. Immelt)任接班人,可谈的话题还不多,但韦尔奇的前任如何慧眼识珠挑中韦尔奇为接班人,却有许多故事可讲。

1974 年,韦尔奇的前任、刚在通用电气任首席执行官三年的雷吉·H. 琼斯(Reginald H. Jones)已经开始考虑接班人选。1978 年年初,琼斯打算使接班人的竞争变得激烈起来。他开始对候选人搞了一系列活动,称之为"机舱面试"。每位候选人都被单独召来与琼斯相见,谁也不知道因为什么被召见,每个人都得发誓保密。后来琼斯极为得意地描述了这种会见是如何进行的:"你把一个人叫进来,关上门,拿出你的烟斗,设法让他放松一些。然后对他说:'听我说,你和我现在乘着公司的飞机去旅行,这架飞机坠毁了,该由谁继任通用电气的董事长?'有些人想从飞机残骸中爬出去,可我说:'不,不行。你和我都遇难了,该由谁来继任通用电气的董事长?'好家伙!这个问题就像朝他们浇了一身冷水,他们迟疑了一会儿,转过身来。会谈一连持续了两个小时,从这种会见中能了解到很多事情。"琼斯了解到的事情,主要是谁打算和什么人合作,谁不喜欢什么人。

韦尔奇应召去见琼斯时,完全感到意外。其他候选人被琼斯召见,回来都没有透露任何信息,所以韦尔奇感到害怕,不知道会见的目的是什么。琼斯问他,对于推进公司的工作,他有什么建议。韦尔奇的回答是给人们更多的职权,让人们敢想敢为。他用礼貌的词语告诉这位首席执行官,这个地方"管得太严,太正规,太讲究繁文缛节"。琼斯问他,公司发展成这么大,是不是需要另外再任命一个总裁?韦尔奇回答说,不需要,因为那样会把首席执行官应有的权力剥夺掉一部分,公司应当将权力集中在一个人手里,另外有几名副董事长就行了。琼斯感到韦尔奇的回答是经过深思熟虑的。他对交谈不感兴趣,仅仅在椅背上倾听着,做着笔记。在第一轮面试中,候选人要回答这样的问题:对于通用电器董事长接班人,除他们自己外,他们愿意选择的三个人,并不要求按顺序排名。当琼斯要韦尔奇对其他候选人进行评价时,韦尔奇这个部门经理再次变得客气起来,"名单上的人都非常好。"韦尔奇回答道。琼斯问他,谁最有资格?"这还用说吗,当然是我啦。"韦尔奇回答道。他忘记了一条重要的规则,根据假设,他已经遇难了。

三个月后,琼斯将所有候选人召集起来进行另一轮机舱面试。不过,这一次,人们预先都得到了通知,他们带来了大量的笔记材料。琼斯回忆第二轮面试时说:"我把一个人叫进来,问:'还记得咱们在飞机里面的对话吗?''啊,记得。'然后他开始出汗了。'听着,咱们这回同在一架飞机里飞行,飞机坠毁了,我死了,你还活着,该由谁来继任通用电气的董事长?'"琼斯特别要求候选人提出三个候选人的名字作为通用电气董事长的候选人,他自己也可以成为其中之一。有几个没有提出自己的名字,另外几个提出了自己的名字。提出自己名字的人就要回答这样的问题:通用电气面临的主要挑战是什么?他准备怎样应对这些挑战?琼斯还要求这些候选人就通用电气的战略目标做出判断,并回答如何实现这些目标。

当时韦尔奇脑子里可能已经有了兼并各种公司的想法,但是他并没有讲出来。不过他的确严肃地表达出了"推进向前"的想法。琼斯恰好对此颇为感兴趣。"他有着极大的魄力。对于如何冲向前,如何处于领先地位,他有很好的想法……那是些关于如何做出有利的改变的想法。"

两轮机舱面试之后,1978年春天,琼斯选择韦尔奇为通用电气的下一任董事长兼首席执行官。

资料来源:中国教育在线文章:《GE公司"机舱面试"选择接班人》(2019年8月26日,应届毕业生网:http://www.yjbys.com/Qiuzhizhinan/show-9011.html)。

思考题:

(1) 你对通用电气"机舱面试"选择接班人的做法有何评价?为什么?

(2) 通用电气的成功,很大一部分归功于领导人选择和员工招募的成功。结合通用电气案例,说明做好招聘选拔工作的重要性。

战略人力资源管理的成功,不一定意味着战略管理的成功;但是,战略人力资源管理的失败，必然导致战略管理的失败。成功的企业家一定是成功的战略管理者，同时也一定是成功的战略人力资源管理者。

毋庸赘述，通用电气的领导者，如杰克·韦尔奇，肯定是成功的战略人力资源管理者。原长江实业（集团）有限公司及和记黄埔有限公司董事局主席李嘉诚[①]，无疑也是杰出的战略人力资源管理者。李嘉诚的人才观极具价值："人才取之不尽，用之不竭。"大多数人都是既有长处又有短处，应该以量才而用为原则。[②] 李嘉诚坦言，正是良好的处世哲学和用人之道成就了他的今天。

用人之道，最关键的是识人之术。"识"人，即"选拔"人才。本章以选拔为题，分选拔认识、选拔测试和选拔面试三部分展开。

5.1 选 拔 认 识

所谓选拔认识，就是在一般性层面，了解选拔的含义、重要性、标准和程序等内容。

5.1.1 选拔与招聘

什么是选拔（selection）？如前所述，招聘与选拔是密切相关的两个环节。招聘是吸引并鼓励符合条件的人参加职位竞争活动的过程，是"增加人数"的过程；选拔是从参加职位竞争者中把理想员工挑选出来的活动，是"减少人数"的过程。"增"是为了"减"，一增一减，"殊途同归"——招兵买马，敛人聚才。

乔治·伯兰德和斯科特·斯内尔认为，选拔是选择具有填补现有或预期工作岗位的相应资格的人员的过程。[③] 这一定义简明扼要，值得接受。说得再明白一点，选拔就是拣选，就是把最符合条件的人从众多候选人中拣选出来的过程。

招聘重要，但选拔更重要。选拔需要付出金钱和时间，一旦失败，成本无归。选拔失败一般发生在所选人才进入工作岗位之后。经过一段时间的工作考验，如果组织发现新聘用人员的绩效达不到预期水平，特别是录用考察中认定的某些关键技能、知识或能力，没有得到证实或展示，就可以视为选拔失败（或称招聘失败）[④]，至少是招聘效率偏低。如果组织对新聘用人员的表现"大失所望"，达到了不得不解聘处理的地步，那么招聘失败

[①] 李嘉诚，汉族，长江和记实业有限公司及长江实业（集团）有限公司资深顾问。2018 年 5 月李嘉诚宣布正式退休。他曾连续 21 年蝉联香港首富。2020 年《福布斯》发布的香港富豪榜显示，李嘉诚位居第二，身价 294 亿美元（2020 年 4 月 12 日，百度百科：https://baike.baidu.com/item/%E6%9D%8E%E5%98%89%E8%AF%9A/1044?fr=aladdin）。

[②] 参见世界经理人—首席执行官频道（www.ceo.icxo.com）；《李嘉诚用人之道的关键》（2007 年 8 月 19 日下载自 http://ceo.icxo.com/htmlnews/2007/08/07/845792.htm）。

[③] 参见乔治·伯兰德、斯科特·斯内尔著；《人力资源管理》（英文第 13 版），东北财经大学出版社，2003 年第 1 版，第 184 页。

[④] 选拔失败经常被称为招聘失败。这是把招聘选拔视为一个整体过程的结果。学习、研究时区分招聘与选拔，但在实际中二者仅仅是一个过程的两个阶段而已。凡是选拔必要招聘；招聘就是为了选拔。有没有不是为了选拔的招聘呢？请读者思考，举例说明。

的损失就更大。

当然,选拔的重要性不仅反映在成本上,还体现在价值创造上。成功的选拔能够使组织获取理想的人力资源,为促进组织战略目标的实现带来更大价值。

◁概念·要点▷

选拔是选择具有填补现有或预期工作岗位的相应资格的人员的过程,是把最符合条件的人从众多候选人中拣选出来的过程。

5.1.2 选拔的标准

选拔的人才是否理想？选拔的绩效如何？选拔成功与否？这些问题都与标准有关。只有参照标准,才可能做出高与低、优与劣的判断。

就选拔雇员而言,标准是具体化的,不同组织有不同的标准;同时,也是一般性的,所有组织的具体标准不可避免地拥有共同特征。

飞利浦公司一位地区人力资源负责人指出,被飞利浦认为有潜力的员工,至少需具备两方面的素质:一是领导能力,二是专业能力。两种能力兼备的人,才是飞利浦公司推崇的人才。飞利浦公司认为,领导能力主要表现在绩效表现和人的发展两个方面。良好的绩效水平是必要的,但同时也应该有能力激励他人或下属发挥潜能、努力工作。专业能力表现为工作技能和知识水平,反映出一个人在自己所从事的专业领域研究与实践的深度和广度。[①]

宝洁公司(P&G)坚持"尊重每一位员工"的原则,吸引和招聘世界上最优秀的人才。实行从内部发展的组织制度,选拔、提升和奖励表现突出的员工而不受任何与工作表现无关的因素影响。宝洁公司坚信,所有员工始终是公司最为宝贵的财富。有专家认为,宝洁公司的人才选拔标准有七条:强烈的进取心,卓越的领导才能,较强的表达交流能力,较强的分析能力,创造性,优秀的合作精神,正直的人格。

通用电气中国有限公司一位人力资源负责人指出,通用电气选人,一要评估专业素质和专业标准是否达到公司要求;二要考察价值观是否符合公司的价值标准——坚持诚信、渴望变革、注重业绩;三要判断发展潜力。

索尼(中国)有限公司人力资源发展部负责人说,索尼公司按照"自由、创新"的企业文化内涵确定用人标准:好奇心、冒险精神、执着精神、灵活性和乐观精神。

---

① 参考薛亚芳 2005 年 1 月发表在《人才市场报》的文章:《飞利浦青睐怎样的人才?》。

联合利华①对应届毕业生的要求则是,"未来能够成为企业领袖的人"。联合利华(中国)公司有关负责人说,"推动企业成长的基本力量是那些具有领导才能、创新精神,并且有热情创造成功品牌的员工"。②

跨国公司无疑是具有丰富经营管理经验的企业。跨国公司的人才选拔标准可以作为企业组织或一般组织理想的用人标准。概括起来有五条:诚实守信品质,团队合作精神,创造发明动力,领导协调能力,学习发展潜力。

在选拔人才的过程中,要高度重视两种"匹配"目标的实现:一是人与工作的匹配,二是人与组织的匹配。人的知识、技能、经验和态度要符合组织对工作岗位的要求;人还要接受组织文化,了解、支持组织战略,能够为组织战略目标的实现做出贡献。

> **◁ 概念·要点 ▷**
>
> **选拔人才通用标准:诚实守信品质,团队合作精神,创造发明动力,领导协调能力,学习发展潜力。**

5.1.3 选拔的程序

战略人力资源的选拔工作要按照一定的程序进行。虽然组织的类型和需求不同,主持选拔工作的人力资源专家不同,在实际选拔实践中所遵循的程序和具体措施有所差异,但根本上有一致之处。图5-1所示为常见的人力资源选拔程序。

人力资源选拔程序共有九个步骤:

第一步,应聘者填写申请表。用人单位(招聘方)设计申请表,请应聘者填写,以获取所期待的或认为有价值的信息。这一步是"招聘"和"选拔"工作的分界线。符合条件的人员填写申请表成为应聘者,意味着"招聘"工作的结束,"选拔"工作的开始。

第二步,评价申请表和简历。人力资源专家或招聘小组负责初步审阅申请表,以及要求附录的个人简历。在这一步将有大量申请者被淘汰出局。

第三步,人力资源部门初次面试。人力资源部门派出工作人员进行第一次面试,淘汰不合格者。

---

① 联合利华(Unilever)是世界上生产快速消费品的主要企业之一。主要生产食品和家用、个人护理品两大类产品。联合利华有一段自我介绍:我们以业绩与生产力为企业的重心,鼓励员工在实践中创新,并要求他们对所服务的社区负有强烈的责任感。经济效益并不是衡量成功的唯一标准,对我们来说,奋斗的过程也同等重要。我们工作努力,注重诚信,尊重员工,尊敬顾客,同时关心周围的环境。

② 这里关于通用电气中国有限公司、索尼(中国)有限公司和联合利华公司的信息,参见《中国经济时报》傅继红、陈墨文章:《外企需要什么样的毕业生?跨国公司细说标准》。

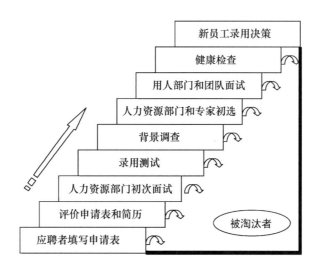

图 5-1　人力资源选拔程序

第四步,录用测试。对初次面试合格者进行多种形式的测试。

第五步,背景调查。调查测试合格者的学历和工作背景情况。调查的目的主要是核实应聘者所提供的个人信息的真实性,了解应聘者过去的工作绩效等情况。

第六步,人力资源部门和专家初选。组织内部人力资源部门专业人员和从外部聘请的人力资源专家共同讨论,提出初步候选人名单。

第七步,用人部门和团队面试。用人部门负责人和工作岗位所在部门同时面试拟录用人员。一些跨国公司或大型机构实行面试一票否决制,即聘用新雇员的部门逐个面试候选人,只要有一人反对,即告淘汰。

第八步,健康检查。对面试合格的拟录用人员进行健康体检,目的是保证雇用者的身体条件能够胜任工作要求,同时还希望发现拟录用人员是否酗酒、吸毒或携带严重疾病病毒(比如艾滋病),以免在正式雇用后给组织带来不必要的麻烦,增加人力资源使用成本。

第九步,新员工录用决策。与体检合格者签约,正式建立雇佣关系。

◀概念·要点▶

　　选拔的程序:(1)应聘者填写申请表;(2)评价申请表和简历;(3)人力资源部门初次面试;(4)录用测试;(5)背景调查;(6)人力资源部门和专家初选;(7)用人部门和团队面试;(8)健康检查;(9)新员工录用决策。

5.2 选拔测试

选拔测试具有必要性。像其他任何测试一样,选拔测试也要有信度和效度。信度和效度越高,测试的客观性、准确性和科学性越好。选拔测试有多种类型。

5.2.1 测试的原因

选拔测试(selection test),或称雇用测试(employment test),可以界定为:对行为样本的客观性和标准化测度,以衡量一个人相对于其他人的知识、技能、能力和其他特征的水平。

如定义所述,选拔测试的是"行为样本"(a sample of behavior)——相关工作岗位活动有代表性的典型行为。比如,招聘一位秘书,可以测试打字速度;招聘教师,可以要求试讲;招聘经理,可以测试沟通能力和领导能力。

为什么测试? 测试是在背景调查、简单面试等方法难以判断清楚应聘者的真实情况时所采取的手段。测试有利于丰富信息、深化了解、准确判断。虽然测试需要付出成本,但选拔成功所带来的收益将得到保证和提高。据介绍,美国管理协会的研究表明,错误的选拔带给企业的损失是该岗位年薪的50%—200%,并且选拔职位越高、时间越长,损失越大。有专家研究发现,在选拔过程中,由主管随意指定人选的招聘成功率为13%,由主管们层层推荐的成功率为33%,经过评价中心测试的成功率可以达到80%以上。①

测试所获取的是标准化信息。标准化意味着以相同的方式、内容和标准评价每一位被测试者。这样的测试需要较高的科学性和技术性。测试的科学性和技术性由信度和效度两个指标来判断。信度和效度越高,测试结果的参考价值越大。

5.2.2 测试的信度

信度,也称可靠性,英文 reliability。先看几位专家如何定义这一概念。

  雷蒙德·A.诺伊等:"我们把信度定义为一项测量不受随机误差影响的程度;绩效测量的一致性。"

  乔治·伯兰德和斯科特·斯内尔:"面试、测试及其他选拔程序所产生的数据在一段时间内的可比性程度称为信度。"

  加里·德斯勒(Gary Dessler):"信度是指用相同或相近测试方式重复测试同一个人所获得的测试数据的一致性程度。"

---

① 参见管理人网信息:《企业中高层管理者选拔测评服务》。

上述三个定义的切入角度和表述方式有所差异,但基本内涵几乎没有区别。概括而言,所谓信度,就是指用相同或相近的方法,对同一个人或同一组成员,在不同时间进行多次测试的结果的一致性程度。

比如,将今天对一位应聘者测试的结果与昨天(或前几天)用同样方法和内容对这位应聘者测试的结果进行比较,一致性程度越好,信度就越高,这项测试也就越可靠;反之,测试结果的一致性程度越差,信度就越低,测试也就越不可靠。

信度是反映测试结果的稳定性和一致性的指标。为了同样的目的,用两种(如面试和笔试)或者多种不同的方法对同一个人或同一组成员进行测试,也可以用信度评价测试的可靠程度。如果用不同方法测试的结果基本一致,则这几种测试方法的信度高;否则,测试方法的信度低,方法不可靠。

有人对一个人的智力进行测试。周一测得的智力是 90;方法没有变,周四又测,智力是 120。有一家咨询公司,用一种心理学方法测评一位中层管理者的领导力,结果是"很强";再用一种管理技术测评,结果却是"一般"。这两个分别对"智力"和"领导力"测评的例子,信度如何? 是可靠的测试吗? 测试结果有决策参考价值吗?

◀概念·要点▶

信度是指用相同或相近的方法,对同一个人或同一组成员,在不同时间进行多次测试的结果的一致性程度。

5.2.3 测试的效度

效度,也称有效性,英文 validity。这一概念如何理解? 同样还是先借鉴一下国外专家的观点。

乔治·伯兰德和斯科特·斯内尔:"效度是指一项测试或其他选拔手段度量的内容和度量的好坏;一项测试或其他选拔手段度量出一个人特征的程度。"

雷蒙德·A. 诺伊等:"我们把效度定义为测试表现与工作表现的相关程度。"

加里·德斯勒:"对于雇员选拔而言,效度常指测试与工作相关的证据,换句话说,测试中的表现是今后工作表现的有效预报。"

这三个定义各有合理和科学之处。取长补短,简而言之:效度是指测试和测试结果与真实情况及实际绩效之间的相关程度。如果所进行的测试确实测出了真实的情况,测试的结果与后来实际发生的绩效有密切的联系,那么这个测试的效度就高;否则,效度就低。需要了解一个人的沟通能力,测试的项目是现场写一篇作文;中文杂志招聘编辑,招聘时测试英语口语;填补公司会计岗位空缺,选拔时测试计算机操作能力……诸如此类的测试是无效度的测试(比如沟通能力和招聘编辑的测试),或者是低效度的测试(比如招聘会计的测试)。无效度或低效度的测试结果不可能反映出需要了解的真实情况,也不可能保证测试中的表现与实际工作绩效的相关性和一致性。

高效度的测试应该具有高信度,但是高信度的测试不能保证高效度或有效度。比如,有人计划测量一个写字台的长度,但选择的尺子刻度不准(尺子上标出的 1 厘米实际上是 1.5 厘米)。甲测出写字台的长度是 150 厘米;乙过了两天测量,也是 150 厘米;丙在一周后测量,也是 150 厘米。这个测量的信度很高,不同时间、不同人的三次测量结果一致,但是测量完全没有效度,原因是选择的"标准"错误(尺子不对),结果自然无效。

效度要从具体的方面来反映。常见情况有以下两种:

(1) 内容效度(content validity),指一项测试对工作内容的反映程度。测试项目与工作内容的相关性越高,内容效度就越高。

(2) 效标效度(criterion validity),指预测因子(简历、求职表、推荐信、测试结果等)和效标尺度(绩效评价方法、某些方面的绩效等级)之间的相关性。一般说来,相关性越高,测试(预测因子)对结果(效标)预测得就越准确。① 效标是要证明测试结果与实际绩效的正相关关系。如果测试分数高,工作绩效就好,则说明测试有效标效度。效标术语来自心理测量学。②

此外,效度还有表面效度(face validity)、结构效度(structure validity)、可预测性效度(predictive validity)、同时性效度(concurrent validity)等多种形式。

信度与效度是设计、实施选拔测试的基本要求。只有有信度、高效度的测试,才能够保证雇员选拔的适用性、准确性和有效性。

◀概念·要点▶

效度是指测试和测试结果与真实情况及实际绩效之间的相关程度。

5.2.4 测试的技术

通过测试人或人的行为获得客观、准确的信息,难度比较大。人,有思维、有智慧、有

---

① 参见威廉·P. 安东尼等著,赵玮、徐建军译:《人力资源管理:战略方法》(第四版),中信出版社,2004 年第 1 版,第 253 页。

② 参见加里·德斯勒著,刘昕、吴雯芳译:《人力资源管理》(第 6 版),中国人民大学出版社,1999 年第 1 版,第 161 页。

思想,性格迥异,世界观、人生观、价值观不一,行为千差万别。如何选择合适的指标、方式和内容,既有信度又有效度地评价特定的个人或群体,是一件包含高密度技术含量的专业工作。

经过多年研究和实践,人力资源专家开发出了许多种选拔测试技术,主要包括认知能力测试、身体能力测试、专业知识测试、职业兴趣测试、工作样本测试、个性特征测试,以及药物检测、艾滋病检测等类型,如图5-2 所示。

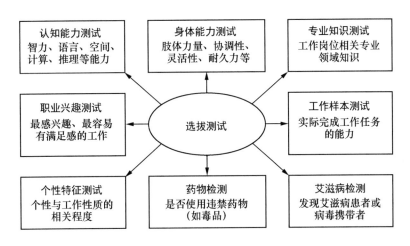

图 5-2　选拔测试常见类型

认知能力测试(cognitive ability tests),是指对人的思维能力的测试,如智力水平、语言表达能力、计算能力、逻辑推理能力等。一般通过笔试方式测试认知能力。有人设计出了非常专业化的方法,可以测试阅读理解能力、空间关系识别能力等具体项目。但是,许多专家认为,这类测试的有效性只表现在所测试的能力与智力水平有一定联系上。实际上,一般的智力测验,比如智商(IQ)测验,通常就是可以用来预期多种工作绩效的很好的指标。①

身体能力测试(physical ability tests),简称体能测试,是指对人的肢体力量、协调性、灵活性、耐久力等方面的测试。需要运用或依靠身体力量来完成的工作岗位,比如交通警察、消防队员、公司保安、街道清洁工、医院护工(护理员)等,在选拔雇员时,通常要进行与体能或运动能力有关的测试。

专业知识测试(job knowledge tests),是指针对工作岗位相关专业领域知识的测试。高等学校毕业生在求职时,第一关通常是笔试,其中一定比例(比如20%)为专业知识(或工作岗位相关知识)试题。专业知识水平如何,可以通过所学专业、学习成绩、学历层次和就读学校等信息做出判断。如果信息仍不够充分,则可以设计试卷,考核相关知识。

---

①　参见乔治·伯兰德、斯科特·斯内尔著:《人力资源管理》(英文第13版),东北财经大学出版社,2003年第1版,第202页。

职业兴趣测试(occupational interest tests),是指通过评估一个人对工作或职业类型感兴趣的强烈程度,确定其适合的工作岗位和职业方向。一个人越是喜欢一项工作,越容易在这项工作中取得显著绩效。在职业生涯规划、人才选拔中,有必要测试职业兴趣,以鉴定受试者表白"有兴趣"的真实性,保证"工作与人"达到高度的合适。有许多人参加应聘是以获得薪酬为目的,而不是为了满足兴趣。当然,获得薪酬是必要的和合理的,但是对工作确实有兴趣也很重要。

工作样本测试(work sample tests),是指通过考察应聘者完成典型工作(样本)的绩效,预测其实际工作能力的测试。这种测试,可以针对运动技能——实际操作各种机器或设备,也可以针对语言技能,比如沟通、说服、演讲技能。有公司运用模拟生产线或产品组装线进行选拔测试,应聘者轮流上岗操作,测试小组观察、分析绩效,决定取舍。

个性特征测试(personality inventories tests),关注人的个性特征与典型行为,是鉴别个性特征差异的工具。对"能力差异"的研究,目的是鉴别能力差异,评定出能力等级。而对"个性差异"的研究,只需要鉴别出差异即可,不需要也不可能评定出高低。个性特征没有好与坏的区别;个性特征测试得分的高低,完全没有优劣、好坏的含义表达。有多种技术可以用来测试人的个性特征。在测试中最常用的是纸笔测验,又称自陈量表式个性特征测验(self-report inventory tests)。这是一种问卷式的测验,量表中列出陈述性的题目,被测试者选择适合自己的陈述。自陈量表中所陈述的内容,为假定的行为或心理状态,一般以第一人称方式陈述。

药物检测和艾滋病检测,主要是防止吸食毒品或其他违禁药物者、艾滋病患者或病毒携带者蒙混过关,"打入"组织内部。

5.3 选拔面试

面试是选拔新员工的重要环节。通过面对面交流,组织可以掌握在书面材料评价和选拔测试中无法获得的信息,从而更全面、更客观地做出判断。这里主要介绍面试的内容、步骤、类型、方法及面试中常见的错误等内容。

5.3.1 面试内容与步骤

国外专家这样定义选拔面试(interview):一场由一人或多人发起的对话,以便收集信息,评价应聘者任职资格。

说得清楚一点,选拔面试就是为了直接获得来自应聘者的信息而进行的面对面交流活动。评价申请表、阅读求职信、调查工作和学习背景,是以间接方式了解、查证应聘者信息。针对应聘者的知识、技能和能力进行的测试,是从一个知识点、一项技能、一个角度、一个侧面考察应聘者,获取的主要是个人书面陈述的或他人用尺度衡量的信息。在面试中,可以通过观察应聘者、听取口头陈述、激发现场反应,获得直观的"现场"信息。许多重要的、有价值的面试信息,无法通过笔试或其他形式的测试获得。

在面试中期望获得什么信息呢?一般有以下五个方面:

(1)外在特征。了解应聘者的形象气质、言谈举止和服装发式等情况。个人的外在特征传递着健康状况、身体能力、价值观念、审美标准等多种信息。有些职业对身高、体重、面貌、胸围、臀围等外表形象会有较高要求或一定要求,如职业模特、飞机乘务员、礼仪服务员、宾馆服务员、医生、护士、教师等。

(2)内在素质。有经验的面试者可以通过面对面交流,获得应聘者学习能力、思辨能力、理解能力等内在素质的信息。内在素质的判断比较复杂,面试加上其他形式的测试,可以提高判断的准确性。对学习能力的判断尤其重要。21世纪是学习的时代,个人要学习,组织要学习,城市和国家都要学习。学习能力决定获取知识与技能的能力;获取知识与技能的能力又决定科学与技术的发展水平;科学与技术的发展水平又将决定国家的生产能力和国际竞争力。

(3)工作能力。针对实际工作岗位的需要,评价应聘者对组织战略使命和规划,以及工作岗位的职责、任务、目标的了解程度。特别是要在交流中,了解应聘者履行岗位职责、完成工作任务、实现工作目标的能力与效率。

(4)职业规划。凡是优秀的职业人,都会对自己的职业生涯有所规划。对自己的职业生涯没有想法、没有规划的应聘者,竞聘工作岗位的能力一定会大打折扣。没有职业目标,就没有努力的方向;没有职业规划,就没有工作效率。了解应聘者的职业发展方向和计划以及近期与远期目标,对照工作岗位的战略目标、工作计划、当前任务和长期需要,可以判断出应聘者与所应聘工作岗位的匹配程度。

(5)发展动力。有计划没动力,照样一事无成。了解应聘者追求工作绩效或职业发展的动力,可以预期其进入工作岗位后的绩效水平。每个人所拥有的知识、技能和能力构成其人力资本。人力资本产权具有特殊性,其中一条是"价值实现的自发性",即把自己所学的知识、技能转化为有价值的产品或服务的主动性。[①]"自发性"越大,工作动力越强,成为优秀员工的可能性越大。

图5-3为选拔面试内容示意图。

面试是最常用的选拔方法。面试的直观、现场与互动,可以提供大量有价值的信息。许多企业的"老总"在雇员招聘的最后关口,往往会亲自出马,一锤定音。

面试是很有价值的选拔工具,但面试工具的价值,主要由面试者来体现。面试者的经验,对面试成功与否具有决定作用。

面试一般按照以下程序进行:

---

① 参见王建民:《人力资本产权的特殊性》,《财经科学》,2001年第6期。

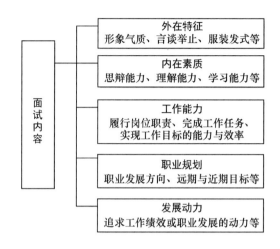

图 5-3 选拔面试内容

第一步,面试准备。首先,最重要的是要选择好面试者,一般由组织(如公司)负责人、人力资源部门人员、用人部门代表(或负责人)、外聘人力资源专家等组成面试小组,并确定其中一人为主持人,(必要时)安排一位专门的记录员。其次,要事先阅读应试者的简历,如果发现有疑问之处,则应予以注明。最后,要选择、安排好面试场所,比如一间安静的房间或办公室。当然,在面试之前,一定要有明确的工作目标,制订好工作计划,预备好提问内容(或出好题目)。

第二步,和谐气氛。面试主持人应该注意营造和谐、轻松、有序的气氛,缓解或消除应试者的紧张情绪。在心理紧张的状态下,应试者的表现往往会失常。面试者面对表现失常的对象,获得的只能是失真的信息,使评价失去意义。

第三步,提出问题。设计出合适的问题,等于成功了一半。设计良好的问题应该是有开放性答案的问题,避免提出可以用"是"或"否"回答的问题。成功的另外一半取决于如何提问。问与答可以是一对一形式,也可以是小组形式,还可以由面试小组成员轮流向应试者提问。在提问过程中,面试者应注意倾听应试者的回答,鼓励其充分表达出自己的观点;要尊重应试者,态度友好,平等相待,不需要纠正对方回答,也不需要解释正确答案。在面试实践中发现,不少面试者喜欢居高临下、指手画脚,还有的面试者态度粗暴、讽刺挖苦。这不只是面试者缺乏经验的问题,而是缺乏修养和道德的表现。有一个真实的案例:在一次面试中,一位专家瞪着眼睛,当众批评应试者"缺乏常识,乱说一气",这位应试者走出面试室后泪流满面,悲伤不已。

第四步,结束面试。尽量以肯定的语气结束面试。面试者在打断应试者的陈述时应讲究技巧,拒绝应试者时要注意策略。一般情况下,在结束面试之际,有必要告诉应试者,何时以何种方式可以得到面试结果通知。

第五步,总结面试。应试者离开后,面试者应该尽快回顾面试情景,整理面试记录,总结面试过程,对应试者做出客观评价。

图 5-4 为选拔面试步骤示意图。

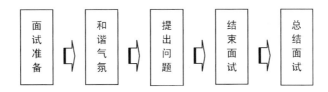

图 5-4 选拔面试步骤

> ◀概念·要点▶
>
> 面试是为了直接获得来自应聘者的信息而进行的面对面交流活动。
> 面试的直观、现场与互动,可以提供大量有价值的信息。
> 面试是很有价值的选拔工具,但面试工具的价值主要由面试者来体现。面试者的经验,对面试成功与否具有决定作用。

5.3.2 面试类型与方法

面试有多种类型和方法。常见的类型有三种。

第一种,结构化面试(structured interviews):面试者按照预先确定的一份问题清单发问,对应试者的回答进行统一标准的评价。

结构化面试在不同面试者之间有较高的信度(多位面试者的评价结果易于达成一致),便于统一获取所有应试者的必要信息。但是,结构化面试的限制因素较多,不利于获取结构化问题清单之外的相关重要信息。

常用的结构化面试分为行为描述面试(behavioral description interviews)和情境面试(situational interviews)两种。行为描述面试依据的理念是"对未来绩效的最好预测因子是过去的绩效"[1],关键问题是设计出一套"行为描述面试题"。如何设计？首先要针对设计面试的工作进行彻底的工作分析,一定要揭示出这项工作所要求的具体知识、技能和能力是什么,以及"在职者履行工作职责需要做出的恰当而重要的行为是什么"。接下来要设计用于面试的问题,这些问题应该可以引导应试者做出令人满意的行为。比如,如果这项工作要求密切的团队合作,则面试的问题可以是要求应试者描述如果他们需要

---

[1] Janz, T., Hellervik, L., and Gilmore, D., *Behavioral Description Interviewing*, Boston: Allyn and Bacon, 1986.

完成一个需要多种技能和能力的大型复杂项目,他们会怎么做。①

情境面试是指按照实际工作中会产生的情境提出问题的面试。假如面试的工作岗位是销售经理,可能要求应试者回答如何把某项新产品打入某个城市;面试的岗位是中学教师,可能要求应试者描述如果一名高二女生的成绩最近突然下降,那么他应该采取什么措施。情境面试一般由面试小组执行,每一位面试者独立评价,加总后取平均值即为应试者的总体评价结果。

第二种,半结构化面试(semi-structured interviews):部分问题结构化的面试,即主要问题按照统一标准设计,次要问题有一定的自由发挥空间。面试前一般要制订计划,但在提问内容和方式上,可以灵活掌握。

第三种,非结构化面试(unstructured interviews):面试者在一定的规范指导下,自选话题,随机提问,互动交流,从自由谈话中对应试者的特征与素质做出判断。专家们对非结构化面试褒贬不一。赞成者认为,非结构化面试以相对自由的方式,有利于应试者充分展示自己的内涵,便于判断应试者是否具有灵活性、创造性等特点。反对者认为,非结构化面试的结果在应试者和面试者之间往往有很大的差异,面试者之间的信度偏低(数位面试者对同一位应试者的评价结果,难以或无法取得一致意见或相近的评价结果),几乎不能获取有效或有价值的信息。因此,建议不要使用非结构化面试这一甄选工具。实际上,面试高手还是可以使用的。

除上述三种类型外,面试还可以区分为多种方法(见图5-5),如系列面试,指在决定录用某一位应聘者之前,由多位面试者分别对其进行的一系列面试;单独面试,指应聘者与面试者一对一的面试;小组面试(panel interview),指数位应聘者与一位或多位面试者进行的面试;会议型面试,指多位面试者同时会见一位应聘者的面试。

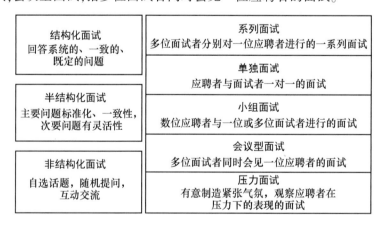

图5-5 常用面试类型与方法

---

① 参见威廉·P.安东尼等著,赵玮、徐建军译:《人力资源管理——战略方法》(第4版),中信出版社,2004年第1版,第258页。

还有一种比较常用的方法——压力面试(stress interview),即有意制造紧张气氛,对应聘者施加压力,观察应聘者在压力下的表现的面试。一般富有经验的面试者才能够运用好压力面试。面试之前,一定要确认实际工作中确实需要面对压力,比如刑事警察、消防队员、营销经理、急救中心医师等。面试中,把握好压力的"度"十分重要。压力太大或太小,都难以达到面试者所期望的应聘者反应的激烈程度,无法获得预期的信息。

◀概念·要点▶

压力面试,即有意制造紧张气氛,对应聘者施加压力,观察应聘者在压力下的表现的面试。压力面试的运用,难点是把握好压力的"度"。

5.3.3 面试常见错误

在面试中,出于主观和客观原因,经常会发生"错误",导致面试信息失真,面试效率下降。参考多方面信息,可以将面试常见错误概括为以下五种:

(1) 晕轮效应(halo effect)。它是指面试者把对应聘者某一特征(或行为)(无论是正面还是负面)的评价,推论到其他多方面或所有方面的一种不良现象。这是一种"爱屋及乌""株连九族"或"一人得道,鸡犬升天"式的评价行为。如果一个人的穿着很职业,则面试者可能会认为此人在工作中一定也很职业;如果一个人的相貌比较"凶恶",则面试者可能会把他与"打架斗殴""杀人放火"联系起来;如果一个人持有一流名校的博士学位,则面试者可能会认为他的知识水平、工作能力一定比非名校博士来得深厚和强大……想一想,我们在平时办事识人的时候,是不是也经常会犯类似的错误?

(2) 对比效应(contrast effect)。当面试者将应聘者与前面几个应聘者的表现相比较时就会发生。比如,如果前面几个应聘者的表现都比较差,那么当前这个一般水平的应聘者有可能被评价为出色;反之,如果前面几个应聘者的表现都比较出色,那么当前这个比较好的应聘者有可能被评价为一般或较差。

(3) 前后不一致。有时先松后紧,有时先紧后松。面试刚开始时,面试者精力充沛,思想集中,提问仔细,对应聘者的评价比较客观、准确。面试到后期,面试者很可能会筋疲力尽、思维混乱,只得快马加鞭、草草了事。观察发现,不少机构的选拔面试要进行一整天,面试者上午的评价显然要比下午的评价认真、准确和有效率。

(4) 漫不经心。有些面试者有时会对应聘者表现出漫不经心的态度,使应聘者感觉到自己被冷落,结果对回答问题变得很消极。这样,就难以了解应聘者的真实能力,甚至使应聘者对招聘企业的诚意和品质产生怀疑。

（5）忽视非语言行为。应聘者上阵之前一般都有精心的准备，面试时往往会表现得思维敏捷、对答如流，但其中不免有一些"表演"的成分。非语言的面部表情、肢体动作等特征，很可能承载着有价值的信息。"只记录语言内容、不收集非语言信息"的现象，在人力资源选拔面试中比较普遍地存在，值得引起重视，注意纠正。

5.4　录用决策

战略人力资源选拔经过审查、测试、面试等一系列环节，到最后一关，需要做出正式录用决策。首先要汇总在各个环节中取得的应聘者信息，然后密切联系组织战略目标和需要，做出录用决策。

5.4.1　汇总应聘者信息

申请表、推荐信等文字材料，关于真实性的背景调查，知识、技能和能力的各项测试，单独或小组面试，压力面试等，通过这一系列活动，可以获得关于应聘者比较充分的信息。如果还有疑问，则可以继续考察。不过，要考虑招聘的成本和效率，更要考虑战略任务的紧迫性。

在不同的经济、社会制度环境和人力资源市场条件下，不同组织在招聘中所运用的获取信息的手段有所不同。表 5-1 所示是美国公司常用的选拔方法与使用频率。[①]

表 5-1　选拔方法与使用频率

方法	被公司采用的百分比(%)	方法	被公司采用的百分比(%)
介绍信核查	96	药物测试	26
面试	94	人格测试	17
申请表	87	加权求职表	11
能力测试	78	诚实性测试	7
身体检查	50	测谎仪测试	5
心理能力测试	31		

组织在做出录用决策之前，要汇总应聘者信息。汇总时，应注意区分类型：一类是"能力"信息；另一类是"动力"信息。"能力"信息包括知识、技能和能力，是关于应聘者获得了什么和有可能做什么的信息；而"动力"信息包括动机、兴趣、个性等，是关于应聘者是否愿意和主动把工作做好的信息。有"动力"没"能力"，只可能落得好高骛远、纸上谈兵、空头支票的评价，结果很可能是碌碌无为；有"能力"没"动力"，只会是目标混乱、

---

① 参见威廉·P.安东尼等著，赵玮、徐建军译：《人力资源管理：战略方法》（第四版），中信出版社，2004 年第 1 版，第 263 页。

精神疲惫、人心涣散,结果只能是无所作为。"能力"与"动力",一个都不能少!

5.4.2 做出录用决策

人力资源招聘从组织战略目标实现的需求开始,到组织战略任务的有效完成结束。在做出录用决策时,首先要考虑的因素是应聘者成为组织正式成员之后,对落实组织战略目标、完成组织战略任务的贡献有多大。虽然出于储备人才的目的,可能会录用贡献小、潜力大的员工,但在战略竞争的压力下,引进为战略所用的人才是当务之急。

实施不同战略或发展到不同阶段的组织,在做出录用决策时,一般会有不同的考虑。实施收缩战略的组织重点在提高运营效率,很少会大规模变动技术、结构或工艺,人力资源管理的重点在于更好地利用现有员工的价值,而不是引进更高层次的人才,重要的工作是培训现有员工,不断提高绩效水平,即使有招聘,一般也仅限于初级岗位。与此相反,实施扩张战略的组织急需具有技术创新能力和市场开拓能力的高层次人才,录用决策自然要依据创新和开拓这两项战略能力。

从招募人才的信息中,也可以获知组织战略目标的新变化。比如,有一所大学发布广告称,面向全球公开招聘院长,包括人工智能学院、生物医学工程学院、生命科学与技术学院、智能工程学院、材料科学与工程学院、外国语学院、传播与艺术学院。"全球公开招聘",先不论招聘的可行性与现实性如何,但其在一定程度上表达了战略目标的信息,即建设综合性的有国际竞争力的一流大学。

> ◀概念·要点▶
>
> 应聘者信息可以分为"能力"信息和"动力"信息两类。"能力"信息包括知识、技能和能力,是关于应聘者获得了什么和有可能做什么的信息;"动力"信息包括动机、兴趣、个性等,是关于应聘者是否愿意和主动把工作做好的信息。"能力"与"动力",一个都不能少!

❑ 要点回顾

- 选拔是选择具有填补现有或预期工作岗位的相应资格的人员的过程,是把最符合条件的人从众多候选人中拣选出来的过程。
- 选拔人才的通用标准为:诚实守信品质,团队合作精神,创造发明动力,领导协调能力,学习发展潜力。
- 人力资源选拔程序共有九个步骤:(1) 应聘者填写申请表;(2) 评价申请表和简

历;(3)人力资源部门初次面试;(4)录用测试;(5)背景调查;(6)人力资源部门和专家初选;(7)用人部门和团队面试;(8)健康检查;(9)新员工录用决策。

- 选拔测试,或称雇用测试,可以界定为:对行为样本的客观性和标准化测度,以衡量一个人相对于其他人的知识、技能、能力和其他特征的水平。
- 信度是指用相同或相近的方法,对同一个人或同一组成员,在不同时间进行多次测试的结果的一致性程度。
- 效度是指测试和测试结果与真实情况及实际绩效之间的相关程度。
- 人力资源选拔测试技术主要包括认知能力测试、身体能力测试、专业知识测试、职业兴趣测试、工作样本测试、个性特征测试,以及药物检测、艾滋病检测等。
- 认知能力测试是指对人的思维能力的测试,如智力水平、语言表达能力、计算能力、逻辑推理能力等。
- 身体能力测试简称体能测试,是指对人的肢体力量、协调性、灵活性、耐久力等方面的测试。
- 专业知识测试是指针对工作岗位专业领域知识的测试。
- 职业兴趣测试是指通过评估一个人对工作或职业类型感兴趣的强烈程度,确定其适合的工作岗位和职业方向。
- 个性特征测试关注人的个性特征与典型行为,是鉴别个性特征差异的工具。
- 面试是为了直接获得来自应聘者的信息而进行的面对面交流活动。面试的直观、现场与互动,可以提供大量有价值的信息。面试是很有价值的选拔工具,但面试工具的价值主要由面试者来体现。面试者的经验,对面试成功与否具有决定作用。
- 在面试中期望获得以下信息:(1)外在特征;(2)内在素质;(3)工作能力;(4)职业规划;(5)发展动力。
- 面试程序:第一步,面试准备。第二步,和谐气氛。面试者面对表现失常的对象,获得的只能是失真的信息,使评价失去意义。第三步,提出问题。第四步,结束面试。第五步,总结面试。
- 面试常见的类型有结构化面试、半结构化面试和非结构化面试三种。
- 结构化面试:面试者按照预先确定的一份问题清单发问,对应试者的回答进行统一标准的评价。两种常用的结构化面试是行为描述面试和情境面试。
- 半结构化面试:部分问题结构化的面试,即主要问题按照统一标准设计,次要问题有一定的自由发挥空间。
- 非结构化面试:面试者在一定的规范指导下,自选话题,随机提问,互动交流,从自由谈话中对应试者的特征与素质做出判断。
- 压力面试,即有意制造紧张气氛,对应聘者施加压力,观察应聘者在压力下的表现。压力面试的运用,难点是把握好压力的"度"。

■ 面试常见错误:(1) 晕轮效应;(2) 对比效应;(3) 前后不一致;(4) 漫不经心;(5) 忽视非语言行为。

■ 应聘者信息可以分为"能力"信息和"动力"信息两类。"能力"信息包括知识、技能和能力,是关于应聘者获得了什么和有可能做什么的信息;"动力"信息包括动机、兴趣、个性等,是关于应聘者是否愿意和主动把工作做好的信息。"能力"与"动力",一个都不能少!

思考与练习题

5.1 招聘与选拔有何区别?
5.2 选拔的标准是什么?
5.3 请说明选拔的程序。
5.4 什么是信度?请举例说明。
5.5 什么是效度?请举例说明。
5.6 介绍几种重要的测试技术。
5.7 什么是面试?面试主要包括哪些内容?
5.8 面试有几种类型和方法?请举例说明。
5.9 面试中常见的错误有哪些?

案例研究

微软的选才之路

有一个流传很久的笑话,说是一次 IBM 和微软要举行谈判,为了缓和气氛,IBM 的人特意去商店买了牛仔裤和 T 恤,而微软的人也特意穿上了西服,打上了蹩脚的领带。

很多人都知道微软的企业文化是宽容和自由,给员工一个充分发挥创造力的空间,这就要求微软的员工有相当的素质。因此,微软在招聘工作上一点也不马虎,而是有一套自己独特的方法和严密的体系。

那么,微软到底怎样选拔招聘人才呢?

微软搜寻人才的方式也很特别。当微软的用户在进行联机检索时,HR(人力资源)工作人员就会收集他们检索的有关信息,然后通过一个专用程序统计出用户所使用的关键词。从统计结果中可分析出此人是否具有较高的计算机技能(如他/她是否会使用 C 语言),并将其列为招聘对象。

通过了微软系统认证工程师考试的人员也会被录进微软的人才数据库,如果成绩比较好,则公司也会根据得分情况决定是否让他来公司参加招聘考试。

对于那些得到宝贵应试机会的人来说,想要进入微软需要经历一次笔试、两次(四轮)面试,如果其中任何一个环节出现差错,就会有工作人员对你说遗憾了。

一、笔试

因为微软录用人员采用的是普遍撒网、重点捕捞的策略,所以公司每次都会通知很多人来应试(通常是400—500人),而最终只录用3—5人,这种1%的录用概率就需要在笔试过程中进行第一次筛选。

整个笔试的内容主要针对三个方面进行考察:知识面(20%)、编程能力(50%)和智力(30%)。

(1) 在考察应试人员知识面的时候主要要求其知道一些常用的术语,比如XML、NET、ASP、AOD等,一方面要知道这些缩写词完整的英文含义,另一方面还要将其翻译成中文。一般说来,了解这些词语最好的方法就是查看微软相关的资料,比如每个月最新版本的MSDN,或者平时多留心。

(2) 因为微软的工作人员必须具备相当的编程能力,所以应试人员必须对微软的VB、VC等编程工具非常熟悉,同时还要具备在短时间内写出一段符合要求的程序,或者在现有的程序中查找错误的能力。需要提醒应试人员注意的是,编程方面的题目占据了50%左右的分数,所以这部分是应聘成败的关键所在,一定要引起特别的重视。

(3) 因为微软所需要的工作人员在各方面都是高素质的,所以应试人员必须具备足够的随机应变能力及与常人不同的思考方式,而智力题就是对此最好的考察方法了。通常这些智力题的难度并不是很大,但是要求应试人员有发散性思维和逆向思维能力,比如一个房间门口有3个按钮,对应着房间内的3盏灯,要求打开一次房门就可以判断出哪个按钮对应哪盏灯;有12个球大小、外观完全一样,其中有一个的重量和其他的不一样,怎样用天平称3次找出这个球;男孩走2步的时候女孩需要走3步,现在男孩和女孩同时迈出左脚,问走到第几步的时候会再次同时迈出左脚。此类题目数量一般在4—5道左右,有时候在别人的点拨之下很快就可以找到答案,但是在有限的时间和紧张的压力下就显得稍微有些难度了。

二、第一次面试

笔试之后,微软会组织专人进行阅卷工作,然后确定分数线并通过电子邮件和电话通知部分成绩优秀的应试人员参加第一次面试。和一般的面试不同,第一次面试需要应聘者通过三轮五位面试人员的考察,而整个面试时间也很长,如果全部面试完毕则需要大约4—5个小时。

1. 第一轮面试

第一轮面试是由微软现有的三位软件工程师对应聘者进行全方位的考察,这其中包括简单的网络组建、系统故障分析,也有涉及Windows 2000的Active Directory特性的问题,还有最新的 Windows XP 操作系统各方面的新增特点与使用的问题,这些对于经常使用 Windows 操作系统并且善于捕捉新事物、接触新产品的应聘者来说倒不是难事。

同时,工程师还会询问应聘者一些关于微软其他产品的使用与编程方面的问题。比如,设计一个 Outlook 和 Exchange 联合使用的方案、怎样将 Visual Studio.NET 的功能发挥到极限,等等。至于编程方面的问题多半是关于调用数据库、设计存储文件之类的,只要有实际编程经验,通常都不会觉得难。

这轮面试是很多人同时在一个大房间里进行,所以周围环境的干扰比较大,这要求应聘者回答问题的时候音量高一些,遇到一些比较烦琐的问题可以用文字形式辅助回答。但是如果遇到自己不会的问题,则最好直截了当地明说,否则会给面试人员留下不好的印象。

2. 第二轮面试

通过第一轮面试之后,还会有一位资深的软件工程师对应聘者进行再次考察。提问范围仍然不出前面三位工程师的范畴,但是难度要大大增加,比如通过实际案例说明 Windows 2000 Active Directory 的使用,说明系统故障产生的原因,对现有的一段程序进行优化,等等。也就是说,不仅要知其然,还要知其所以然,这才最能体现应聘者各方面的综合素质。

3. 第三轮面试

通过了前两轮面试之后,可以说微软应试之旅难度最大的部分已经完成,但是下面的考察也并不轻松。微软怎么说也是一个知名的外企,员工怎么能不说英文呢?所以接着就轮到一个外方人员进行英语方面的测试。他的测试就是听与说,主要通过自我介绍进行提问,比如家庭状况、现在的工作、为什么要到微软、对微软的看法等。其实这主要就是一些日常对话,涉及技术方面的内容很少,一般只要具备了英语 6 级水平,并且平日注意英语锻炼,通过这一关并不是难事。

在和外方人员面试之前,应聘者最好做一些准备,将有可能涉及的问题事先整理好,这样会说得流利一些,能够得到比较好的效果。另外,还可以通过服饰、包箱等物品辅助说明。笔者在微软面试时,在自己的手机上制作了一个 Microsoft 的图标,然后以这个图标为例向外方人员讲解如何在电脑上制作并将其发送到手机里,结果外方人员非常感兴趣,当然印象分也就不错了。

需要强调的是,并不是每个人都有机会在第一次面试的时候就直接面对外方人员,这是因为在前两轮面试的时候,所有的工程师都会在提问之后给你打分:Passed(及格)或者 Failed(不及格),如果得到了 3 次"Failed"就彻底无缘微软了。

三、第二次面试

通过第一次面试之后,就意味着大半只脚已经踏入微软的大门。之所以是大半只脚,是因为在最后一次面试之前每个应聘者都还有将近 20 个左右的竞争对手,但是最后所需要招聘的人数只有4—5个,所以第二次面试就是能否进入微软的关键所在。

第二次面试是微软分公司的负责人和应聘者直接对话,微软在招聘时很注意不给应聘者造成压力,而是让应聘者成功地表现自己的才能。因此,这一轮谈话通常都是在轻松愉快的氛围中进行的,面试人员会询问一些为人处世、待人接物以及对待工作和人生方面的问题,基本上也都是和技术无关的。

面试之后,微软会综合考虑应聘者的笔试成绩与两次面试得分,整个招聘过程至此才算告一段落。

资料来源:改编自徐剑:《微软怎样招人?》(2019年8月6日,豆丁网:http://www.docin.com/p-583814718.html)。

● **思考与讨论题**

5.1 微软笔试内容构成:知识面20%、编程能力50%和智力30%。这是否意味着在大学期间,学习"知识"没有提高"编程能力"和"智力"水平重要?为什么?

5.2 面试在微软选拔人才过程中的重要性如何?微软的面试有什么特点?

第三篇

绩效与薪酬

- 第6章　战略人力资源绩效管理
- 第7章　战略人力资源薪酬福利

第6章 战略人力资源绩效管理

如果不考评结果,就不能区分成功与失败;如果看不到成功,就不能给予奖励;如果不奖励成功,就可能鼓励失败;如果看不到成功,就不能积累成功经验;如果辨不清失败,就不能改正错误;如果能够证实结果,就能够赢得公众支持。

——戴维·奥斯本和特德·盖布勒

主要内容

- ■ 绩效管理的概念与模型
- ■ 绩效管理的基本问题
- ■ 绩效信息与绩效管理中的错误
- ■ 绩效管理的方法
- ■ 关键绩效指标与平衡计分卡

核心概念

绩效(performance)

战略绩效(strategic performance)

绩效考评(performance appraisal)

绩效管理(performance management)

绩效管理模型(performance management model)

特征法(trait methods)

比较法(comparative methods)

行为法(behavioral methods)

结果法(results methods)

关键绩效指标(key performance indicators)

平衡计分卡(the balanced scorecard)

预期目标

通过本章学习,你可以获得以下知识和能力:
- 理解绩效管理的概念与模型;
- 认识绩效管理的基本问题;
- 了解绩效管理的信息与常见错误;
- 了解绩效管理的基本方法;
- 掌握关键绩效指标与平衡计分卡方法。

开篇案例

美孚公司:世界 500 强的平衡计分卡之旅

欧洲埃克森美孚公司是世界上著名的能源企业,亦是世界上最大的企业组织之一,2012 年更是以全年销售额 4.52 万亿美元位居《财富》世界 500 强第二位,而在二十年前美孚石油还是一个每年只有 670 亿美元收入的公司。美孚公司取得如此骄人的业绩,其实施的标杆管理和平衡计分卡等先进管理方法大有贡献。

润滑油经营单元是美孚营销与炼油公司的一个重要部门,拥有雇员 900 名,年销售额 10 亿美元,成品润滑油产品在美国市场份额为 12%,新型环保润滑油产品系列在美国有超过 50% 的市场份额。在实施平衡计分卡的过程中,润滑油经营单元走到了整个公司的前列,它的主要做法包括:

- 建立平衡计分卡目标

以战略目标为依托,整合所有业务,使整个内部流程通畅;同时,使所有员工基于业务流程参与到战略目标的实现中来。

- 按职能部门成立工作小组

为实施平衡计分卡项目,润滑油经营单元成立了五个小组,包括混合工厂管理者小组、混合工厂筹划监督小组、工业用油和汽车用油营销代表小组、客户反映中心代表小组、领导人员代表小组。

- 重整内部业务流程
- 建立部门、小组、个人绩效因果树

通过绩效因果树将润滑油经营单元的经营策略、愿景目标和小组、个人的工作任务结合起来。通过四个方面(财务方面、客户方面、内部经营方面、学习与成长方面),将各层次绩效及各层次绩效之间的因果关系体现出来。同时,建立适当的指标和目标值,激励各级员工,引导他们的工作朝有利于部门业绩目标实现的方向发展。依照因果树,各小组成员可以明确自己所处的位置,以及在总体计划和目标实现中所需完成的工作内容;各小组成员通过将个人目标和企业目标联系起来,也可以对他们的工作结果对部门资本利润率的影响有更清晰的认识。

- **依据因果树,建立部门、小组、个人的平衡计分卡**

其中,小组又为个人在建立计分卡时设立了特殊标准:个人计分卡必须支持管理者的计分卡;计分卡必须包括一个最低目标和支持其他部分业务的指标;每个管理者必须有目标和指标,并且指标与评估和员工发展相关;计分卡必须包括提前和滞后反应的指示器;至多15个指标;任何改变需要管理者和员工一致同意。

- **建立统一的管理者和员工奖惩制度,并一贯坚持**

建立员工的内部流程培训等。美孚润滑油经营单元的平衡计分卡设计和实施过程,展现了战略绩效管理系统的实施关键。

首先,必须采取有效措施,将组织、部门、个人的目标联系起来,把组织战略逐层分解,最终落实到员工,使低层次目标能够体现高层次目标。这样员工工作目标的实现才能促进组织战略目标的实现。美孚润滑油经营单元采用因果树的方式将部门各层次目标有机地结合起来。

其次,建立互相关联的各层计分卡,将所有高层计分卡通过指标与低层计分卡联系起来。美孚润滑油经营单元建立了部门计分卡、小组计分卡、个人计分卡,它们之间通过因果树联系起来。例如,部门计分卡中资本利润率指标的完成,不仅受车间小组成本效率指标的影响,还受营销小组的销售利润指标、订单完成指标的制约,而销售利润指标、订单完成指标又与营销人员个人计分卡中客户保持率、客户满意度、目标客户销售量等指标相关。

此外,建立统一的奖惩制度,创造以人为本的企业环境至关重要。因为一切绩效评估依据统一的标准,一切奖惩依据统一的制度,员工只有受到公平、公正的对待,才能激发他们的积极性;同时,也使员工的注意力集中在主导性指标的完成上。建立员工的内部流程培训,使部门内部每个员工了解整个流程及各岗位设置的原因,明晰自己的岗位责任,能使流程前后各环节人员互相支持、有效衔接,以促进每个员工、每个小组计分卡目标的实现,最终实现利润和工作效率的大幅提升。

资料来源:改编自中国劳动咨询网,《实现绩效管理:美孚公司平衡计分卡之旅》。

思考题:
(1) 平衡计分卡的主要特点是什么?
(2) 绩效评价和平衡计分卡有什么联系?
(3) 战略管理与绩效管理有何联系与区别?

无论是工商管理还是公共管理实践活动,主要目的都在于保持、改善和提升组织绩效。卓越的组织绩效,是完成工作计划、实现战略目标、维持和促进组织存在与发展的必要条件。

卓越的组织绩效,既不可能无为而治,又不可能一蹴而就。绩效需要建设,绩效需要经营,绩效需要管理。

6.1 绩效管理的概念与模型

什么是绩效?什么是绩效评价?什么是绩效管理?绩效管理遵循什么样的概念框架和演绎逻辑?答案将在本节呈现。

6.1.1 绩效与绩效管理

英特尔公司(Intel Corporation)[①]前总裁安迪·格罗夫(Andy Grove)谈到,在英特尔,我们估计一位主管可能将8小时中的5小时用于做每个雇员的评价……如果这种昂贵的工作能改进一位雇员的工作绩效,哪怕是一年中的一小段时间的绩效,就很值得主管为此付出时间。[②] 绩效评价真的如此重要和有价值吗?

首先要明确什么是绩效。中文"绩效"是新词,源于英文 performance,是 perform(to take action in accordance with the requirements of,根据要求采取行动)之后的结果,是"所完成的事;成就"(something performed; an accomplishment)的意思。

在管理学领域的理论和实践中,"绩效"已经成为重要的关键词。基本含义是"成绩和效果",可以定义为"个人、团队或组织从事一种活动所获取的成绩和效果"。实际上,绩效就是结果,就是收获,就是进展情况,是投入要素之后的产出,付出成本之后的收益。凡是有活动,就会有结果,即绩效。绩效有大有小,有好有坏。

按照活动参与的主体是个人、团队还是组织,绩效可以分为个人绩效、团队绩效和组织绩效。三种绩效可以以毫无关联的形式独立存在。对于一个组织内的关联活动而言,个人绩效、团队绩效和组织绩效既有区别又有联系。一方面,三种绩效的层次不同、大小有别;另一方面,三者又联系密切,团队绩效取决于个人绩效,组织绩效取决于团队绩效。

需要注意的是,团队绩效虽然取决于个人绩效,但并不是团队中个人绩效的简单加总;团队绩效有可能大于团队中个人绩效之和(合作,高绩效团队),也有可能小于团队中个人绩效之和(不合作,发生内耗)。同理,组织绩效有可能大于或小于组织中所有团队

---

① 英特尔公司成立于1968年,是全球最大的芯片制造商,同时也是计算机、网络和通信产品的领先制造商。1971年,英特尔推出了全球第一枚微处理器,对整个工业产生了深远的影响。微处理器所带来的计算机和互联网革命改变了世界(2020年4月12日,MBA智库·百科 https://wiki.mbalib.com/wiki/%E8%8B%B1%E7%89%B9%E5%B0%94%E5%85%AC%E5%8F%B8)。

② 转引自詹姆斯·W.沃克著,吴雯芳译:《人力资源战略》,中国人民大学出版社,2001年第1版,第224页。

绩效之和。一般而言，团队绩效和组织绩效要大于其组成部分绩效之和，这是团队和组织之所以存在的根据或理由；否则，组建团队、建立组织的意义就会大打折扣。

从战略管理视角，可以定义战略绩效(strategic performance)概念。按照上述绩效概念的逻辑，战略绩效无疑可以界定为："个人、团队或组织从事与战略管理有关的活动所获取的成绩和效果。"执行战略任务、落实战略目标、实现组织使命，在围绕组织战略管理开展的一系列活动中，行为主体所采取的行动总是能够创造成绩、产生效果，即总是会获得绩效。

成绩如何、效果怎样？只有考查之后才能判断。有的绩效十分简单，比如营销部上月销售585件产品，本月销售632件，本月销售成绩比上月好；再如小商户销售商品，卖了一件是一件，卖了一斤是一斤，月末拿出账本一算，就可知道结果。但是，大多数工作的绩效内容丰富、结构复杂、形态各异。比如，一家中国国有企业董事长兼总经理的工作，企业中高层管理者的工作，服务行业员工的工作，大学教授的工作，政府公务员的工作，等等。诸如此类工作的成绩和效果，很难以简单、直接、确定的方式去衡量。这需要专门人员运用专门技术来测量、测度、评估、评价、考评、考核或考查。

为了研究和运用便利，本书把考查工作成绩和效果的活动，统称为绩效考评(performance appraisal)。具体的内涵是：考查和评价个人、团队或组织从事一种活动所获取的成绩和效果的过程。如果没有特别说明，在本书中，"绩效考评"概念，具有与"绩效评价""绩效评估""绩效考核"一致或基本一致的内涵和外延。

安迪·格罗夫谈到，英特尔的主管要花 2/3 的工作时间"评价"每一位员工的"绩效"，这里的"评价绩效"或"绩效评价"，等同于"绩效考评"。用"考评"可能比"评价"或"评估"更达意，是在"考查"之后再做出"评价"。

绩效考评不同于绩效管理(performance management)，二者既有联系又有区别。按照本书一贯的认识，管理是指包括计划、组织、领导和控制四个环节的系统过程。那么，绩效管理就是在事关绩效事宜方面，开展四个环节的系列活动：计划——识别绩效、选择内容、确定标准、制订考评方案；组织——优化资源配置、有效落实考评方案；领导——做好指挥、协调工作；控制——监督实施过程，及时反馈信息，必要时做出调整。绩效管理活动由四部分组成：绩效计划、绩效考评、绩效反馈和绩效改进。联系到对绩效的界定，绩效管理概念可以定义为"对个人、团队或组织在从事一种活动中所获取的成绩和效果进行系统性计划、考评、反馈与改进的过程"。

绩效考评是绩效管理活动中最重要的也是最关键的一个环节。绩效考评的质量和效率对整个绩效管理活动具有决定性的影响。同时，高质量、高效率的绩效管理工作，是做好绩效考评工作的前提条件和重要保障。

某大学和教学科研人员签订三年期的工作合同。教学科研工作分为三种类型：教学型、科研型和教学科研型，每种类型都确定了成果核算标准和合格分数值。以教学科研型为例，教授岗位每年完成教学200分、科研200分为工作"合格"。对未达到合格标准者，三年算总账，给予转岗、降职、缓聘或解聘等多种方式的处理。每到年初，教授就要上网填写大量表格，呈报上年度教学科研活动和成果，经院（系）和校级两次审核，人事部门盖章确认年度工作绩效。对于所谓"双肩挑"（即既是机关干部，又是教授、研究员）的人员，副处级减免一半工作量，正处级减免全部工作量。在这个例子中，整个过程属于绩效管理活动，而年初报送成果、审核绩效属于绩效考评范畴。

> ◂概念·要点▸
>
> 绩效是指个人、团队或组织从事一种活动所获取的成绩和效果。战略绩效可以界定为个人、团队或组织从事与战略管理有关的活动所获取的成绩和效果。

6.1.2 战略与绩效管理

有一个比较典型的例子值得关注和思考。2004年7月，TCL集团制定并实施国际化战略，多媒体事业部（TMT）并购法国汤姆逊公司彩电业务，双方合资成立TCL汤姆逊公司（TTE）。这次战略行动，让TCL几乎在一夜之间成为全球彩电业"霸主"。然而，两年之后，TCL的绩效却远没有预期的那么好。截至2006年9月30日，TMT在欧洲业务上的累计投资损失约2.03亿欧元（约合人民币20.3亿元）。之后，TCL公布重组方案，意味着TMT暂时放弃了欧洲业务。①

由TCL的例子可以看出，假定战略是正确的，但是如果没有取得良好的绩效，那么再好的战略也没有意义。战略的成败以绩效的好坏为标志，而绩效的好坏在一定程度上取决于绩效管理的水平与质量。

建立合理、有效的绩效考评制度，是保证绩效管理质量的重要条件。定期以个人、团队和组织为对象进行绩效考评，有利于及时发现个人工作、团队合作和组织运行中出现的问题，及时采取措施，保证和促进战略目标的顺利实现，或者适时地对战略规划做出调整。

---

① 参见2007年2月9日央视国际报道：《〈对话〉现场TCL董事长李东生坦陈国际化道路成败》。

◁概念·要点▷

战略的成败以绩效的好坏为标志,而绩效的好坏在一定程度上取决于绩效管理的水平与质量。

6.1.3 绩效管理模型

如前所述,管理模型是对管理实践或管理理论中一个系统、一种理论或一类现象本质的或直观的描述。那么,绩效管理模型(performance management model)就是指对绩效管理实践本质和系统的描述。对于组织层面的绩效管理过程而言,基本的逻辑是根据组织战略,确定组织生产与服务活动;再根据组织活动,确定组织绩效管理计划。然后,实施绩效考评,反馈绩效考评结果。最后,对照绩效标准,判断是否需要采取措施改进实际绩效。图 6-1 为组织绩效管理模型示意图。

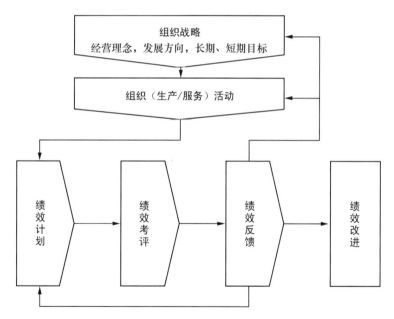

图 6-1 组织绩效管理模型

对于团队绩效管理,基本的逻辑与组织绩效管理相同。主要的区别是主体为小规模的群体,是按照既定原则——充分利用个体比较优势、最优化资源配置、最大化整体能力——建立的团队。团队要完成组织赋予的战略任务,需要进行一系列团队活动。对团队活动成绩和效果的管理,同样需要经历绩效的计划、考评、反馈和改进四个环节。一般而言,团队是现代组织为了完成某项艰巨任务或者为了获得高绩效而组建的。有效考评团队绩效,及时反馈绩效信息,能够为提升现有团队的工作效率提供依据,为新团队的组建提供经验。

图 6-2 为员工个人绩效管理模型示意图。组织中员工有什么样的行为,就会有什么样的结果。员工绩效取决于员工行为。员工的行为由员工个人所拥有的人力资本以及组织战略和组织制度三方面的因素决定。员工个人的人力资本包括知识、技能、能力和态度。人力资本的数量、质量、结构和层次,对员工个人的行为模式、行为能力和行为水平具有决定性影响。组织战略规定组织任务、界定组织活动;员工作为组织的生产力要素是组织活动的主体。组织之所以成为组织,是因为建立并依据一系列制度开展活动。个人行为以符合组织制度为前提,是组织有效运行的必要条件。

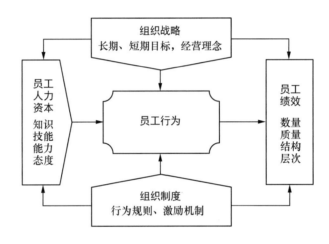

图 6-2 员工个人绩效管理模型

建立合理的制度,考评员工个人绩效,及时与员工本人沟通考评信息,有利于帮助员工找出差距,改进工作,取得更好的成绩;此外,还有利于增进员工个人目标与组织目标的一致程度,进一步推动组织绩效的保持和提高。

图 6-3 是王建民(2005)针对中国地方政府机构绩效考评所设计的逻辑模型。① 具体问题在论文中有详细阐述。这里需要提出的是,政府绩效管理不同于企业绩效管理,对政府公务员(官员)的考评不同于对机构人员(领导班子)的考评。在中国政府绩效管理实践中,照搬西方国家公共部门的绩效考评经验,或者简单运用营利部门的绩效管理模式,不仅是不恰当的,甚至是有害的做法。为绩效考评而考评,既浪费资源,又扰乱工作秩序和人员心理,应该尽量避免。

研究发现,针对地方政府官员的绩效考评模式,容易引发"政绩工程"泛滥的问题。其根源主要在于"政绩"评价机制会产生误导效应——党政领导干部管理部门被西方新

---

① 参见王建民:《中国地方政府机构绩效考评目标模式研究》,《管理世界》,2005 年第 10 期。

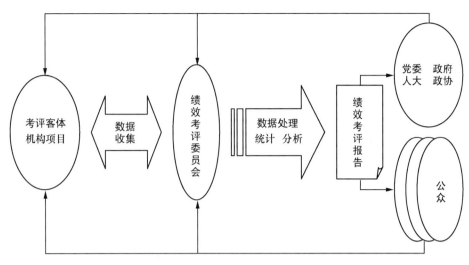

图 6-3　中国地方政府机构绩效考评模型

公共管理理论"误导",构建并实施了合理性严重不足的工作绩效管理模式;在问题模式中的评价机制的驱动下,被评价者行为"扭曲",出现了滥用资源、大搞"政绩工程"建设的现象。①

6.2　绩效管理的基本问题

无论是工商业组织还是公共部门机构,开展绩效管理活动都是一个比较复杂的系统过程。实施前需要做好充分的准备,包括认识绩效管理的目的,明确绩效管理活动的主体,确定绩效管理的对象即客体,确立绩效标准与管理原则,选择绩效考评指标等内容。

6.2.1　绩效管理的目的

为什么要进行绩效管理?一家银行的支行行长说,上级下达了任务,任务的完成靠部门和员工的努力来实现;年度任务指标要分解到部门,具体到员工个人。建立绩效管理制度,便于督促和激励任务完成情况。我们观察过一家知名餐饮企业的一次季度门店经理大会,会上公司公布了综合绩效 A、B、C 等级的门店名单,对 A 级绩效门店和绩效卓越的员工个人予以大力奖励,对少数 C 级绩效门店经理要求分析原因、限期整改,B 级是大多数,鼓励继续保持和提高。负责人表示,如果我们不分等级评价,门店经理就不知道公司鼓励什么,不知道如何去努力,如何让顾客更满意;门店经理大会,也是经验交流和问题分析大会。

为什么要进行绩效考评(performance measurement)?美国东部弗吉尼亚(Virginia)州

---

① 参见王建民 2012 年 7 月 20 日发表于人民日报社《人民论坛杂志》上的《政绩考核模式"误导"中国》(总第 372 期)一文。

费尔法克斯县(Fairfax County)负责人认为,考评绩效最主要的原因,是居民对政府反应更快、竞争力更强的不断要求。收入的增长有限,但居民对政府服务质量的要求却越来越高。通过考评绩效,有利于寻找改进和提高工作质量的办法。正如《政府再造》(Reinventing Government)作者戴维·奥斯本(David Osborne)和特德·盖布勒(Ted Gaebler)所言,之所以考评绩效,是为了了解结果,判别成败,奖励成功,促进工作。绩效考评有五点好处:支持战略规划和目标,增强责任感,提高决策水平,改进客户服务,优化资源配置。①

为什么要进行绩效管理?其实道理很简单。基本的出发点,是为了掌握个人、团队或组织所开展的生产或服务活动的成绩和效果信息。获得绩效信息,有利于改进工作,提升成绩,强化能力,促进组织战略目标的实现;可以为薪酬与福利分配方案的制订提供依据;能够为人员晋升与职务变动提供参考信息。

6.2.2 绩效管理的主体

绩效管理的主体是指这项活动的决策者、执行者和作业者。从管理职能角度,绩效管理的主体可以理解为计划、组织、领导和控制绩效管理活动的有关人员。

在企业组织中,绩效管理的主体一般包括公司高层决策者(董事会)、执行者(中高层经理)、人力资源部门专业人员(需要时可以从外部聘请专家)、相关业务部门负责人和专职人员。这是指在企业组织内部实行绩效管理活动的主体。如果是针对一个团队或员工个人,则情况会有所差异。一般而言,绩效管理的主体或评价者应该是绩效的直接接受者、感受者、观察者或者产生于绩效的利益相关者。

图6-4所示为企业中针对员工个人的绩效考评主体。这就是所谓的"360度评价",即围绕在一位员工周边的绩效相关者全方位的评价。在实际工作中,做到"全方位"并不容易,有时也没有必要,要根据具体情况和组织需要确定。

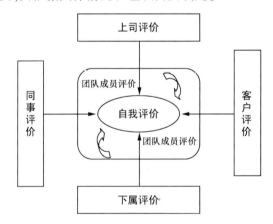

图6-4 员工个人绩效考评主体

---

① 参见王建民:《美国地方政府绩效考评:实践与经验——以弗吉尼亚州费尔法克斯县为例》,《北京师范大学学报(社会科学版)》,2005年第5期。

◁概念·要点▷

绩效管理的主体是指绩效管理活动的决策者、执行者和作业者。从管理职能角度,绩效管理的主体可以理解为计划、组织、领导和控制绩效管理活动的有关人员。

6.2.3 绩效管理的客体

所谓绩效管理的客体,实际上就是指所管理的绩效的类型和内容。在不同的组织,或者相同组织的不同部门或团队,对于承担不同任务的员工,工作的内容不同,绩效管理所涉及的"客体"就有所区别。

企业管理者的绩效管理客体是经济指标(利润率、市场占有率、销售额、股票价值等);大学教授的绩效管理客体是教学、科研成果(完成了多少教学工作量、发表了几篇什么级别的论文、出版了什么著作、指导了多少名研究生等);对于政府官员,绩效管理的客体当然是政绩,而对于不同级别和岗位的官员,政绩指标又有所区别。

6.2.4 绩效管理的原则

绩效管理的主要目的在于了解信息、掌握情况、改进工作、提升业绩。这对于组织领导者和高层管理者来说当然没有问题,他们自然是乐此不疲。绩效管理的主要措施往往由他们制定,针对高层以下的人员来实施。但是,对于受到绩效管理作用力的相关人员来说,感受则大不相同。对于他们来说,被评价的事自然是越少越好。如果一定要评价,也应该评当其时、评价合理、评而有效。盲目效仿他人的做法,落得为评价而评价,甚至走向反面,则对于绩效的保持与提升只能是有害而无益。

绩效管理是一件极其慎重的事。组织在开展绩效管理活动时应该注意遵守如下五项原则:

第一,战略相关原则。绩效指标基于战略目标。主要的绩效管理活动,一般要围绕组织战略目标展开。通过实施绩效管理,促进组织战略目标的实现,为组织赢得竞争优势,实现可持续发展。

第二,客观公正原则。绩效考评指标的选择,绩效管理主体和客体的确定,要做到真正反映客观实际,公正、平等地对待每一位被考评者。

第三,适用可行原则。绩效管理的基本模式、关键指标、作业方式等,要注意适用性和可行性。只有适用于管理现实,切实可行,行之有效,才有意义和价值。

第四,认同接受原则。绩效管理活动要得到被考评者个人、团队或组织的认同和接受。事先没有比较充分的沟通,组织决策者(及其上级)授意人力资源管理部门单方面制定并实施的绩效考评制度,往往会遭到被考评者的反感和抵制。在缺乏充分表达个人意志的民主环境的情况下,抵制很可能转化为消极怠工,或者另谋它就,从而导致组织优质人力资源的流失。

第五,激励促进原则。有价值的绩效管理活动要对被考评者有激励效应,对个人或组织完成战略任务有促进作用。在实际工作中,要注意及时与被考评者沟通绩效信息,为改进工作提出意见和建议。只有这样,才有利于达到绩效管理本身的目的,有利于实现组织战略目标。

> 绩效管理活动应该遵循如下五项原则:(1)战略相关原则;(2)客观公正原则;(3)适用可行原则;(4)认同接受原则;(5)激励促进原则。

6.2.5 绩效考评指标的选择

绩效考评是绩效管理的中心环节和核心内容,而绩效考评指标体系的设计与选择又是绩效考评的关键步骤。考评指标选择不当,不但考评不到真实绩效,而且有可能导致工作的混乱和工作人员诚信的丧失。

设计指标体系应该坚持相关性、可比性、重要性、经济性、科学性和稳定性六项原则。① 坚持这六项原则,有利于设计出科学、合理、可行和适用的指标体系。

有一家企业把绩效考评指标分为三类:(1)能力指标——员工获得期望绩效的能力与水平;(2)态度指标——员工在创造绩效的过程中所表现出来的主动性程度、责任感强度等内容;(3)业绩指标——员工在创造绩效的过程中所取得的实际成绩。以能力、态度和业绩这三项指标为基础,设计具体项目,进行绩效考评。

美国弗吉尼亚州费尔法克斯县对政府机构绩效考评的指标体系由投入、产出、效率、服务质量和结果五项指标组成。投入指用于制造产出的有价值的资源;产出指生产服务的数量或个数,产出是活动导向的、可测量的,而且通常可控制在管理之下;效率指单位产出所用的投入或单位投入的产出;服务质量指消费者对项目的满意程度及服务提供的准确或及时程度;结果指一个项目或一项服务产生的定性结果,即为消费者带来的最终好处。外部力量有时会限制管理控制,结果指标表达了"为什么"提供服务的最后理由。

---

① 参见苗俊峰:《政府绩效考评指标体系》,《中国财经报》,2006年7月14日。

美国费尔法克斯县绩效考评指标体系详见表6-1。

表6-1 美国费尔法克斯县绩效考评指标体系

指标	定义	举例
投入	用于制造产出的有价值的资源	预算或支出的金钱;员工付出的工时
产出	生产服务的数量或个数	有效会面的次数;图书馆出借图书的册数;接受免疫儿童的人数;处理订购单的数量;运送病人的人数
效率	单位产出所用的投入或单位投入的产出	每份鉴定的成本;每位专家所评审的计划
服务质量	消费者对项目的满意程度及服务提供的准确或及时程度	对服务表示满意的被调查者百分比;每位数据录入员的差错率;提交一份设备使用规则的平均天数
结果	一个项目或一项服务产生的定性结果,即为消费者带来的最终好处	火灾中死/伤人数下降;工作6个月以上接受岗位培训者的百分数;12个月未再次受到审判的青少年百分数;没收动物被收养/领回的比例

资料来源:Performance Measurement Team, Department of Management and Budget 2004, *Fairfax County Measures for Results*:*A Guide to Advanced Performance Measurement*(From Harvard University Library e-resources, in January, 2005)(这里的译文引自王建民:《美国地方政府绩效考评:实践与经验——以弗吉尼亚州费尔法克斯县为例》,《北京师范大学学报(社会科学版)》,2005年第5期。)

据报道,国家人事部《中国政府绩效评估研究》课题组设计了比较复杂的政府绩效考评指标体系,包括职能指标、影响指标、潜力指标,具体包括3个一级指标、11个二级指标、33个三级指标,目的是"全面、系统地评估中国地方各级政府,特别是市县级政府的绩效和业绩状况"。① 直观感觉,指标越多,考评越全面、越系统。但实际上,指标越多,操作难度越大,实施成本越高,适用性越低,可行性越差。上述美国弗吉尼亚州费尔法克斯县用五项指标考评政府机构绩效的经验值得借鉴。

考评省级政府的整体绩效并进行全国比较并没有多少现实意义。各省在物力资源、人力资源和历史文化等方面差别很大,没有可比性,而且也没有比较的必要。对一个地方政府内各个机构的绩效进行考评和比较,意义更为重大。考评指标的选择,应该以简单、适用、可行、有效为标准。研究者借鉴国际经验,结合中国实际,设计了中国地方政府机构绩效考评指标体系,由服务质量、投入资源、产出结果、工作效率、遵纪守法和执行指令六项指标组成。各项指标的定义和解释与举例见表6-2。

---

① 参见刘世昕:《中国政府绩效评估体系面世 33指标将评政府绩效》,《中国青年报》,2004年8月2日。

表 6-2 中国地方政府机构绩效考评指标体系

指标	定义	解释与举例
服务质量	服务对象对所接受服务的满意程度	接受服务的公众对政府服务的满意度,是评价服务质量的最佳依据,比如企业客户对工商局服务的满意度,纳税人对税务局服务的满意度
投入资源	为产出结果所消耗的全部资源	机构运行或项目实施中所耗费的公共资源——人力、物力和信息资源,如政府机构的办公费、人员工资、项目支出
产出结果	利用投入资源所完成的主要工作之和	机构在某一时期内所完成的主要工作任务——定量统计和定性描述相结合,如公安局破获刑事案件的数量
工作效率	每单位产出所消耗的资源;提供服务的快捷、准确程度	产出同样结果所投入的资源越少,效率越高;批复报告、审批申请、办理手续、答复意见等,时间越短、差错率越低,效率越高,如办理行政审批手续,由过去一个月减少到一周
遵纪守法	组成人员遵纪守法情况	机构或项目组成人员违法、违纪的人次与严重程度(如贪污腐败总金额),如窗口机构服务人员被群众投诉的人次
执行指令	执行上级指示和命令情况	上级机构负责人和主管人员对下级或对口机构令行禁止、完成任务、落实计划等的满意度

资料来源:王建民,《中国地方政府机构绩效考评目标模式研究》,《管理世界》,2005 年第 10 期。

6.3 绩效信息与绩效管理中的错误

确定绩效管理方案、选择绩效考评指标之后,决定性的步骤是组织实施绩效考评活动。最关键的环节是获取绩效信息。绩效信息的质量如何,对考评的成败具有决定作用。绩效管理中的控制和绩效信息的反馈同样是绩效管理活动中十分重要的环节。

6.3.1 绩效信息的获取

在许多企业,员工所完成的工作容易量化,业绩一般都有记录,考评绩效需要什么信息,一查便知。当然,也有许多时候,员工的业绩很难用数字去衡量,这给绩效信息的获取带来一定难度。比如,服务部门、科研机构、政府机关的工作,就不易用定时(期)、定量的办法进行衡量。

某市有一项绩效考评指标是"绿化造林 26.9 万亩"。这"26.9 万亩"的数字是如何获得的?依靠基层干部报告?如何保证上报的数字不加"水分"?某高校一位教授建议用直升机航拍,然后按照测量比例换算得到准确数字。这种办法可行吗?

一个中日合作研究课题,根据课题组成员之一的一位中国籍教授介绍,日本方面要把在中国的访谈录音译成日语。问如何支付译者报酬?回答是由学生自己报告翻译时一共用了多长时间,按照所用的时间确定报酬。用时多,说明难度大,报酬就高。按照这种方法考评译者绩效的办法,令课题组的一位中国籍教授惊讶不已,问"学生多报花费的时间怎么办?"回答是"学生不会那么做!"

绩效考评最重要的是获取信息或"数据"(data)。有专家认为,"数据"指的是"历史的或通过计算、实验取得的事实或者统计数字"。[①] 数据有定量和定性两类。前者为"硬数据",后者为"软数据"。优质数据应该具备三个特征(即"3R"),分别是可靠性(reliable)、相关性(relevant)和典型性(representative)。

在收集数据或考评绩效过程中,应该注意坚持"SMART"原则,即战略性(strategic)、可测度(measurable)、精确性(accurate)、可靠性(reliable)和时效性(time-based)。

前述美国费尔法克斯县绩效考评的数据主要有六个来源:(1) 本机构记录;(2) 外机构记录;(3) 个人;(4) 一般公众;(5) 训练有素的观察者;(6) 机械测量。研究者认为,不同来源的数据,各有千秋,往往优点与缺点并存。比如,本机构数据易得,但不全;个人信息直接,但易于片面;测量数据客观,但易受仪器精度和操作者熟练程度的影响。收集数据常用的方法有查阅摘录、问卷调查、个别访谈和专家评级等。采用不同的方法,在花费成本、对数据采集者培训量、完成时间和回应率等方面有所差异。收集到的数据应该按照简洁、易懂和满足受众需要原则整理,主要以各种图表的形式表示。[②]

综合来看,在收集数据时,要高度重视"硬数据"。但是,在重视"硬数据"的同时,也不能忽视"软数据"的作用。数据的"软"和"硬"主要取决于工作的性质。要根据工作的特点和考评的目的,决定获取绩效信息的结构。

"3R"原则和"SMART"原则具有重要的借鉴意义与利用价值。

◀概念·要点▶

在收集数据或考评绩效过程中,应该注意坚持"SMART"原则,即战略性(strategic)、可测度(measurable)、精确性(accurate)、可靠性(reliable)和时效性(time-based)。

[①] Performance Measurement Team, Department of Management and Budget 2004, *Fairfax County Manual for Data Collection for Performance Measurement*, p.1. (From Harvard University Library e-resources, in January, 2005)

[②] ibid, pp.19-24.

6.3.2 绩效信息的沟通

有一则现代寓言：一把坚固的大铁锁挂在铁门上，粗壮有力的铁杆费了九牛二虎之力，就是无法把他撬开。这时，纤细柔弱的钥匙来到铁锁旁，钻进锁孔轻轻一个转身，只听"啪"的一声脆响，铁锁打开了！铁杆很是郁闷："我这么强壮，费了那么大力气都打不开，你那么柔弱，轻而易举就把他打开了，为什么会这样呢？"钥匙轻声细语，一语道破"天机"："因为我最了解他的心。"

是啊，"了解他的心"真是太重要了！当事人或利益相关者之间信息的交流和信任的建立，对于私务、家务、商务、政务和国务，都具有重要意义和价值。基本上可以这样认为，误解的存在、矛盾的出现和冲突的发生，就是沟通不畅导致信息失衡、信任丧失的结果。

在绩效管理中，情况也是如此。绩效考评的过程和结果往往会涉及绝大多数员工的切身利益。如果管理者和员工之间没有就绩效管理的目的、计划、措施和结果进行充分交流，员工对绩效管理活动给自身利益带来的影响就很难形成清楚和积极的预期，组织决策者和管理者所期望的绩效管理能够带来的收益就一定会大打折扣。

实践和研究表明，绩效管理是一个持续的交流过程。对绩效的考评，基本依据是考评者（主管）和被考评者（员工）之间协商确定的绩效指标。在主管和员工的绩效协议中，包括对未来任务目标的理解和认识，体现绩效对组织、主管及员工的作用与收益。绩效考评的目标在于改善和提升员工绩效，而不是让员工感到过度压力和无所适从。有同理心，及时和耐心地与被考核者沟通绩效信息，提出具体的改进和保持绩效的建议，十分必要。领英（Linkedin）公司"综合了领英行为数据、40 场专家访谈内容，以及来自 35 个国家和地区 7 000 多位职场人士的调查结果"，发布了《2020 人才趋势报告》，提出了"改变人才吸引和保留的四大趋势"——这四大趋势不约而同地指向了"同理心"。① 报告称，2019 年下半年，近 200 位 CEO 共同签署了一份《企业宗旨声明》，表示"不应让股东价值凌驾于一切，投资于员工也应成为企业宗旨的一部分"。企业正变得更富有同理心，越来越重视从员工角度考虑，优化包括绩效管理在内的沟通机制。

有效的绩效管理沟通，不应该仅限于绩效信息反馈的单一环节，而是要贯彻在整个管理过程之中。组织在实施绩效管理计划之前，要通过多种形式在全体员工中间传播绩效管理知识、说明绩效管理的意义和必要性、介绍本组织拟开展的绩效管理计划；实施中，要就绩效目标的设定反复征求利益相关员工的意见和建议，最好能够征得 2/3 以上员工的同意。绩效管理的实施方式和具体程序，也应该及时告知相关员工，尽可能得到

---

① 领英公司《2020 人才趋势报告》提出了 2020 年全球人才市场"改变人才吸引和保留的四大趋势"——员工体验、人才数据分析、内部招聘和几代人共存的职场（全文可查询该公司网站：https://business.linkedin.com/zh-cn/talent-solutions）。

员工的理解与配合。最后获得的绩效考评结果,应该以公开通报或个别传达等方式,及时通报当事的员工、团队、部门或全体员工。必要时,与绩效相关者一起分析考评结果,制订并监督整改方案的执行与落实。

◁概念·要点▷

有效的绩效管理沟通,不应该仅限于绩效信息反馈的单一环节,而是要贯彻在整个管理过程之中。

6.3.3 绩效管理中的常见错误

"前事之不忘,后事之师。"(《战国策·赵策一》)

"前车之鉴"——前车覆,后车诫。[①]

中国古人的伟大智慧,对现代管理实践也有重大的启示意义。在绩效管理中,了解曾经发生的错误或出现的问题,有利于在后来的实践中掌握正确的方向和采取有力的行动。

多数研究者认为,绩效管理中常见的错误主要有以下几种:

(1) 晕轮效应错误。考评者为被考评者的一个特征或品质的表象所迷惑,对其他特征或品质视而不见。正所谓"一叶障目,不见泰山"。比如,一名员工个性温和、态度友善,在考评其工作绩效时可能会获得不应有的高分;另一名员工竞争意识强烈、工作十分专注,虽然业绩比较突出,但因为与他人交流不多,可能会被人以"骄傲"为由,得到较低评价。

(2) 近因效应错误。对新近发生的信息印象更深刻,过去的信息易于被淡化。考评者倾向于以新近发生的信息为依据,对被考评者在考评期内的全面绩效做出评价。一般的认识是,一个人新近的良好表现意味着"觉悟、进步",也许事实并非如此,但可能就会因此而得到更高的评价。

(3) 马太效应错误。过去一向表现优秀并在考评中多次获得良好评价的员工,由于"优秀"思维的惯性使然,在下一次的考评中,也会习惯性地获得高分评价,而实际上绩效水平已经下降。一向业绩不佳的员工的情况则正好相反,即使其工作已经进步,但仍然会受到"不佳"思维习惯的歧视,被人打出低分。

---

① 这两句古语引自中国社会科学院语言研究所词典编辑室:《现代汉语词典(汉英双语版)》(2002 年增补本),外语教学与研究出版社,2002 年第 1 版,第 1535、1533 页。

（4）宽严不当错误。考评者为避免引来争议或麻烦，采取相对宽泛、松懈的标准进行考评，导致绩效考评结果往往普遍较高；或者考评者是个完美主义者，凡事高度认真严格，按照详细而严格的标准进行考评，导致多数人的绩效考评结果处于偏低水平。这两种做法均属于宽严不当。

（5）相似相容错误。研究表明，人们易于对与自己性格、经历、境遇相似的人产生宽容心理。正所谓"惺惺惜惺惺，好汉惜好汉"。在绩效考评中也是如此，考评者往往会对与自己有某种共同特点的员工产生宽容心理，对其绩效给予较高评价。

（6）心理盲点错误。考评者自己有某方面缺点，对具有同样缺点的员工因这种缺点的存在而导致的对工作绩效的影响视而不见或忽略不计。

（7）自我标准错误。考评者以自己的绩效水平，而不是以组织战略需要的绩效水平为衡量标准，去评价其他员工的绩效。强我者，优；弱我者，劣。

（8）主观偏好错误。考评者以自己的偏好或价值观为考评标准，对自己喜欢的人和事，或者符合自己价值观的行动和结果，给予较高评价；反之，给予较低评价。

> 〈概念·要点〉
>
> 绩效管理中的八种常见错误：(1) 晕轮效应错误；(2) 近因效应错误；(3) 马太效应错误；(4) 宽严不当错误；(5) 相似相容错误；(6) 心理盲点错误；(7) 自我标准错误；(8) 主观偏好错误。

6.4 绩效管理的方法

绩效管理的方法，因组织而异，因人而异，有多种选择。常见的方法可以分为特征法、比较法、行为法和结果法四种类型。① 此外，还有关键绩效指标和平衡计分卡等系统性的战略绩效考评方法。本节重点介绍这四种常规方法。

图 6-5 列示了常用的绩效考评方法。

---

① 这里对绩效管理方法的介绍，主要参考：(1) 威廉·P. 安东尼等著，赵玮、徐建军译：《人力资源管理：战略方法》(第四版)，中信出版社，2004 年第 1 版；(2) 乔治·伯兰德、斯科特·斯内尔著：《管理人力资源》(英文版)，东北财经大学出版社，2003 年第 1 版；(3) Dessler, G., *Human Resources Management*, 8th ed., Upper Saddle River: Prentice Hall, 2000 (清华大学出版社，2001 年第 1 版，影印版)；(4) 彭剑锋主编：《人力资源管理概论》，复旦大学出版社，2005 年第 1 版。

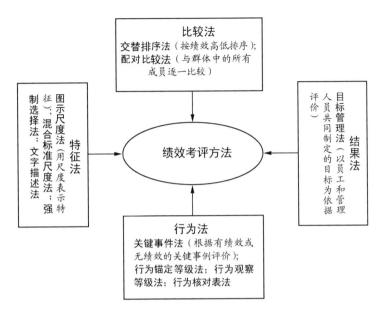

图 6-5　常用绩效考评方法

6.4.1　特征法

特征法（trait methods）是衡量员工所拥有的某些特征的显著程度的考评方法。这些特征对于完成工作任务和实现组织目标具有重要意义，包括可靠性、创造性、主动性和领导力等。特征法可以分为图示尺度法（graphic rating scales method）、混合标准尺度法（mixed-standard scales method）、强制选择法（forced-choice method）和文字描述法（essay method）等形式。

（1）图示尺度法，又称图尺度评价法，是以图表的直观形式，把某种特征划分出不同等级，给出每一种等级的定义和特征描述。考评者对照确定的等级标准，对被考评者做出评价。表 6-3 是这一方法的一个例子。对照"评价等级说明"所描绘的状况，可以对一个人的工作绩效等级做出判断，表示为"O"—"U"级别。如果表示为"N"，则表示对接受评价者的绩效等级"不做评价"。

表 6-3　图示尺度法示例

等级符号	等级	评价尺度	评价等级说明
O	杰出	90—100	各方面的绩效都十分突出，明显优于其他人的绩效
V	很好	80—90	大多数方面的工作绩效都明显优于职位要求；工作质量高，考核期间一向如此

(续表)

等级符号	等级	评价尺度	评价等级说明
G	好	70—80	达到称职的和可信赖的工作绩效水平,符合工作绩效标准的要求
I	需要改进	60—70	某一方面的绩效存在缺陷,需要改进
U	不令人满意	60分以下	工作绩效水平总的来说无法让人接受,必须立即加以改进,绩效处于这一等级的员工不能增加工资
N	不做评价		在绩效等级表中没有可以利用的标准,或者因时间太短而无法得出考评结论

资料来源:根据彭剑锋主编:《人力资源管理概论》,复旦大学出版社,2005年第1版,第364页表7-4"评价等级说明表"改编(对表头和评价等级说明中的文字进行了修订)。

(2)混合标准尺度法。图示尺度法是用一个尺度衡量一种特征,而混合标准尺度法可以同时衡量几种特征。特征是用陈述句来描绘;针对每一个陈述句,可以做出"好于(+)""一样好(0)"和"差于(-)"三个级别的评价。对照特征陈述句给一位员工的行为赋值"+""0"或"-"。这位员工所得到的"+""0"或"-",可以从分数对照表(scoring key)中查到具体分数值。最后,根据总分数值,可以对这位员工的几个特征做出评价。表6-4是混合标准尺度法的一个例子。表中用九个陈述句来描述员工的缺勤率、工作热情和工

表6-4 混合标准尺度法示例

说明:阅读每一个陈述。使用下面的标准对这个人的每一个相关陈述打分。将你的回答写在每个陈述前面的括号内。		
标准	+	员工的绩效好于陈述中所描述的行为
	0	员工的绩效和陈述中所描述的行为一样好
	-	员工的绩效差于陈述中所描述的行为
( )1		除非有极其紧急的事情发生,否则一直坚持工作
( )2		总是自愿接受困难的任务
( )3		一个月缺勤少于两次
( )4		在个人完成的所有工作中几乎都出现了错误
( )5		只愿意接受过去做过的工作
( )6		尽管很少,但是在这个人上报的工作中有时要做一些修改
( )7		如果被要求这么做,会接受那些有挑战性的任务
( )8		每星期缺勤超过两次
( )9		完成的任务总是非常正确
注 意		陈述1(高)、3(中)和8(低)代表了缺勤率的三个水平; 陈述2(高)、7(中)和5(低)代表了工作热情的三个水平; 陈述9(高)、6(中)和4(低)代表了工作能力的三个水平。
分数对照表		从行为的角度确定每种反应的特殊性,将这些特征与下面的矩阵(略)相比较。每一行的末尾显示了每种特征的分值。

资料来源:参见威廉·P.安东尼等著,赵玮、徐建军译:《人力资源管理:战略方法》(第四版),中信出版社,2004年第1版,第366页表10.8。

作能力三个特征。对照每一个陈述句,可以判断出某一位员工的行为是"好于(+)""一样好(0)"还是"差于(-)"陈述句描绘的情景。在每一个陈述句前标出"+""0"或"-"。加总,看分别得到几个"+""0"或"-"。加总结果可以在分数对照表中查到具体分数值。根据分数值可以对被考评员工的三个特征做出评价。

(3)强制选择法,是从一组陈述中选择一个,描述被考评者的特征。每一种陈述,都分别表示工作的成功或不成功两个结果。这种方法有较大的局限性,许多绩效管理者已经放弃采用这种方法。

(4)文字描述法,要求考评者用一段书面文字最恰当地描述被考评者的特征。

6.4.2 比较法

常见的比较法(comparative methods)有交替排序法(alternative ranking method)和配对比较法两种方式。此处简要介绍交替排序法。

交替排序法是根据某些工作绩效考评要素(或特征),将员工们从绩效最好的人到绩效最差的人进行排序。具体做法是:

(1)列出需要接受评价的所有人员名单;
(2)将不是很熟悉,因而无法对其做出准确评价的人员从名单中剔除;
(3)针对每一种要素(或特征),考察员工绩效,按照表现好坏排出次序;
(4)继续选择、排序,直到全部被考评者排序完成。

6.4.3 行为法

行为法(behavioral methods)可以分为关键事件法(critical incident method)、行为锚定等级法(behavioral anchored rating method)、行为观察等级法(behavior observation method)和行为核对表法(behavioral checklist method)等多种形式。此处简要介绍关键事件法和行为锚定等级法。

所谓关键事件,是指在某个工作领域或某项工作中,员工的行为产生了很好的、成功的,或者很坏的、失败的结果。比如,一位电脑公司的会计师,发现专营本公司品牌的电脑专卖店里,顾客因商品有一点瑕疵要退货而和销售人员发生了争执,这位会计师主动和总公司营销部联系,及时为顾客解决了问题。总公司得知这一情况,特别奖励了这位员工。又如,一位汽车公司的员工,发现停在路边的一辆本公司产的轿车的雨刷器坏了,他自费到公司买来一个,帮助换好。显然,这是两件好的关键事件。再如,一位办公室秘书收到一份来自上级的信件,三天后的下午拆开信封发现,里边是一个重要的会议通知,开会时间就在第二天上午。显然,这是件坏的关键事件。通过调查、记录、评估一位员工在关键事件中的表现,可以获得这位员工某些方面的特征或本质信息。这就是关键事件法。

行为锚定等级法是一种比较成熟的对员工绩效进行考评的方法。考察客体是员工的行为,而不是态度、激励或潜力等因素。通过对员工行为的详细描述性事例,既包括正面绩效又包含负面绩效,按照一定的规则,得出绩效排序。

6.4.4 结果法

结果法(results methods)是一种以结果而不是特征或行为为依据考评员工绩效的方法。其中重要的方法是目标管理(management by objectives,MBO)法。

目标管理是一种管理哲学,1954年由彼得·德鲁克提出。德鲁克指出:"企业绩效要求的是每一项工作必须以达到企业集体目标为目标……期望管理者达到的绩效目标必须源自企业的绩效目标。""绩效评估方式不一定都是严谨精确的量化指标,但是都必须清楚、简单而合理,而且必须和目标相关,能够将员工的注意力和努力引导到正确的方向上,同时还必须很好衡量,至少让大家知道误差范围有多大。"①

以组织战略目标为标准的绩效管理方法,是根据组织战略目标确定绩效考评标准,再分解为部门绩效目标。部门上司与下属协商确定个人绩效目标,进行中期考核,了解个人目标进展情况,必要时进行局部调整。考评期结束时,对照实际绩效与既定绩效目标情况,对员工的绩效水平做出判断。考评结果要向上级和组织战略目标制定者反馈。图6-6所示为目标管理法程序。从步骤三到步骤四"上司与下属协商确定工作目标与绩效标准"十分重要。充分的沟通和协商是顺利实现组织绩效目标的重要保证。

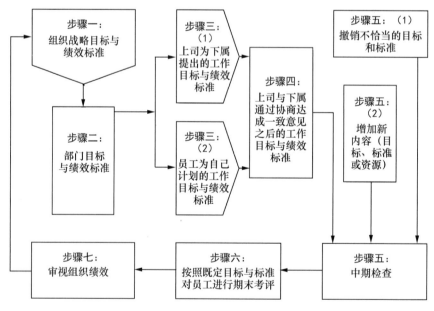

图6-6 目标管理法程序

---

① 参见彼得·德鲁克著,齐若兰译,那国毅审订:《管理的实践》(中英文双语典藏版),机械工业出版社,2006年第1版,第102、110页。

6.5 关键绩效指标与平衡计分卡

关键绩效指标(KPI)与平衡计分卡(BSC)是两种更有系统性并且与战略目标的实现联系更为紧密的绩效管理方法。关键绩效指标是对组织绩效产生关键性影响的指标,是对组织战略目标进行分解与细化的结果。平衡计分卡方法从四个维度衡量组织绩效,在世界500强企业中广泛应用。

6.5.1 什么是关键绩效指标

KPI全称为key performance indicators,译为关键绩效指标。也有称为key success indicators(KSI)的,直译为关键成功指标。如何界定KPI?

关键绩效指标"是一家公司或某一个行业,为了实现组织战略和运行目标,考评或比较绩效所采用的一组量化测度指标。关键绩效指标以重要程度或绩效标准为基础,随公司或行业不同而变化"。

"一家公司必须建立战略和运行目标,然后选择最能反映这些目标的关键绩效指标。例如,如果一家软件公司的目标是在行业内实现最快速成长,那么其主要绩效指标可能是核计年度收益。公司的关键绩效指标会在年度报告中予以说明。……关键绩效指标为组织追踪和预期业务绩效提供至关重要的信息。"

简而言之,关键绩效指标是组织战略目标逐层级分解与细化之后的具体的和重要的工作目标。评估和监测这些关键的绩效指标,对于保证和促进组织战略目标的实现具有重要作用。

> ◁概念·要点▷
>
> 关键绩效指标是组织战略目标逐层级分解与细化之后的具体的和重要的工作目标。评估和监测这些关键的绩效指标,对于保证和促进组织战略目标的实现具有重要作用。

6.5.2 关键绩效指标体系的运用

运用关键绩效指标体系的关键,是确定关键的绩效指标。一般认为,所选择的关键绩效指标需要具备SMART特征,即具体(specific)、可测量(measurable)、可行性(achievable)、结果导向或相关(result-oriented or relevant)、时限性(time-bound)。建立关键绩效指

标体系,需要遵循以下原则:

一是战略目标原则。关键绩效指标必须根据组织战略目标、部门目标和个人目标来确定。

二是工作质量原则。高质量、高效率的工作行为,是组织获得、保持和提升竞争力的重要基础与保证。识别、确定和监控工作质量指标,具有重要作用。

三是可操作性原则。从技术上保证关键绩效指标体系具有良好的可操作性。可操作性不良,整个指标体系和考评活动的价值将大打折扣。

四是过程控制原则。建立关键绩效指标体系要优先考虑工作流程的输入和输出状况,将两者之间的过程视为一个整体,实行端点控制。

关键绩效指标考评方法既有优点,又有缺点。优点有以下三个:

第一,目标明确,促进组织战略目标的实现。通过对组织战略目标的分解和具体化而建立的关键绩效指标体系,可以使员工的绩效行为与组织战略目标的一致性程度提高,为组织战略目标的实现奠定良好的基础。

第二,理念创新,为客户创造价值。关键绩效指标体系提倡为组织内外部客户创造价值的思想,有助于促进以市场为导向的经营思想的形成。

第三,有利于增进组织利益与个人利益的一致性。战略性的指标分解,把组织战略目标转化为个人绩效目标。员工在实现个人绩效目标的同时,也是在实现组织的总体战略目标,合二为一,和谐共赢。

缺点同样可以归纳为三个:

(1)指标难以界定。关键绩效指标是倾向于定量化的指标。虽然那些定量化的指标能够切实对组织绩效产生关键性影响,但是即使运用专业化的工具和手段,也有较高的界定难度。

(2)易于形成僵化方式。过分依赖考评指标,缺乏对人为因素和弹性因素的考虑,可能会使考评方式僵化,引发争议和矛盾。

(3)适用岗位有限。有不少岗位不适用关键绩效指标考评方法,比如管理岗位,绩效周期需要很长时间,绩效行为不明显,不宜运用关键绩效指标来考评绩效。

◁概念·要点▷

建立关键绩效指标体系需要遵循的四项原则:一是战略目标原则;二是工作质量原则;三是可操作性原则;四是过程控制原则。

6.5.3 什么是平衡计分卡

平衡计分卡译自 balanced scorecard(BSC)一词。什么是平衡计分卡？先看来自平衡计分卡研究所(The Balanced Scorecard Institute)[①]的解释：

> 平衡计分卡是一种战略规划与管理的系统方法，在全世界的商业和产业组织、政府机构和非营利组织中广泛应用，用于整合业务活动与组织使命和战略，改善内部与外部沟通，监控基于战略目标的组织绩效。平衡计分卡由罗伯特·卡普兰(Robert Kaplan，哈佛大学商学院)和戴维·诺顿(David Norton)两位博士首创，作为一种绩效考评框架，把战略性非财务绩效测度指标引入传统的财务测量之中，给业务经理和高层执行者提供了一种更加"平衡"的组织绩效理念。

平衡计分卡是一种战略性的绩效管理方法。这与传统的以财务为导向的绩效考评方法有所区别。在传统的绩效考评指标体系中，一般只着重于对最终营运结果的评估，主要强调财务导向、部门或个人绩效最大化，资源利用有片面化倾向，重视以个人为中心的学习活动。在战略性绩效考评指标体系中，强调战略导向、组织整体绩效最大化、资源整合及以组织整体成长为趋向的学习和标杆比较。传统绩效考评指标体系与战略性绩效考评指标体系比较见表6-5。

表6-5 传统绩效考评指标体系与战略性绩效考评指标体系比较

传统绩效考评指标体系	战略性绩效考评指标体系
(1) 财务导向 • 过去财务性结果记录 • 有限度的流程弹性 • 独立于战略之外 • 用来作为财务的调整 (2) 部门/个人绩效最大化 • 降低成本 • 垂直沟通 (3) 资源利用片面化 • 成本、产出及品质均被独立评估 • 无相互取舍的问题 (4) 个人学习 • 提供个人激励	(1) 战略导向 • 未来客户需求的满足 • 尽量保持流程弹性 • 结合战略理念 • 用来作为流程的调整 (2) 组织整体绩效最大化 • 改善绩效 • 平行沟通 (3) 资源整合 • 成本、产出及品质均被同时评估 • 公开讨论相互取舍问题 (4) 组织学习 • 提供群体激励

平衡计分卡作为一种战略绩效管理工具，主要从四个方面来考评企业战略绩效：

第一，财务方面(the financial perspective)，企业经营的直接目的和结果是为股东创造

---

① 平衡计分卡研究所是一家战略管理集团公司，主要向商业组织、政府机构和非营利组织提供平衡计分卡最佳应用的培训与咨询服务，包括战略绩效管理和测度以及转轨与变革管理。

价值。尽管由于企业的战略不同,在长期或短期中对利润的追求会有所差异,但是长远来看,利润始终是企业追求的根本目标。

第二,客户方面(the customer perspective),在客户至上的年代,如何向客户提供所需的产品和服务,从而满足客户需要,提高企业竞争力,已经成为企业能否实现可持续发展的关键。需要从客户方面所关注的质量、性能、服务等方面,来考验企业的表现。

第三,内部流程方面(the business process perspective),考察企业是否建立起合适的结构、流程和机制,在这些方面存在哪些优势和不足。

第四,学习与成长方面(the learning & growth perspective),企业的成长与员工和企业能力素质的提高密切相关。从长远角度来看,企业唯有不断学习和创新,才能实现长期持续的发展。

平衡计分卡体现什么"平衡"?主要体现三种平衡:

第一,短期与长期的平衡。企业的目标是获取最大利润;企业的建设要获得持续的收入而不是某一次的"中大奖"。平衡计分卡正是以战略的眼光,合理地调节企业长期行为与短期行为的关系,从而实现企业的可持续发展。

第二,财务指标与非财务指标的平衡。虽然利润是企业追求的根本目标,但财务指标与客户、内部流程、学习与成长等非财务指标高度相关。只有在几个方面都得到改善,企业的战略才能得到实施。

第三,指标间的平衡。对四个指标一视同仁,赋予相同权重,没有侧重。

四个方面构成一个整体的循环,如果在某一方面有所偏废,那么即使其他三方面做得非常好,企业最后也必然失败。因为循环发生了断裂,到后期必然成为"木桶"的"短板",成为企业发展的桎梏。

图6-7所示为平衡计分卡模型。财务、客户、内部流程和学习与成长四个方面,构成实现愿景与战略的决定因素。四方面因素形成循环,既相互促进又相互制约,四者缺一不可。

◀概念·要点▶

平衡计分卡是一种战略绩效管理工具,从财务、客户、内部流程和学习与成长四个方面全方位考察、评价组织绩效,促进组织战略管理目标、使命和愿景的实现。

平衡计分卡体现三种平衡:(1) 短期与长期的平衡;(2) 财务指标与非财务指标的平衡;(3) 指标间的平衡。

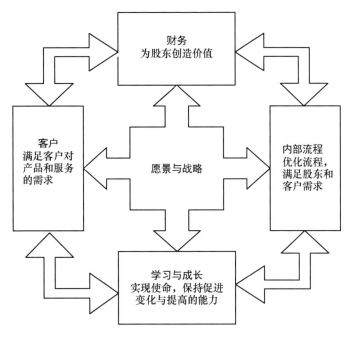

图 6-7 平衡计分卡模型

6.5.4 平衡计分卡的应用

平衡计分卡已经从一种绩效管理工具,发展到系统化战略管理思想框架,成为目前世界上最流行的管理工具之一。平衡计分卡专家主张,从财务、客户、内部流程和学习与成长四个角度,全方位审视、认识和推动组织战略的实施与组织使命的实现。

平衡计分卡如何应用?罗伯特·卡普兰和戴维·诺顿在《平衡计分卡——化战略为行动》一书中介绍了应用方法。[1]

首先,确定构建平衡计分卡的目的。这需要在组织高层管理者群体内部,就引进和实施平衡计分卡的意义、作用和价值达成共识,得到最高决策者和大多数高层管理人员的支持。

其次,选择实施平衡计分卡计划的主体。认识并就平衡计分卡的推行问题达成共识之后,需要确定合适的人选来担任平衡计分卡的设计师或实施方案的领导者。设计师要全权负责平衡计分卡的设计和开发工作。

再次,建立平衡计分卡的实施流程。流程由四个阶段组成:(1)确定衡量结构;(2)建立对战略目标的认识;(3)选择和设计指标;(4)制订实施计划。

最后,确定实施平衡计分卡的时间表。典型的平衡计分卡计划,从制订到实施,通常

---

[1] 参见罗伯特·卡普兰、戴维·诺顿著,刘俊勇、孙薇译:《平衡计分卡——化战略为行动》,广东经济出版社,2004 年第 1 版,第 237—249 页。

要持续16周左右的时间。

在上述四个步骤中,最关键的是建立平衡计分卡的实施流程。在这一步骤的四个阶段,共需要完成十项任务。

在"确定衡量结构"阶段,需要完成第一项任务,即选择适当的业务部门(SBU)。从一个适当的业务部门开始,然后再建立整个组织(公司)层级的方案。第二项任务,是确定所选择业务部门(SBU)与总公司的联系。

在"建立对战略目标的认识"阶段,需要完成第三项任务,即进行第一轮座谈,对每一位管理者进行90分钟座谈。座谈之后是总结,这是第四项任务。第五项任务,是进行第一阶段的讨论,以便就平衡计分卡实施计划达成一致意见。

在"选择和设计指标"阶段,需要完成两项任务:子团队会议和第二阶段执行研讨会。

在"制订实施计划"阶段,有三项任务:一是制订实施计划,二是进行第三阶段执行研讨会,三是完成实施计划。

具体而言,在一家公司实施平衡计分卡战略绩效管理方法,一般要经历以下步骤:

(1)确立或审视公司的愿景与战略。

(2)在组织高层管理者群体中对公司的愿景与战略形成一致意见。

(3)为四个方面的具体目标找出最有意义的绩效考评指标。

(4)加强公司内部的沟通与培训,广泛传播平衡计分卡的知识与要求。

(5)分解与具体化绩效考评。结合公司计划和预算,确定年度、季度和月度绩效考评指标数值。指标间的因果关系需要高度关注。

(6)建立绩效薪酬奖励制度与平衡计分卡考评结果之间的联系。

(7)在实施中定期征求员工意见和建议,及时研究反馈信息,在必要时修正平衡计分卡考评指标,或者对公司战略做出必要调整。

要点回顾

- 在管理学理论和实践中,绩效已经成为重要的关键词。其基本含义是成绩和效果,可以定义为个人、团队或组织从事一种活动所获取的成绩和效果。实际上,绩效就是结果,就是收获,就是进展情况,是投入要素之后的产出,付出成本之后的收益。凡是有活动,就会有结果,即绩效。绩效有大有小,有好有坏。

- 战略绩效可以界定为:个人、团队或组织从事与战略管理有关的活动所获取的成绩和效果。执行战略任务、落实战略目标、实现组织使命,在围绕组织战略管理开展的一系列活动中,行为主体所采取的行动,总是能够创造成绩、产生效果,即总是会获得绩效。

- 绩效考评的内涵是:考查和评价个人、团队或组织从事一种活动所获取的成绩和效果的过程。绩效管理概念可以定义为:对个人、团队或组织在从事一种活动中所获取的成绩和效果进行系统性计划、考评、反馈与改进的过程。

- 绩效考评是绩效管理活动中最重要的也是最关键的一个环节。绩效考评的质量和效率,对整个绩效管理活动具有决定性的影响。同时,高质量、高效率的绩效管理工作,是做好绩效考评工作的前提条件和重要保障。
- 绩效管理模型是指对绩效管理实践本质和系统的描述。
- 绩效管理的目的,是掌握个人、团队或组织所开展的生产或服务活动的成绩和效果信息。获得绩效信息,有利于改进工作,提升成绩,强化能力,促进组织战略目标的实现;可以为薪酬与福利分配方案的制订提供依据;能够为人员晋升与职务变动提供参考信息。
- 绩效管理的主体是指绩效管理活动的决策者、执行者和作业者。从管理职能角度,绩效管理的主体,可以理解为计划、组织、领导和控制绩效管理活动的有关人员。
- 绩效管理的客体是指所管理的绩效的类型和内容。在不同的组织,或者在相同组织的不同部门或团队,对于承担不同任务的员工,工作的内容不同,绩效管理所涉及的客体就有所区别。
- 绩效管理活动应该遵循如下五项原则:(1) 战略相关原则;(2) 客观公正原则;(3) 适用可行原则;(4) 认同接受原则;(5) 激励促进原则。
- 绩效考评最重要的环节是获取信息或"数据"——历史的或通过计算、实验取得的事实或者统计数字。数据有定量和定性两类。前者为"硬数据",后者为"软数据"。优质数据应该具备三个特征(即"3R"):一是可靠性(reliable);二是相关性(relevant);三是典型性(representative)。在收集数据或考评绩效过程中,应该注意坚持"SMART"原则:战略性(strategic)、可测度(measurable)、精确性(accurate)、可靠性(reliable)和时效性(time-based)。
- 有效的绩效管理沟通,不应该仅限于绩效信息反馈的单一环节,而是要贯彻在整个管理过程之中。
- 绩效管理中常见的错误主要有以下几种:(1) 晕轮效应错误;(2) 近因效应错误;(3) 马太效应错误;(4) 宽严不当错误;(5) 相似相容错误;(6) 心理盲点错误;(7) 自我标准错误;(8) 主观偏好错误。
- 绩效管理的方法,因组织而异,因人而异,有多种选择。常见的方法可以分为特征法、比较法、行为法和结果法四种类型。
- 关键绩效指标(KPI)与平衡计分卡(BSC)是两种更有系统性并且与战略目标的实现联系更为紧密的绩效管理方法。
- 关键绩效指标是对组织绩效产生关键性影响的指标,是对组织战略目标进行分解与细化的结果。关键绩效指标是组织战略目标逐层级分解与细化之后具体的和重要的工作目标。评估和监测这些关键的绩效指标,对于保证和促进组织战略目标的实现有重要作用。

- 建立关键绩效指标体系需要遵循四项原则:战略目标原则、工作质量原则、可操作性原则和过程控制原则。
- 平衡计分卡是一种战略绩效管理工具,从财务、客户、内部流程和学习与成长四个方面全方位考察、评价组织绩效,促进组织战略管理目标、使命和愿景的实现。平衡计分卡体现三种平衡:(1) 短期与长期的平衡;(2) 财务指标与非财务指标的平衡;(3) 指标间的平衡。

思考与练习题

6.1　什么是绩效?什么是战略绩效?绩效与战略有何关系?

6.2　什么是绩效考评?什么是绩效管理?

6.3　绩效考评与绩效管理之间有何关系?举例说明。

6.4　如何理解绩效管理模型?

6.5　为什么要进行绩效管理?

6.6　绩效管理的主体如何确定?举例说明。

6.7　什么是绩效管理的客体?举例说明。

6.8　工商组织和公共部门的绩效管理有何联系与区别?

6.9　绩效管理应该遵循哪些原则?为什么?

6.10　获取信息在绩效管理中有何重要意义?

6.11　绩效管理的方法有哪些?

6.12　什么是关键绩效指标?结合案例说明如何运用关键绩效指标方法考评绩效。

6.13　什么是平衡计分卡?

6.14　如何建立平衡计分卡管理系统?结合案例说明。

6.15　简述平衡计分卡的发展历程。

案例研究

阿里巴巴的绩效考核之道

阿里巴巴的使命是让天下没有难做的生意。公司旨在赋能企业改变营销、销售和经营方式,并提升企业效率;为商家、品牌及其他企业提供基本的科技基础设施以及营销平台,让其可借助新技术的力量与用户和客户互动,以更具效率的形式开展运营。

阿里巴巴的业务包括核心电商、云计算、数字媒体和娱乐以及创新项目。此外,集团已协议收购33%股权的蚂蚁金服,为集团平台上的消费者及商家提供支付及金融服务。目前,阿里巴巴已经建立起围绕自身平台及业务的生态系统,涵盖消费者、商家、品牌、零售商、其他企业、第三方服务提供商及战略联盟伙伴。

2014年9月19日,阿里巴巴在纽约证券交易所正式挂牌上市,股票代码"BABA",创始人和董事局主席为马云。2018年7月19日,《财富》世界500强排行榜发布,阿里巴巴排名第300位。2018年12月,阿里巴巴入围2018年世界品牌500强。

绩效管理很简单,就是日常管理

绩效管理,其实不只是HR的事,关键是看管理者对绩效管理的理解。阿里巴巴共有近3万名员工,需要多少人进行绩效管理?答案是一人。真是万万没想到……从员工考核到企业文化,阿里巴巴的管理哲学究竟是什么?又是如何影响企业发展的?

阿里巴巴从不认为自己是一家科技公司,它一直认为自己是一家服务型企业。在阿里巴巴的实时成交显示屏上,马云口中的电商生态系统一目了然。在电商交易平台之下,阿里巴巴还搭建了电子商务交易最重要的前端和后端,即支付环节和物流系统。基于这三个平台所产生的轨迹,又衍生出对大数据的应用。

阿里巴巴绩效考核负责人分享了阿里巴巴对3万名员工进行绩效考核的方法论。

阿里巴巴绩效管理中的"361"

所谓"361",就是说最好的员工占30%,中间的占60%,最末位的占10%,往往10%的末位员工是去淘换的。阿里巴巴把员工类比成四种动物:"狗""野狗""兔子""牛"。

狗:业绩不好且价值观也不好的员工,也就是10%的末位员工。首先企业会帮他改进,或者是轮岗换岗,如果都不行的话,那就淘换。

野狗:业绩特别好,但是价值观不好的员工。"野狗"在阿里巴巴里也是要淘汰的,因为他们对企业的危害最大。

兔子:也叫"老白兔",价值观特别好,特别认同企业,兢兢业业,但是效率低的员工。

牛:大部分的员工,价值观和业绩都能满足企业需要,是企业未来管理人才梯队的重要来源。

明日之星:价值观好且业绩又好的员工,企业会投入大量资源去培养他们,让他们成为下一代的接班人。

阿里巴巴管理者绩效管理的四个理念

作为阿里巴巴的管理者,带领团队必须要做的几件事情是:

第一,定目标。明确战斗的方向,通过有意义的目标凝聚人心、聚集人气,即员工是否愿意长期跟随你的一个点。

第二,要结果。为结果买单,不养庸、不养老、不养"小白兔"。很多时候领导者很难辞退员工,说这个员工是跟我一起打江山过来的,于情不忍,人家家里有老有小怎么办?但这样会让其他员工以他做参照物。你对这个员工"下不去手",其他员工就会挑战你。

第三,管过程。能够灵活地调整目标,确保执行力。特别是在制定目标时,要有阶段性,让大家在"攻山头"的整个过程中充满喜悦,这是团队凝聚人心的一个很重要的动作。

第四,有味道。士气高昂,奖优罚劣,通过奖惩制度在团队中强调你要什么不要什么,打造你的团队所特有的士气和味道。

阿里巴巴管理者绩效考核的内容

阿里巴巴管理者的绩效考核通常有三点:定策略,团队的大方向是什么;建团队,有能力把团队搭建起来,并有组织能力承接战略的落地;推文化,在阿里巴巴做事情很多时候是靠文化和价值观推进的,所以说文化的传承很重要,靠文化把大家凝聚在一起,这是管理者的考核目标。

阿里巴巴员工绩效考核的方法

阿里巴巴员工的绩效考核采取双轨制,即业绩考核和价值观考核并行。

业绩考核:目标—KPI—衡量结果,对业务目标的阶段评估。

价值观考核:日常行为是否符合企业所倡导的价值观要求。

阿里巴巴价值观的考核方式是什么?其价值观的考核方式为自评+他评,采用三档标准:

A档:超越自我,对团队有影响,和组织融为一体,杰出榜样,有丰富案例和广泛好评,属于标杆;

B档:言行表现符合企业价值观要求,是一个合格的阿里人;

C档:缺乏基本的素质和要求,突破价值观底线,根据程度不同,需要改进甚至离开。

阿里巴巴价值观评分六步法:

(1)平常观察到员工某一种行为时,一定要问自己,这是怎样的水平,就某个案例很困惑时请找你的上一级主管或HR讨论;

(2)评估时,针对每一小条给员工打分;

(3)每一条总分出来后,团队成员之间做一个比较,看打分是否合理;

(4)六条总分出来后,团队成员之间做一个比较,看打分是否合理;

(5)准备和员工沟通会遇到的问题,若感到很困难,请找你的上一级主管或HR讨论;

(6)和员工对话时,立场坚定,信息明确。

价值观评分其他事项:功夫在平常,平时关注细节、细小的行为,表明自己的态度;有时间、有地点、有事件、有评论。

阿里巴巴绩效考核是季度考核,随时设定并修改KPI,考评方式为自评+他评。

评分标准分六档,361比重,即3.75—5分占30%,3.5分占60%,3—3.25分占10%。其中,3分表示不合格;3.25分表示需要提高;3.5分表示符合预期;3.75分表示部分超过预期;4分表示持续一贯超出预期;5分表示杰出。

阿里巴巴的业务指标设计体现了目标的高难度取向。大概只有10%的员工能在绩效考核中拿到4分,拿到4分也是很难的,它不仅意味着12分的努力,还意味着要发挥创造性,需要突破常规进行创新。在阿里巴巴,基本上没有人能够拿到5分。

阿里巴巴绩效考核目标的设定

有三个关键词:连接——与组织和团队连接的个人目标。很多的绩效考核目标都是领导者决定的,比如今年要做1个亿,明年要做1.5个亿,这个目标是领导者的判断和思考。但是这个目标能否让员工认同,这是要打问号的。在这个过程,我们要用组织和团队的目标去连接个人目标。

共识——目标是员工与主管达成共识的结果。假如明年1.5个亿的目标制定出来,我们如何让1.5个亿成为大家认可的共同目标?比如A员工背6 000万,B员工背5 000万,C员工背4 000万。可能C员工的心里预期是只愿意做2 000万,这个时候,我们就要跟员工达成一个共识。

正确——所有目标都要回答客户是谁,解决什么问题,怎么理解,就是目标、过程与结果要保持一致性,体现为做正确的事情和正确地做事。

阿里巴巴绩效管理的原则

(1) 具体(specific):具体列明需要达到的关键结果。(2) 可衡量(measurable):关键指标必须是可衡量的,如果确实不适用量化衡量的方法,则应可以通过观察对相关行为进行判断。(3) 可实现(achievable):具有一定的挑战性,同时员工也能有机会控制目标的达成。(4) 有相关性(relevant):与公司战略、经营目标、部门职责等相关联。(5) 有时限(timely):必须明确指出要求目标完成的时限。(6) 可执行(executive):可以通过完成某些任务反映出来。(7) 有结果(result):能够通过某种方法考核出最后的结果。注意,这是SMARTER原则,不只是SMART。

阿里巴巴绩效考核闭环管理

阿里巴巴有一个绩效循环,管理者在三个阶段承担不同的管理职责:(1) 计划阶段,主要是通目标、设目标、谈目标。(2) 执行阶段,主要是持续追踪绩效、有效反馈、辅导。(3) 评估阶段,主要是绩效面谈、绩效打分与排序、绩效改进。在绩效循环中,重点追求两个结果:一是业务拿到结果,二是员工得到成长。

资料来源:改编自儒思HR人力资源网络文章《揭秘:阿里绩效管理之道》(2019年8月29日,搜狐网:https://www.sohu.com/a/236507931_263537)。

● **思考与讨论题**

6.1 根据阿里巴巴绩效考核的做法归纳绩效考核的主要步骤。

6.2 结合案例,简述员工绩效考核的难点及解决办法。

第7章 战略人力资源薪酬福利

薪酬必须能够做到将个人稳定的认识和组织的持续性平衡起来。

无论是对个人还是对组织而言,最理想的薪酬制度必然是各项职能之间的一种折中,是个人对薪酬的各种看法之间的一种折中。……一套好的薪酬制度应该是简单的,而不是复杂的。好的薪酬制度,应该能使人对其加以判断,使个人所得与职位相吻合,而不是强加到个人头上的一种模式。

——彼得·德鲁克

主要内容

- 薪酬福利与战略
- 薪酬的决定与构成
- 福利的形式与作用
- 薪酬与福利的设计

核心概念

薪酬(compensation)

福利(benefits)

动机期望理论(expectancy theory of motivation)

个体差别法则(law of individual differences)

总体薪酬(total compensation)

货币薪酬(monetary compensation)

非货币薪酬(non-monetary compensation)

直接薪酬(direct compensation)

间接薪酬(indirect compensation)

补充性报酬福利(supplement pay benefits)

保险福利(insurance benefits)

退休福利(retirement benefits)

雇员服务福利(employee services benefits)

薪酬调查(salary survey)

工资曲线(wage curve)

预期目标

通过本章学习,你可以获得以下知识和能力:
- 认识薪酬与福利的概念及其与组织战略的关系;
- 理解薪酬的决定因素与一般结构;
- 了解福利的形式与作用;
- 解析战略薪酬设计模型;
- 掌握战略薪酬设计的程序与技术;
- 了解高质量福利设计的条件。

开篇案例

美国三大零售企业的薪酬模式

美国著名的零售企业有三种典型的员工薪酬模式:一是固定工资加利润分享计划,以沃尔玛(Wal-Mart)为代表;二是单纯的销售佣金制度,以诺德斯特龙(Nordstrom)为代表;三是小时工资加销售佣金制度,以梅西百货(Macy's)为代表。

一、沃尔玛的固定工资加利润分享计划

沃尔玛公司于1962年在阿肯色州成立,已经成为世界上最大的私人雇主和连锁零售商,多次荣登《财富》杂志世界500强榜首及当选最具价值品牌。每周,有超过2.75亿名顾客和会员光顾沃尔玛在27个国家拥有的58个品牌下的11 300多家分店以及电子商务网站。沃尔玛2019财年全球营收达到5 144亿美元,全球员工总数超220万名。[①] 如此庞大的企业实现低成本高效率地运行,与其实施的员工薪酬制度有着重要的关系。沃尔玛的薪酬制度是:固定工资 + 利润分享计划 + 员工购股计划 + 损耗奖励计划 + 其他福利。

沃尔玛不把员工视为雇员,而是看成合伙人。公司的一切人力资源制度都体现了这一理念,除让员工参与决策之外,还推行了一套独特的薪酬制度。

沃尔玛的固定工资基本上是行业较低的水平,但是其利润分享计划、员工购股计划、损耗奖励计划在整个薪酬制度中起着举足轻重的作用。

利润分享计划:凡是加入公司一年以上,每年工作时数不低于1 000小时的所有员

---

① 参见沃尔玛公司网站(http://www.wal-martchina.com/walmart/index.htm)。

工,都有权分享公司的一部分利润。公司根据利润情况按员工工资的一定百分比提留,一般为6%。提留后用于购买公司股票,由于公司股票价值随着业绩的成长而提升,当员工离开公司或退休时就可以得到一笔数目可观的现金或公司股票。一位1972年加入沃尔玛的货车司机,1992年离开公司时得到了70.7万元的利润分享金。

员工购股计划:本着自愿的原则,员工可以购买公司的股票,并享有比市价低15%的折扣,可以交现金,也可以用工资抵扣。目前,沃尔玛80%的员工都享有公司的股票,真正成为公司的股东,其中有些成为百万和千万富翁。

损耗奖励计划:店铺因减少损耗而获得的盈利,公司与员工一同分享。

其他福利:建立员工疾病信托基金,设立员工子女奖学金。从1988年开始,沃尔玛每年资助100名员工的孩子上大学,每人每年6 000美元,连续资助4年。

沃尔玛通过利润分享计划和员工购股计划,建立员工和企业的合伙关系,使员工感到公司是自己的,收入多少取决于自己的努力,因此会关心企业的发展,加倍努力地工作。不过,这种薪酬制度也有局限性,对于那些温饱问题没有解决的员工来讲,他们更关心眼前固定工资的多少,而非未来的收入;对于处于成熟期的企业来讲,利润增加和股票升值主要不取决于员工的努力,股票升值的潜力很小,这样就会使利润分享计划和员工购股计划不会为员工带来多少利益。利润分享计划和员工购股计划最适合处于成长期和发展期的企业采用。

二、诺德斯特龙的单一销售佣金制度

诺德斯特龙是世界著名的百货商店,主要经营服装和鞋类商品。2002年,公司店铺数量达到175家,实现销售额近60亿美元,名列美国零售企业第37位,它以优质的服务闻名于世,被称为世界上服务最好的商店。是什么制度使员工向顾客提供最满意的服务呢?其核心就是销售额提成或销售佣金制度。

诺德斯特龙的薪酬制度是最为简单的,即对全员实行销售额提成制度,这是员工薪酬的全部,员工没有固定工资。对于不同商品,员工销售额的提成比例不同,服装6.75%,男鞋8.25%,女鞋9%—10%,童鞋13%。诺德斯特龙成功地运用了销售额提成制度,这在全球零售业中是极为少见的。

尽管销售额提成制度在诺德斯特龙取得了成功,但它的局限性也是相当明显的。主要表现在三个方面:一是可能导致员工向顾客推销他们并不需要的商品,使顾客产生反感;二是使员工之间产生恶性竞争,互相拉抢生意,破坏公司形象;三是使高峰时间上班的临时兼职人员得到更多的销售额提成,挫伤固定员工的积极性。诺德斯特龙之所以能够成功运用销售额提成制度,是因为它已经形成顾客服务和员工激励共同发展的企业文化,否则其劣势很难避免。

三、梅西百货的小时工资加销售佣金制度

梅西百货是美国的高档百货商店,主要经营服装、鞋帽和家庭装饰品,它同诺德斯特龙一样,以优质的服务赢得美誉。

梅西百货的基本理念是:顾客是企业的利润源泉,员工是打开这一源泉的钥匙。梅西百货的薪酬制度可以归纳为:小时工资加销售额提成,但不是将两种制度用在同一位员工身上,而是用在不同的员工身上。家具、男士订制服装、鞋类一直实行销售额提成制度,因为这些商品的销售业绩与员工的努力关系极大。而对于其他商品则实行小时固定工资制度,因为这些商品的销售业绩与员工的努力关系不大。

完全的小时固定工资制度和完全的销售额提成制度都有明显的优点和缺点。零售企业成功的薪酬制度,是适合的薪酬制度。不同的企业、不同的商品、不同的文化,要求有不同的薪酬制度与之相适应。盲目照搬、片面模仿,不会取得理想的效果,必须结合企业实际情况对固定工资、销售额提成、奖金、福利及享受股票购买权等进行合理组合。

资料来源:改编自李飞发表于《中国人才》的《美国著名零售企业薪酬制度》一文。

思考题:

(1) 你对沃尔玛、诺德斯特龙和梅西百货的薪酬制度有何评价?

(2) 假定成本相近,哪一种方式对员工的激励效果更好?为什么?请举例说明。

可以肯定地说,不是所有的人都在为了薪酬与福利而工作。但同样可以肯定的是,埋头工作而不求取薪酬与福利的人并不多见。付出劳动,获取报酬,是大多数从业人员生存的基础和发展的条件。非常优越的薪酬,特别丰厚的福利,在当今以及未来相当长的时期内,都会是吸引、保持、激励和开发优质人力资源最基本、最有效的条件与手段。

优质人力资源决定战略成败!了解薪酬与福利的概念、理论和方法至关重要。本章讨论四方面的内容:(1) 薪酬福利与战略;(2) 薪酬的决定与构成;(3) 福利的形式与作用;(4) 薪酬与福利的设计。

7.1 薪酬福利与战略

薪酬福利问题是战略问题。基于战略,应该建立什么样的薪酬与福利制度?什么样的薪酬标准和福利待遇有利于形成有效的激励机制,激发出强大的战略力量?在回答这两个问题之前,有必要明确薪酬与福利的含义。

7.1.1 薪酬与福利的定义

什么是薪酬？什么是福利？

关于薪酬，有各种说法，比如薪金、薪水、薪资、报酬、工资等。说法多的原因之一是对英文词 compensation 的译法不统一。我们熟悉的说法是"工资"一词。福利，英文词是 benefits，译法比较统一。薪酬与福利这两个概念，还有内涵的边界需要界定的问题。不同的学者对这两个概念的含义往往有不同的理解。

结合多数专家的用法，采用薪酬与福利来描述被雇用者从雇用者那里所获得的全部收益的总和——称为报酬。其中，薪酬界定为主要以货币形式表现的具有直接性、确定性和及时性的报酬；福利界定为以货币或非货币形式表现的具有间接性、未来性和灵活性的报酬。

在中国，比较普遍的情况是薪酬按月发放，有确定的数额，在工资条上有清楚的记录。可以认为，薪酬等价于工资，前者是后者比较学术的用语。福利信息一般不会出现在工资条上；提供什么、提供多少和提供方式，除法定部分外，完全由雇用员工的组织决定。不同组织所提供的福利通常有很大差异。事实上，差异性就是福利的主要特征之一。

举例来说，一位中国国有企业的高层管理者，工资条上应发工资一项显示，每月平均 13 800 元，全年 165 600 元，年终奖金 50 000 元，两项合计 215 600 元。这两项是他的薪酬，后面几项应该是这位高管的福利：专用一辆奥迪公务车；专职秘书；豪华办公室；以大大低于市场价的价格购置的一套 200 多平方米的精装修住房；每年至少两周的出国考察、学习机会；公司餐饮——一日两餐，每餐 2 元，饮品免费；公司不定期发放大米、橄榄油、海产品等。

许多组织花大量时间和精力在向员工提供什么样的福利上大做文章。请读者从另外的角度，继续思考开篇案例中提出的问题：不同的薪酬制度，哪一种对员工的激励效果更好？薪酬与福利，哪一种更具有战略意义？

被雇用者从雇用者那里所获得的全部收益的总和称为报酬。报酬分为薪酬与福利两类。薪酬是指以货币形式表现的具有直接性、确定性和及时性的报酬；福利是指以货币或非货币形式表现的具有间接性、未来性和灵活性的报酬。

7.1.2 战略性薪酬福利制度

薪酬与福利制度,对于组织战略目标的实现具有决定性的作用。组织实施新战略,通常都需要修订、调整或重建薪酬与福利制度。比如,中国四大国有商业银行改制,实行市场化经营战略。其中,最重要的变化之一,就是银行内部履行终身制服务职责的工作人员,转变成了签订有期限聘用劳动合同的人力资源,直面激烈的金融业人力资源职场竞争。这种变化对于聘用方银行和被聘用方员工而言,都意味着空前的挑战与机会。银行引进、保持、使用、激励和开发有市场竞争力的高质量专业人力资源,必须从构建新型的战略性薪酬福利制度做起。薪酬福利制度创新滞后,必然会遭遇高价值人力资源流失、在岗人力资源动力不足、部门工作效率偏低等问题,市场化战略的实施效果一定会大打折扣。

加里·德斯勒(Gary Dessler)和曾湘泉在其主编的《人力资源管理》(第10版,中国版)中,介绍了IBM构建战略性薪酬制度的案例。[①] 在20世纪90年代,IBM遭遇开发技术失败、大批客户流失的困境。董事会雇用路易斯·郭士纳(Louis Gerstner)担任"救火"CEO。郭士纳及时调整战略,打算把IBM从一个行动迟缓的巨人,转变成一个步伐矫健的胜利者。这一战略的实施,需要采取一系列行动:重组、裁员、文化转型——建立共享的、积极的"价值观、态度和行为模式"。郭士纳强调盈利、执行、速度和决断。

郭士纳懂得薪酬制度对于战略实施的重要性,着手改革公司实行了十年之久的"要素计点法"职位价值评价制度,提出四项计划:

第一,建立市场导向机制。把单一的薪酬结构,转变为按照职位族分类管理的多元化结构和绩效加薪制度。

第二,减少职位数,评价多元化,实行宽带薪酬。在IBM美国公司,职位数从5 000多个减少到1 200个,薪酬等级从24减少到10。

第三,管理者参与。管理者在员工薪酬决定中发挥更多、更大的作用。

第四,扩大绩效薪酬比例。在郭士纳任职之后,大多数IBM员工"10%甚至更多部分的现金薪酬"与绩效有关。绩效最高员工的绩效奖金是绩效最低员工绩效奖金的2.5倍。

实践证明,郭士纳的战略性薪酬制度改革措施收到了积极的、良好的效果。

◁概念·要点▷

薪酬与福利制度,对于组织战略目标的实现具有决定性的作用。组织实施新战略,通常都需要修订、调整或重建薪酬与福利制度。

---

① 参见加里·德斯勒、曾湘泉主编:《人力资源管理》(第10版·中国版),中国人民大学出版社,2007年第1版,第384—385页。引用时在文字表述上有较大变动,但保持原文字包含的基本信息不变。

7.1.3 薪酬福利与战略激励

战略目标的实现,需要来自人力资源的强大力量的支持。而人力资源的力量,来源于人力资源构成要素的合理结构和有效机制。如前所述,人力资源是以人为载体的知识、技能和能力的集合。一般情况下,组织需要人力资源,实际上需要的是"知识、技能和能力",而不是"人"本身。但是,"知识、技能和能力"的运用与发挥,完全由载体"人"来决定。

换句话说,载体个人是运用与发挥"知识、技能和能力"的唯一主体。让个人满意和快乐,是获取和利用个人所承载的资源的前提条件与必要手段。那么,如何让员工个人满意和快乐呢？当然是采取"投其所好"战略！了解员工需求,尽可能使其得到满足,员工自然会感到满意和快乐,进而会受到激励,努力按照组织战略指向的目标努力。

不过,这只是理想的逻辑路径。现实中的情况比较复杂:不同的员工,以及同一个员工在不同的职业生涯发展阶段,所产生的需求或期待的收益并不相同。大多数职业和生活处于发展的初级或中级阶段的员工,对金钱通常有较大的需求。员工工资越多,工作的积极性越高;待遇越好,工作的干劲越足。

薪酬福利的激励机制如图 7-1 所示。在组织内,如果员工工作努力,通常就会获得良好的绩效。如果绩效水平提高,则员工获得的货币和非货币薪酬福利相应地应该有所增加。如果薪酬福利增加的幅度符合员工期望,那么员工的满意度就会保持和提高。员工感到满意和快乐,就会继续努力或更加努力地工作。

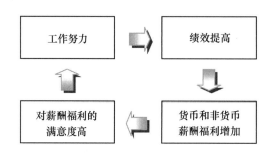

图 7-1　薪酬福利的激励机制

相反,如果员工的努力没有得到肯定,给予的薪酬福利没有反映绩效,那么员工工作的积极性就会大受影响,其所承载的知识、技能和能力的使用效率与利用价值必然下降。

乔治·伯兰德和斯科特·斯内尔在他们所著的《管理人力资源》中介绍了动机期望理论(expectancy theory of motivation)的一个观点:一个人动机的强烈程度,取决于预期收益的吸引力以及实际获取收益的可能性。① 动机期望理论的激励逻辑如图7-2所示,与图7-1 薪酬福利的激励机制所表达的逻辑基本一致。同样需要注意,对员工行为产生激励的强弱程度,关键取决于满足员工"预期"(即现实收益满足预期收益)的程度。什么收益更有价值,货币还是非货币,近期还是远期,主要取决于员工的个人偏好和预期。满足员工预期的收益,才是有激励效应的收益。

心理学研究表明,由于人们在价值观、需求、个性、能力等方面存在差异,因而对激励方式的反应有所不同。这在心理学上被称为个体差别法则(law of individual differences)。② 设计战略性薪酬福利制度,应尽可能遵循这一法则。

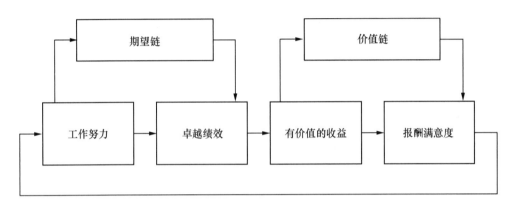

图7-2 动机期望理论的激励逻辑

◀概念·要点▶

不同的员工,以及同一个员工在不同的职业生涯发展阶段,所产生的需求或期待的收益有所不同。

什么收益更有价值,取决于员工个人的偏好和预期。

只有满足员工收益预期的激励计划,才能够产生激励效应。

---

① 参见乔治·伯兰德、斯科特·斯内尔著:《管理人力资源》(英文版),东北财经大学出版社,2003年第1版,第391页。
② 参见加里·德斯勒、曾湘泉主编:《人力资源管理》(第10版·中国版),中国人民大学出版社,2007年第1版,第400页。

7.2 薪酬的决定与构成

按照经济学逻辑,雇主一定希望少花钱多办事——付出的薪酬福利越少越好;雇员期待多拿钱少干事——薪酬福利越多越好。但"少"付费或"多"挣钱,一定有一个限度;"少"到一定程度或"多"到一定标准,就得适可而止;否则,就有可能发生不良反应。

如果在雇主支付薪酬和雇员获取收益之间达成一种平衡,那么双方一般就会相安无事。准确而言,是在一定时期内的平衡和在一段时间内的平静。随着时间的流逝,内外部条件总是会发生变化。此时,平衡就会被打破,波澜就可能泛起。

这里所谓的雇主与雇员之间的平衡问题,在管理学中就是薪酬的决定与构成问题。

7.2.1 决定薪酬的因素

薪酬由多种因素决定。组织的类型或性质不同,组织的内部条件和外部环境不同,薪酬的决定因素就有所差异。

不仅如此,专家学者的认识能力和价值观念不同,对薪酬决定因素的判断与分析也会有所侧重或差异。打开教科书,读者经常会发现,不同作者对于什么因素决定薪酬等问题,往往有自己比较特别的观点。

图 7-3 所示为薪酬的决定因素。此图集众家之说,具有一定的参考价值。

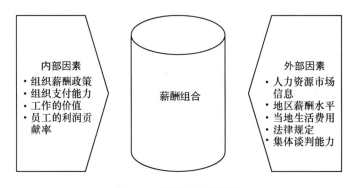

图 7-3 薪酬的决定因素

一般认为,薪酬由内部因素和外部因素两类因素决定。内部因素主要包括:

(1) 组织薪酬政策。作为市场微观主体的工商企业组织,通常会根据多方面因素制定薪酬政策。比如,有的企业实行"本行业领先水平"薪酬政策,有的企业实行"中等薪酬+远期收益"政策,还有的企业实行"低薪酬+高福利"政策。与私人部门情况不同,公共部门的薪酬相对稳定,组织内部薪酬政策的影响范围较小、程度较低。

(2) 组织支付能力。一般而言,在成熟的市场经济中,组织的实力越强,员工的薪酬和福利水平越高。一些企业可能出于合理避税考虑,会采取其他可以计入经营成本的方式向员工"转移支付"部分收益。比如,装修豪华办公室,购置高级轿车,赋予高档电脑使用权(所有权属于组织,登记为组织固定资产),以召开会议名义组织旅游活动,等等。

(3) 工作的价值,即员工所承担工作任务的相对价值。比如,高层、中层和低层管理者,工作价值依次下降,给付的薪酬也相应降低。再如,设计师和操作工,外科医生和理发师,大学教授和大学行政人员,前者所承担工作的价值高于后者,薪酬水平自然应该高于后者。

(4) 员工的利润贡献率,即员工对于组织利润的贡献率。贡献越大,薪酬越高。比如,高绩效的市场营销人员的收入可能远高于高级管理人员或研发人员。

外部因素主要包括:

(1) 人力资源市场信息。薪酬水平由市场人力资源的供给与需求状况决定。如果职业市场上有数以百万计的大学生、研究生人力资源闲置,那么他们受雇后的薪酬水平就不可能有多高。中国人力资源市场上高级技工严重短缺,在一些地方,技工的工资高于大学生甚至研究生。据介绍,在美国,同一所大学同一个级别的教授,薪酬水平并不相同。比如,工商管理、金融学、经济学、法学等专业的教授,特别是有较高知名度的教授,有比较广泛的非学术市场需求,大学为了保证这些教授安心于教学与科研工作,支付给他们的报酬往往高于其他教授。

(2) 地区薪酬水平。一个地区的平均薪酬水平是决定薪酬的重要参考依据。低于这一水平,人力资源的保持、使用和激励等方面就会出现问题。

(3) 当地生活费用。当地普通居民的生活费用,是决定组织员工基本薪酬的基础和根据。

(4) 法律规定。法律对雇员最低薪酬标准、福利构成(如带薪休假、保险)等通常有明文规定,雇主不得违反相关法律规定。

(5) 集体谈判能力,即工会组织的作用。在比较成熟的市场经济中,各类雇员自发建立或自愿参加工会组织,以便提升个人的谈判能力。健全的、有效发挥作用的工会组织系统,是市场经济发展的必然产物。工会组织越健全,集体谈判能力越强大,对雇员个人利益的维护和组织经营活动的规制越有利。

如上所述,薪酬由多种内部因素和外部因素决定。但是,在现实中,有些人所获得的薪酬高得令人惊讶,似乎无法用价值、贡献、市场等因素来解释。据英国《每日电讯报》2008年2月12日报道,英国电视第五频道新闻节目主持人、前英国广播公司美女主播娜塔莎·卡普林斯基承认,她的年薪高得离谱。有报道称,她的年薪高达100万英镑。

35岁的卡普林斯基坦言,自己的工作是"传播信息",获得的薪酬是一大笔令人感到震惊的钱。她说:"我的工资高得非常离谱。"当被问及她是否值那么多钱时,她称:"第五频道看起来认为我值那个价,但是人们能对此给出充分的理由吗?就我而言,清理垃圾的人应当获得100万英镑,医生因抢救他人的生命应当值2 000万英镑。回答这样的问题是不可能的。"①

其实,关于卡普林斯基"工资高得非常离谱"的问题并不难理解。正如她自己所言:"第五频道看起来认为我值那个价。"对于市场中运营的公司而言,高薪酬一定意味着高价值。如果你"不值那个价",那么公司一定不会出那个钱雇你。在中国有一家知名的餐饮企业,常以"给员工父母发工资""给员工子女发补贴"而被人称道。公司创始人在一次为同行高管举办的培训会上指出,公司不是慈善机构,给予员工的高薪酬和高福利是以员工创造的高价值为基础的,有确定的用工成本控制线。

一般而言,个人的高薪酬和高福利,取决于为公司直接或间接创造的高价值。在公司内部,获得高薪酬的人毕竟是少数,领取最高薪酬的人往往是公司的 CEO。通过凤凰网科技报道②,可以了解美国科技产业十位薪酬最高 CEO 的薪酬情况。至于为什么有如此高的薪酬,需要做专门的调查与分析。

2019 年 6 月,美国最大的工会组织美国劳工联合会-产业工会联合会(AFL-CIO)公布的数据表明,2018 年,CEO 平均年薪为 1 450 万美元,非管理和生产线员工年薪仅为 4 万美元。2018 年美国科技产业十位薪酬最高 CEO 的年薪分别是:

第一名,甲骨文 CEO 马克·赫德(Mark Hurd),1.083 亿美元(约合人民币 7.44 亿元);

第二名,PayPal CEO 丹尼尔·舒尔曼(Daniel Schulman),3 880 万美元(约合人民币 2.67 亿元);

第三名,DXC 科技 CEO 麦克·劳里(Mike Lawrie),3 220 万美元(约合人民币 2.21 亿元);

第四名,Adobe CEO 山塔努·纳拉延(Shantanu Narayen),2 840 万美元(约合人民币 1.95 亿元);

第五名,Salesforce 联席 CEO 马克·本尼奥夫(Marc Benioff),2 840 万美元(约合人民币 1.95 亿元);

第六名,微软 CEO 萨蒂亚·纳德拉(Satya Nadella),2 580 万美元(约合人民币 1.77 亿元);

第七名,前埃森哲 CEO 皮埃尔·纳特姆(Pierre Nanterme),2 230 万美元(约合人民币 1.53 亿元),担任埃森哲 CEO 8 年的纳特姆在 2019 年 1 月因身体状况辞职;

第八名,思科 CEO 恰克·罗宾斯(Chuck Robbins),2 130 万美元(约合人民币 1.46 亿元);

---

① 参见 2008 年 2 月 12 日中国新闻网:《英著名美女主播承认她的百万英镑年薪"高得离谱"》(2013 年 3 月 6 日),http://www.chinanews.com/gj/oz/news/2008/02-12/1160325.shtml)。

② 参见 2019 年 6 月 27 日凤凰网科技:《10 大薪酬最高美国科技公司 CEO:最高超 7.4 亿元》(2020 年 4 月 13 日,凤凰网科技:https://tech.ifeng.com/c/7nqAaVNgPYW#p = 11)。

第九名,前 Intuit CEO 布拉德·史密斯(Brad Smith),2 100 万美元(约合人民币 1.44 亿元),担任 Intuit CEO 11 年后,史密斯于 2018 年年底退休。

第十名,万事达卡 CEO 彭安杰(Ajay Banga),2 040 万美元(约合人民币 1.4 亿元)。

> ◀概念·要点▶
>
> 薪酬由内部和外部两类因素决定。
> 内部因素包括:(1) 组织薪酬政策;(2) 组织支付能力;(3) 工作的价值;(4) 员工的利润贡献率。
> 外部因素包括:(1) 人力资源市场信息;(2) 地区薪酬水平;(3) 当地生活费用;(4) 法律规定;(5) 集体谈判能力。

7.2.2 薪酬的一般结构

薪酬结构如何,并没有一致的认识。构成要素的多样性和观察视角的多变化,导致薪酬结构出现多种版本。图 7-4 为薪酬结构的示意图。虽然只是一己之见,但其中不乏其他专家认识中的合理元素。

由于薪酬与福利之间很难有清晰的界限,这里的薪酬,实际上包含了若干可被称为福利的项目。为讨论方便,暂时不做区分。

如图 7-4 所示,组织给予雇员的总体薪酬(total compensation)可以分为货币薪酬(monetary compensation)和非货币薪酬(non-monetary compensation)两类。

货币薪酬又可以分为直接薪酬(direct compensation)和间接薪酬(indirect compensation)两类。直接薪酬包括基本工资、绩效奖金、利润分享、股票期权、假日工资和加班补贴等项目。间接薪酬包括失业保险、养老保险、医疗保险、意外保险、教育补贴、伤病补助、通信补贴和交通补助等内容。

非货币薪酬可以划分为工作性质和工作环境两个方面。工作性质包括挑战性、参与决策、赋予权力、承担责任、成长机会、丰富多彩、有成就感等。工作环境包括合理政策、组织声望、有效管理、工作秘书、弹性时间、精美硬件、交通便利和信息支持。

对所有雇员而言,货币薪酬都是最重要和最主要的收益。其中,直接薪酬又是最大的组成部分。直接薪酬主要是现期的和部分远期的直接发放给雇员的收益。间接薪酬是远期的或意外性的辅助性收益。市场经济越成熟,产业竞争越激烈,组织管理水平越高,经营绩效越好,间接薪酬的比例越高。

非货币薪酬越来越受到雇主的重视和雇员的欢迎。在雇员总体薪酬中,非货币薪酬

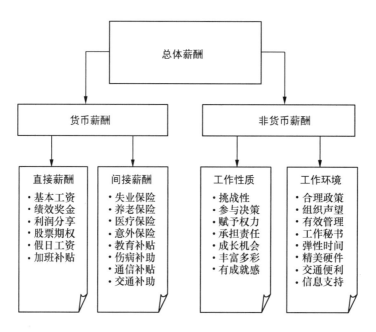

图 7-4 总体薪酬结构

比例的上升,往往意味着收益水平的提高、业务规模的扩大和管理水平的提升。就像一个经济体中第三产业比例的上升,意味着经济社会发展的先进性在增强一样,一个组织给予雇员的非货币薪酬比例的上升,也意味着这个组织的成长和市场地位的领先。换句话说,非货币薪酬的支付,是组织成熟和实力的体现。

这里需要注意,薪酬结构的变动有其内在的动力和规律。

◀概念·要点▶

雇员可能获得的薪酬,分为货币薪酬和非货币薪酬两类。货币薪酬又分为直接薪酬和间接薪酬。非货币薪酬包括工作性质和工作环境两个方面。

非货币薪酬比例的上升,往往意味着收益水平的提高、业务规模的扩大和管理水平的提升。非货币薪酬的支付,是组织成熟和实力的体现。

7.2.3 薪酬构成:真实例子

本小节介绍一个真实的薪酬例子,便于读者了解和认识我国公立大学教师的薪酬结构。表7-1所示,为工作在一线城市的一位国家"双一流"建设大学教授2007年8月和2020年4月两个月的工资信息。工资单反映这位教授属于"传统"薪酬制教师。近年来,公立大学教师的薪酬形式出现多样化发展趋势,除了主体的"传统"薪酬制,还有各类人才引进项目的"协商"工资制;按照人才引进的中青年教师的工资,往往远高于"传统"薪酬制教师的工资。

表7-1 国内某大学教授2007年和2020年两个月工资单比较

基本信息	姓名	(略)		学位	经济学博士	
	职称	教授,博士生导师		岗位	教学科研("双一流"建设大学)	
	项目	2007年8月	2020年4月	项目	2007年8月	2020年4月
收入项目(元)	薪级工资	869.00	4 075.00	房费	215.00	215.00
	岗位工资	1 420.00	4 110.00	电费	30.76	97.17
	职务补贴	1 070.00	1 070.00	电视费	20.00	36.00
	职务补贴	—	1 060.00	水费	—	32.00
	工龄补贴	27.00	40.00	天然气	—	28.70
	生活补贴	175.00	175.00	孩子学费	—	818.00
	书报费	27.00	27.00	工会费	7.10	20.55
	洗理费	20.00	20.00	失业保险	25.84	—
	提租补贴	115.00	115.00	失业个人	—	44.60
	补贴	10.00	10.00	养老个人	—	1 784.00
	电话补贴	10.00	10.00	年金个人	—	892.00
	岗位津贴	2 500.00	9 300.00	(预扣)税金	420.42	230.64
	部门酬金	—	800.00	住房公积金	866.00	3 334.00
	物业补贴	—	300.00	物业管理费	6.00	6.00
				工资冲销		856.00
应发工资(元)		6 243.00	20 262.00	扣款合计(元)	1 591.14	6 562.81
发薪月份		2007年8月	2020年4月	实发工资(元)	4 651.86	13 699.19

比较这位教授时隔13年的两个月工资单,可以从中发现不少令人思考的信息。第一,工龄由27年增加到40年,每年1元,补贴由27元增长到40元。每多工作一年增加1元的补贴,说明学校对员工在组织中贡献的长期性激励未通过薪酬予以体现。工龄1年补贴1元的做法,在计划经济时期的低工资制度下有一定意义。第二,享受"廉租房",住房条件未予变动。工资单显示,这位教授在校内租赁的公寓,租金每月215元,补贴115元,实际支付100元。物业管理费每月6元。在过去至少13年内,住房条件未发生变化。第三,留有计划经济时期工资制度的痕迹。每月27元的"书报费"、20元的"洗理费"、10元的"电话补贴"和另一项10元的"补贴",已经失去意义,但至今没有调整。第四,养老保险制度有所变化。2007年工资单只显示"失业保险,25.84元"一项;2020年"失业个人,44.60","养老个人,1 784.00"和"年金个人,892.00"。这里的"个人"均为"个人缴纳

部分";对应于"个人缴纳",有单位的"集体缴纳"部分配套。第五,工资增长缓慢。时隔13年的两个月工资单,当然不能反映这位教授的全部收入,但根据了解,财务部门发放到这位教授账户里的收入,可以反映每个月到手工资的平均水平。13年,工资从4 600多元增长到13 700元,平均每年增加700元左右。

7.3 福利的形式与作用

与薪酬概念的"直接性、确定性和及时性货币报酬"不同,福利概念具有"间接性、未来性和灵活性货币或非货币报酬"的内涵。福利有多种形式。福利表现出不同形式的原因,主要在于福利项目设计者对福利作用的追求。

7.3.1 福利的主要形式

福利有哪些形式?加里·德斯勒和曾湘泉在其主编的《人力资源管理》(第10版·中国版)中介绍了四种主要的福利形式①:

一是补充性报酬福利(supplement pay benefits)。这是指带薪不工作时间福利,即雇员不工作,但雇主还得支付报酬。这种情况有很多,比如为解雇员工支付的保险金、节假日、休假、事假、病假、产假等。这一部分福利的成本占福利总成本的比重最大。他们在书中还介绍了美国社会中的组织关于这类福利的一些具体形式和规定。

二是保险福利(insurance benefits)。保险福利有法定和雇主自愿提供两种情况。据介绍,工伤保险在美国是法定福利。大多数雇主通常还会向雇员提供住院保险、健康保险、伤残保险以及人寿保险等类型的福利。

三是退休福利(retirement benefits)。主要包括联邦政府要求的社会保险(social security)和雇主自愿提供的养老金计划(pension plan)。

四是雇员服务福利(employee services benefits)。个少雇主还为雇员个人提供服务(如咨询服务)、"利家"服务(如托儿、老人看护等)、教育补助、管理者津贴(如为高层管理人员提供汽车、飞机交通补贴)等福利计划。

需要注意,这些福利形式和规定只是发生在美国的情况。不同的经济,对福利有不同的规定、要求或传统。不同形式的福利适用不同的经济和组织。

举例来说,较低的直接货币薪酬+较高的非货币福利是符合中国经济和社会现实要求的中国国有企业经营者的薪酬结构。这些国有企业经营者的福利主要包括:(1)政治地位。许多大中型国有企业的负责人,一般都能够获得担任全国或地方各级人大代表、

---

① 参见加里·德斯勒、曾湘泉主编:《人力资源管理》(第10版·中国版),中国人民大学出版社,2007年第1版,第442—463页。

政协委员的机会。(2) 廉价住房。不同级别的国有企业经营者,能够享受到国家有关部门安排的或廉价出售的住房。(3) 免费交通。为国有企业经营者配备专用高级轿车、专职司机的情况很普遍。(4) 公费医疗保险。(5) 公费餐饮。(6) 公款通信费。(7) 出国"考察"。①

7.3.2 福利的重要作用

"深得人心的福利,比高薪更能有效地激励员工。高薪只是短期内人力资源市场供求关系的体现,而福利则反映了企业对员工的长期承诺。"②这一观点有一定的道理。人力资源的薪酬水平,主要由人力资源市场上的供求状况决定。

薪酬水平随着市场的变化而发生波动,是市场供需双方博弈的均衡解。福利则有所不同,其受人力资源市场供需变化的影响较小。福利的提供,有法律对雇主强制要求的原因,但在很大程度上,是雇主自愿的行动,能够体现出雇主对雇员价值的评价、需要的满足和情感的付出。丰富的、精心设计的福利,能够让雇员感受到安全、保障、重视、温暖和快乐,能够让雇员对未来的生活充满希望。感到快乐和有希望的员工,是忠诚于组织的员工,是高效率的员工,是组织获得高水平绩效和实现战略目标的基础与保证。

向雇员提供丰富多彩福利的组织,是有智慧的、负责任的和可持续发展的组织。福利激发动力,福利创造绩效,福利成就战略。

在中国,有一家以员工薪酬高,特别是福利好而闻名的餐饮企业。有什么福利?比如,按照一定级别给员工的父母发"工资"、给子女发补贴,建立员工本人和直系亲属大病救助基金,鼓励夫妻、亲戚在一个店里工作等。有一次就餐时和一位 50 多岁的服务员交谈,感觉她对客人的服务,就像见到自己家里久别的亲戚一样热情、周到、自然。问她为什么这么开心和贴心,她说公司对我们好啊!我们夫妻俩来自农村,都 50 多岁了,公司安排我们在一个店里工作,每个月每人可以挣到近万元,孩子在老家公司办的打工子弟学校上学,费用低、安全、放心啊!公司对我们这么好,我们一定要按公司的要求对客人好。客人来得多,公司才有钱赚,我们才有工资挣啊!

◀概念·要点▶

深得人心的福利,比高薪更能有效地激励员工。高薪只是短期内人力资源市场供求关系的体现,而福利则反映了企业对员工的长期承诺。

① 参见王建民:《论国有企业经营者人力资本的收益权》,《北京师范大学学报(社会科学版)》,2004 年第 2 期。
② 参见 2008 年 2 月 14 日人力资源开发网:《五花八门的福利》。

7.3.3 有价值的福利形式

这里举几种被一些大型营利和非营利组织实际采用的福利形式,供学习者认识、设计者参考和实践者借鉴。

团体旅游活动。一家公司以组织年度团体旅游(境内和境外)的形式向员工提供非经济福利。公司鼓励员工家属参与,提倡"一人进公司,全家公司人"的文化。

移动家庭医疗服务。谷歌向员工提供移动家庭医疗服务,即公司派医生前往员工家中进行急诊。房地产与设施主管苏珊·瓦格纳在即将出差的前一天晚上,她刚学会走路的孩子突然发烧病倒了。公司派医生及时赶到,为孩子诊治。瓦格纳说:"如果我一整夜都在急诊室里守候的话,那么第二天无论如何也无法出差。"公司人力资源主管布鲁梅尔估计,移动家庭医疗服务每年有可能为公司节省100万美元。①

本土化与人性化元素。诺基亚公司在薪酬体系中表现出来的本土化与人性化元素,仅在感性上就让雇员感到欢愉。比如,在诺基亚北京公司薪酬体系的现金福利部分,可以看到一个排满中国节日的现金福利发放表:春节每位员工发放现金福利600元,元旦200元,元宵节100元,中秋节200元,国庆节300元;另外,员工生日发放400元。② 生日福利仅低于春节福利,显然是在传达尊重员工个人的信号。

精神福利。正泰集团签约温州康宁医院设立的"阳光服务室",专门为员工提供必要的心理援助。精神福利成为浙江温州民营企业关爱员工的新方式。专家介绍,心理援助的对象不是病人,而是健康人,只是他有心理困惑,需要在专业人员的帮助下解脱。员工心理援助项目,是通过咨询、诊断、培训、指导等一系列过程,帮助员工解决各种心理和行为问题。③

公务出差保险。一家跨国咨询公司向全球员工提供公务出差保险福利计划,全部保险费由公司支付。员工一旦公务出差,即自动受保护。如果员工在出差期间发生意外,那么保险公司将根据受伤或受损情况为员工的家人提供最高不超过6年年薪的公务出差保险补偿。④

7.4 薪酬与福利的设计

薪酬与福利是雇主的成本,是雇员的收益。成本与收益的矛盾如何化解?关键在于制度。制度需要设计,而设计制度需要专门的知识与技术。

---

① 改编自原载于《商业周刊》的文章:《Google公司员工福利诱惑动摇微软士气》。
② 改编自中国人力资源开发网刊载文章:《诺基亚薪酬内参重酬好员工》。
③ 参见2007年6月12日温州网——温州商报应忠彭:《精神福利:关爱员工新方式》。
④ 改编自《牛津管理评论》(ICXO.COM):《名企五花八门福利大比拼》。

本节简要介绍薪酬与福利设计中的几个问题:(1) 战略薪酬设计模型;(2) 战略薪酬设计程序与技术;(3) 高质量福利项目的设计条件;(4) 弹性福利设计。

7.4.1 战略薪酬设计模型

战略薪酬设计按照图 7-5 所示的逻辑展开。该图是基于乔治·T.米尔科维奇和杰里·M.纽曼薪酬设计四维模型①的新发展。

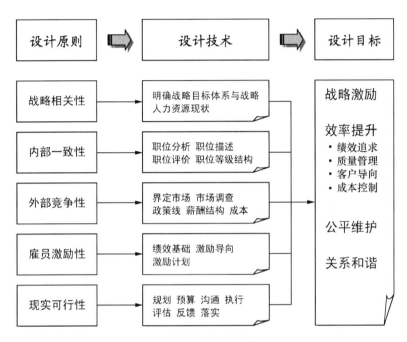

图 7-5 战略薪酬设计五维度模型

战略薪酬设计原则包含以下五项:

第一,战略相关性原则。薪酬的设计,要以组织战略目标的实现为出发点和归宿。组织为了生存与发展而实施战略,战略的实施需要强有力的人力资源的支持,而薪酬是人力资源保持和激发人力资源动力的基础与条件。

第二,内部一致性原则。在组织内部建立薪酬秩序和逻辑,实现同工同酬,级差合理,晋升有序。

第三,外部竞争性原则。在不同组织从事同类或同等难度工作的雇员,往往会相互比较薪酬福利。出于竞争目的,有的组织会用高于对手的薪酬福利吸引优秀员工。为此,在薪酬设计中,组织需要根据自身条件,在一方面或多方面形成比较优势。

第四,雇员激励性原则。薪酬之所以需要设计,主要是为了获得激励雇员的良好效

---

① 薪酬设计四维模型参见乔治·T.米尔科维奇、杰里·M.纽曼著,董克用等译:《薪酬管理》(第6版),中国人民大学出版社,2002年第1版,第10页。

果。雇员的激励难度越大,对薪酬设计的要求越高。雇员接受、认可、欢迎、兴奋,依次为薪酬制度质量由一般到卓越的反映。设计高质量的薪酬制度,不仅要得到雇员的认可,而且要能够受到雇员的欢迎,最好能够让雇员感到兴奋。快乐创造生产力!

第五,现实可行性原则。薪酬设计需要高度关注现实性与可行性。无论多么精致的薪酬方案,如果没有现实性和可行性,那么对于雇主而言就没有意义和价值。

薪酬设计有多种方法或技术可以利用。比如,为了体现内部一致性原则,可以采用职位分析、描述、评价和等级结构确定等方面的技术;为了坚持外部竞争性原则,需要利用科学有效的方法,界定市场范围、开展市场调查,优化薪酬结构、降低薪酬成本。

设计薪酬的目的,主要是激励战略人力资源,提升员工绩效,维护待遇公平,促进劳资关系和谐。

◁概念·要点▷

战略薪酬设计五项原则:第一,战略相关性原则;第二,内部一致性原则;第三,外部竞争性原则;第四,雇员激励性原则;第五,现实可行性原则。

7.4.2 战略薪酬设计程序与技术

图 7-6 所示为设计战略薪酬——主要是确定薪酬率——的一般步骤。[①] 分为五步:

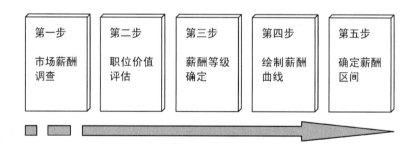

图 7-6 战略薪酬设计程序

第一步,市场薪酬调查。薪酬调查(salary survey)是必要的和关键的环节,主要目的是了解竞争对手或者同类组织的薪酬情况。许多企业会外包薪酬调查业务,请专业公司帮助了解市场信息。

[①] 参考了加里·德斯勒、曾湘泉主编:《人力资源管理》(第 10 版·中国版),中国人民大学出版社,2007 年第 1 版,第 364—373 页内容。

第二步,职位价值评估。确定每一个职位的相对价值。

第三步,薪酬等级确定。根据职位的相对价值,确定薪酬等级。把价值相同或相近的职位归于同一等级。

第四步,绘制薪酬曲线。薪酬曲线,又称工资曲线(wage curve),用来确定每一个薪酬等级的薪酬水平。

第五步,确定薪酬区间。在同一个薪酬等级内界定变化范围。一个等级内有许多职位,不是给予所有职位相同的薪酬,而是要对职位进行细分,支付有一定差别的薪酬。

战略薪酬设计技术,主要是指在薪酬调查、职位价值评估以及绘制薪酬曲线过程中所使用的方法。学习者重点需要了解在职位价值评估中可供选择的方法[①]:

(1)排序法。这是最简单和最常用的方法,通常根据工作复杂程度对岗位价值进行排序。

(2)职位分类法,即把所有职位分成几个"职位组"。

(3)要素计点法,即为每一个职位赋予一个客观点值。方法是:确定与薪酬决定有关的要素,把每个要素分成几个不同等级,为每一个要素等级赋予一定点数;确定每个职位中所包含的薪酬要素等级数量;把每个职位中所包含的薪酬要素等级的点数加总,即可得到每一个职位的点值。

(4)因素比较法,实际上是对排序法进行细化。方法是:对职位进行多次排序,每次根据不同的因素(如根据技能、知识等)排序,最后把多次排序的结果进行整合,从而得到各个职位的总体排序结果。

(5)计算机化职位评价。利用计算机软件作为辅助工具进行排序。

◀概念·要点▶

确定薪酬率的步骤:第一步,市场薪酬调查;第二步,职位价值评估;第三步,薪酬等级确定;第四步,绘制薪酬曲线;第五步,确定薪酬区间。

7.4.3 高质量福利项目的设计条件

什么是高质量福利项目的设计条件?合理的、效果良好的高质量福利项目,在设计

---

① 参考了加里·德斯勒、曾湘泉主编:《人力资源管理》(第10版·中国版),中国人民大学出版社,2007年第1版,第368—371页内容。

中应该注意采取以下五项措施①：

第一，制定战略福利规划。根据组织战略目标的需要，制定相应的组织雇员战略福利规划。

第二，邀请雇员参与讨论。提供什么样的福利，要充分征求雇员的意见和建议。开展雇员福利需求调查，是设计高质量福利项目的前提条件。

第三，满足雇员多样化需求。根据雇员福利需求信息和雇员对福利项目的意见和建议，尊重多数人的选择，结合组织需要和约束条件，建立能够满足雇员多样化需求的福利制度。

第四，适度的灵活性。福利项目提供的内容、程序和范围等，应该有一定的可变性和可调整性。僵化的福利模式，不利于满足雇员多样化的需求。

第五，及时沟通福利信息。项目设计之前、实施之中和结束之后，组织都应该向全体雇员或相关人员及时通报信息，争取得到绝大多数雇员的理解、支持与配合；同时，应该在项目结束后征求相关人员的意见和建议，以便在今后的福利项目设计和实施中进一步提高质量。

> ◀概念·要点▶
>
> 高质量福利项目的设计条件：第一，制定战略福利规划；第二，邀请雇员参与讨论；第三，满足雇员多样化需求；第四，适度的灵活性；第五，及时沟通福利信息。

7.4.4 弹性福利设计

所谓弹性福利，又称自助餐式福利，强调雇员可以在组织提供的多项福利项目中，按照一定条件，自由选择适合自己需要的一套福利"套餐"，使每一位雇员都有属于自己的福利组合。当然，让每一位雇员都满意是不可能的，但是可以做到让多数人满意或基本满意。

弹性福利设计需要考虑以下因素：

（1）法律、法规和政策规定。福利项目的设计可以做到合理避税，但不得违法、违规或违反政府政策。

（2）利弊分析。相比较而言，弹性福利制度有利也有弊。事前分析有利于规避不利

---

① 参考了乔治·伯兰德、斯科特·斯内尔著：《管理人力资源》（英文版），东北财经大学出版社，2003 年第 1 版，第 463—466 页基本思路。原文内容是合理福利计划的要求（Requirements for a Sound Benefits Program）。

影响,提高福利制度的适用程度和激励作用。

(3) 发现并满足雇员需求。

(4) 福利制度在实施中的成本。

(5) 加强信息沟通。

(6) 组织文化建设。

❏ 要点回顾

- 被雇用者从雇用者那里所获得的全部收益的总和称为报酬。报酬分为薪酬与福利两类。薪酬是指以货币形式表现的具有直接性、确定性和及时性的报酬;福利是指以货币或非货币形式表现的具有间接性、未来性和灵活性的报酬。

- 薪酬与福利制度,对于组织战略目标的实现具有决定性的作用。组织实施新战略,通常都需要修订、调整或重建薪酬与福利制度。

- 战略目标的实现,需要来自人力资源的强大力量的支持。而人力资源的力量,来源于人力资源构成要素的合理结构和有效机制。

- 不同的员工,以及同一个员工在不同的职业生涯发展阶段,所产生的需求或期望的收益有所不同。什么收益更有价值,取决于员工个人的偏好和预期。只有满足员工收益预期的激励计划,才能够产生激励效应。

- 薪酬由内部和外部两类因素决定。内部因素包括:(1) 组织薪酬政策;(2) 组织支付能力;(3) 工作的价值;(4) 员工的利润贡献率。外部因素包括:(1) 人力资源市场信息;(2) 地区薪酬水平;(3) 当地生活费用;(4) 法律规定;(5) 集体谈判能力。

- 雇员可能获得的薪酬,分为货币薪酬和非货币薪酬两类。货币薪酬又分为直接薪酬和间接薪酬。非货币薪酬包括工作性质和工作环境两个方面。非货币薪酬比例的上升,意味着收益水平的提高、业务规模的扩大和管理水平的提升。非货币薪酬的支付,是组织成熟和实力的体现。

- 福利的主要形式:(1) 补充性报酬福利;(2) 保险福利;(3) 退休福利;(4) 雇员服务福利。

- "深得人心的福利,比高薪更能有效地激励员工。高薪只是短期内人力资源市场供求关系的体现,而福利则反映了企业对员工的长期承诺。"向雇员提供丰富多彩福利的组织,是有智慧的、负责任的和可持续发展的组织。福利激发动力,福利创造绩效,福利成就战略。

- 战略薪酬设计五项原则:第一,战略相关性原则;第二,内部一致性原则;第三,外部竞争性原则;第四,雇员激励性原则;第五,现实可行性原则。

- 确定薪酬率的步骤:第一步,市场薪酬调查;第二步,职位价值评估;第三步,薪酬等级确定;第四步,绘制薪酬曲线;第五步,确定薪酬区间。

- 职位相对价值评估方法:(1)排序法;(2)职位分类法;(3)要素计点法;(4)因素比较法;(5)计算机化职位评价。
- 高质量的福利项目的设计条件:第一,制定战略福利规划;第二,邀请雇员参与讨论;第三,满足雇员多样化需求;第四,适度的灵活性;第五,及时沟通福利信息。

❑ 思考与练习题

7.1　什么是薪酬?什么是福利?二者有何联系与区别?举例说明。
7.2　薪酬福利制度与组织战略有什么关系?
7.3　解释激励机制与员工个人偏好和预期的关系,并说明原因。
7.4　货币薪酬与非货币薪酬有哪些联系和区别?举例说明。
7.5　非货币薪酬意义何在?结合具体案例说明。
7.6　福利有哪些类型?结合本地实际情况说明。
7.7　福利与薪酬哪个的激励作用更大?为什么?
7.8　解释战略薪酬设计原则,并举例说明。
7.9　高质量福利项目设计需要考虑哪些因素?为什么?

❑ 案例研究

IBM:基于个人业务承诺计划的薪酬管理

IBM,即国际商业机器公司,于1911年由托马斯·沃森(Thomas Watson)创立,总部在纽约州阿蒙克市,是全球最大的信息技术和业务解决方案公司,拥有全球雇员30多万人,业务遍及160多个国家和地区。

IBM始终以超前的技术、出色的管理和独树一帜的产品领导着全球信息工业的发展,满足了世界范围内几乎所有行业用户对信息处理的全方位需求。

2016年6月8日,《2016年BrandZ全球最具价值品牌百强榜》公布,IBM排名第10位;10月,IBM排2016年全球最具价值100大品牌榜第6位。2017年1月9日,IBM宣布,公司2016年在美国获得了8 088项专利,连续24年高居榜首。在2017年6月7日发布的2017年《财富》美国500强排行榜中,IBM排名第32位。同年6月,《2017年BrandZ全球最具价值品牌百强榜》公布,IBM排名第9位;此外,IBM入选《麻省理工科技评论》2017年度"全球50大最聪明公司"榜单。2018年7月19日,《财富》世界500强排行榜发布,IBM排名第92位;12月20日,2018世界品牌500强排行榜发布,IBM排名第

28位。

早在1934年,IBM就为北京协和医院安装了第一台商用处理机,在中国开展业务。而后出于政治原因中断了30年,直到1979年随着中国的改革开放才再次来到中国,并在沈阳鼓风机厂安装了中华人民共和国成立后的第一台IBM中型计算机。1992年,IBM在北京正式宣布成立国际商业机器中国有限公司,在华业务的发展掀开了新的篇章。IBM在中国的业务不断拓展,目前已在中国的24个城市建立了办事机构,成立了9家合资和独资公司,拥有中国员工超过8 500人。

IBM是有明确原则和坚定信念的公司,这些原则和信念看似简单、平常,但正是这些简单、平常的原则和信念构成了IBM特有的企业文化。老托马斯·沃森在创办IBM时设立了"行为准则",他把这些价值观标准写出来,要求任何为IBM工作的人都应明白。老沃森的信条被其儿子小托马斯·沃森发扬光大,从总裁至收发室,无人不知这些准则:必须尊重个人,必须尽可能地给予客户最好的服务,必须追求优异的工作表现。

实施基于个人业务承诺计划的薪酬体系

IBM的薪酬福利内容非常丰富,主要包括13个方面:(1) 基本月薪,反映员工基本价值、工作表现及贡献;(2) 综合补贴,对员工生活方面的基本需要给予现金支持;(3) 春节奖金,在农历新年前发放的节日奖金;(4) 休假津贴,为员工报销休假期间的费用;(5) 浮动奖金,从公司完成既定的效益目标出发,鼓励员工的贡献;(6) 销售奖金,销售及技术支持人员在完成销售任务后给予的奖励;(7) 奖励计划,对员工努力工作或有突出贡献给予的奖励;(8) 住房资助计划,公司提取一定数额资金存入员工的个人账户,资助员工在短时间内解决住房问题;(9) 医疗保险计划,解决员工医疗及年度体检费用;(10) 退休金计划,参加社会养老统筹计划,为员工晚年生活提供保障;(11) 其他保险,包括人寿保险、人身意外保险、出差意外保险等;(12) 休假制度,在法定假日外,还有带薪年假、探亲假、婚假、丧假等;(13) 员工俱乐部,为员工组织各种集体活动,包括文娱活动、体育活动、大型晚会、集体旅游等。

虽然IBM的薪酬福利多种多样,但却不包括学历工资和工龄工资,员工收入与学历高低、工作时间长短没有关系。IBM员工的薪资直接与岗位、职务、工作表现、工作业绩相关,而学历和工龄不会成为考虑因素。IBM以结果为导向的薪酬体系,主要通过个人业务承诺计划(Personal Business Commitments,PBC)实现。

个人业务承诺计划包括三个承诺:第一个承诺是必胜(win),员工被要求抓住任何可以获取成功的机会,以坚强的意志来鼓励自己和团队,竭力完成重要的绩效考评指标;第二个承诺是执行(execute),在IBM永远强调三个词,即执行、执行、执行,员工不仅需要计划、目标和承诺,更重要的是执行;第三个承诺是团队精神(team),即各个不同单位和部门在同一个业绩目标下相互沟通、共同合作,IBM采用矩阵式组织结构管理模式。简而言之,IBM的PBC要求每位员工都必须清晰理解公司和自己部门的业绩目标,抓住工作重点,发挥团队优势,并彻底执行。

所有员工都要围绕"力争取胜、快速执行、团队精神"的价值观制订各自的 PBC。年初,每位员工在理解公司业绩目标和具体 KPI 指标的基础上及在部门经理的指导下制订各自的 PBC,并列举具体行动,相当于与公司签订一个一年期的业绩合同。PBC 通过员工个人与直属主管和经理不断地沟通制订,以保证个人业绩目标与部门业绩目标融合,进而与公司业绩目标结合。

直接管理者负责对员工工作情况进行考评,由上一级管理者进行总的调整。被赋予管理责任的管理人员要在 PBC 的基础上,加上员工意见调查(employee opinion survey)、高层管理人员面谈(executive interview)和员工申述(open door)的反馈信息作为业绩考评的补充衡量指标。执行 PBC 评价时,管理人员的职责还包括:积极地肯定并认同员工对公司和部门做出的贡献,注意平衡各种资源,使员工队伍保持高昂的士气,尽可能地公平行事,不做任何带有歧视性的决策。每位员工都需要进行年度总结,并与其直接管理者面对面讨论这一总结。

PBC 的评价标准分为四级:A 级(PBC1)表示超出所有的要求,即员工出色地完成了任务,所取得的成就远远超过了所设目标的要求,并对公司业绩目标的达成做出了重大贡献;B 级(PBC2)表示达到所有的要求,即员工完成或部分超过了目标要求;C 级(PBC3)表示没有达到所有的要求,即员工达到了多数目标的要求,但仍然需要增加相应的经验并改善其原有的结果;D 级(PBC4)表示结果不满意,即员工与既定目标相去甚远,须通过相应的努力来达成业绩目标,若在既定的期限内没有改善将导致离职。A 级员工将会拿到金额最多的奖金和下一年度大幅度的工资调整;B 级员工顺利完成任务,将按正常标准获得奖金和调整工资;C 级员工被认为是需要努力的;D 级员工则是给予各种主观或客观原因达不到标准的。从实施情况来看,70%左右的员工每年都能完成任务,只有 15%的员工超额完成任务或不能完成定额。

IBM 的薪酬体系有一些看似简单却非常实用的原则,切实遵循这些原则是 IBM 薪酬体系成功的重要原因。第一,双向沟通原则。IBM 在计划、执行、考评及考评结果运用的过程中,都要与员工进行明确的沟通。IBM 强调双向沟通,不存在单向指令和无处申诉的情况。IBM 主要有四条制度化的通道为员工提供申诉机会:(1)高层管理人员面谈(executive interview),与高层管理人进行正式谈话;(2)员工意见调查(employee opinion survey),定期实施,并且不直接面对收入问题;(3)直言不讳(speak up),一位普通员工的意见可能会出现在最高管理者的信箱中,越过中间的管理者得到直接答复,并且没有经过本人同意,除负责此事的协调员外,没有人会知道"speak up"员工的身份;(4)员工申述(open door),"门户开放"政策是 IBM 传统的民主制度,员工有问题可以与直接管理者恳谈,如果解决不了,那么还可以通过"open door"向各事业单位主管、公司的人事经理、总经理或任何总部代表申诉。第二,透明原则。IBM 满足员工的知情权,让员工知道目前的成就及如何做得更好。业绩考评结果由主管和经理直接在第一时间与员工沟通。员工之间以公正、公开、透明的方式进行交往和沟通,以目标执行之成就来处理员工在公司之得失。第三,正面激励原则。IBM对员工采取积极的激励政策,基本没有惩罚的方式,不允许从员工薪资中扣除任何的惩罚款项。清晰的PBC评价使没有达到承诺目标的员工意识到,没有得到激励,就意味着自己做得不好。第四,指标精练原则。复杂的事情简单做,最简单的往往是最本质的。设定三五个绩效指标远比设定无所不包的绩效指标效果要好。IBM一般最关注销售收入、存货周转、产品质量、客户满意度和利润等几个指标。第五,强调沟通原则。强调沟通让部分语言表达能力强、人际关系好、拥有资源多或者影响力大的个人或业务单元获得更好的评价结果。对此,IBM绩效管理的原则是,永远根据员工所完成的业绩目标进行评价,而不仅仅是报告上所说的。

为了保持薪资的竞争力,IBM专门委托咨询公司对整个人力资源市场的薪资水平进行调查,公司员工的收入会根据市场情况进行调整。但是,IBM的薪资有严格的保密制度,背靠背实施。薪资没有上下限,涨幅不定,没有降薪情况,员工具体得到多少由PBC决定。

在IBM谈起薪酬福利,人们经常说的一句话是:"让业绩说话"。

资料来源:改编自宋联可发表于价值中国的《IBM:实施个人业务承诺计划的薪酬管理体系》(2019年8月26日,价值中国:http://www.chinavalue.net/Management/Article/2010-11-25/193355.html)一文。

● 思考与讨论题

7.1 请评价IBM薪酬结构的内容及特点。

7.2 简述个人业务承诺计划与薪酬管理的关系。

第四篇

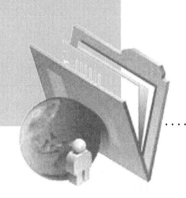

建设与关系

- 第8章 战略人力资源能力建设
- 第9章 战略人力资源员工关系

第8章 战略人力资源能力建设

教育塑造人性、传授知识、开发能力,培育职业市场需求的人力资本。脱离经济社会需求的教育培训活动,对于个人、家庭和社会并没有多少价值。

学习能力,成就人生,发展组织,强化民族。

强调学习,就是重视未来。没有学习,就没有能力,也就没有未来。

主要内容

- 开发的基本问题
- 开发需求分析
- 开发与职业发展
- 战略生产力开发
- 战略执行力开发
- 战略领导力开发

核心概念

战略管理(strategic management)

开发(development)

培训(training)

人力资源开发(human resource development)

需求分析(demand analysis)

职业发展(career development)

学习力(learning ability)

战略生产力(strategic productive force)

在岗培训(on-the-job training)

学徒式培训(apprenticeship training)

拓展训练(outward development)

电子化学习(e-learning)

战略执行力(strategic executive force)

战略领导力(strategic leadership)

领导者(leader)

领导力(leadership)

领导力方格(leadership grid)

预期目标

通过本章学习,你可以获得以下知识和能力:

- 懂得开发与培训概念以及开发管理的程序和内容;
- 明确开发需求分析的原因、类型与方法;
- 理解开发与职业发展的相关性;
- 掌握战略生产力开发的有效途径;
- 了解执行力开发的战略手段;
- 认识战略领导力开发的特殊性。

开篇案例

迪士尼:"快乐培训"造就梦想

迪士尼的哲学观是:If you can dream it, you can make it(只要有梦想,你就可以实现)。

迪士尼对员工的培训首先不是着眼于其素质和水平的提高,而是把它作为企业价值观和企业精神教育的一种重要手段。所以,迪士尼对所有员工的培训开始都是近乎宗教式的灌输,培训已成为企业长期坚持的核心价值工程之一。迪士尼要求每一位员工,无论是新聘任的副总裁还是入口处收票的业余兼职短工,都要接受迪士尼大学教授团的新员工企业文化培训课,以便让他们认识迪士尼的历史传统、成就、经营宗旨与方法、管理理念和风格等。

快乐培训的三个阶段

迪士尼非常注重员工的满意度。迪士尼大学门口有一块很醒目的、嵌着闪亮星星的牌子,上面写着"Welcome to Disney University——Where you are the star"(欢迎来到迪士尼大学,在这里你就是那颗闪烁的星星)。而且在培训期间,公司会按照课时付给员工工资。老师授课时也非常注重员工的参与度,并且注重学习的游戏性。这些细节保证了员工拥有快乐的心情,并且最终将这种快乐带给游客。迪士尼的培训分三阶段,分别是Tradition(传统)、Discovery Day(探索迪士尼)和On-work Training(岗位培训)。

第一阶段的Tradition培训是在迪士尼大学完成的。Tradition培训内容包括迪士尼文化、历史、现状、服务水准、待客之道、各项制度、员工须知等。迪士尼的培训课程丰富多彩,涵盖各种语言培训、个人职业发展、Merchantainment(购物+娱乐,一种标准的体验经济营销方式)等。迪士尼大学还训练员工观察每一位游客,以便根据不同游客对欢乐的不同感受,主动提供相应的服务。当课程结束时,老师会对员工说:"你们即将走上舞台,记住神奇的迪士尼,创造并分享神奇的一刻,每天的迪士尼都不同一般,不一样的天气,不一样的游客,但迪士尼的服务及演艺水准始终是一样的。"在迪士尼上岗被称为"在舞台上",员工被称为"Cast Member"。在迪士尼我们没有游客,只有客人。

第二阶段的 Discovery Day 培训的重点是让员工通过实地考察熟悉迪士尼的文化。老师带领员工到各个公园实地考察,参与各项娱乐活动。记得在 Epcot(迪士尼世界四大主题公园之一)有一个 Cool Station,像是一个大冰窟,在里面游客可以喝到来自世界各国的二十多种饮料,令人惊讶的是中国的"醒目"汽水也在其中,我们把它叫作"畅饮世界"(Drink Around the World)。

第三阶段的 On-work Training 培训是员工的"Show Time"。当然,不是让员工上台唱歌跳舞,这只是迪士尼的形象说法而已。在岗培训从员工入职开始就未曾间断过,培训内容包括:技能培训,紧急事件应对(如遇到炸弹恐吓、Y2K 的应变),游客满意服务,等等。在迪士尼大学,图书馆不叫 Library,而是被称为 Center of Excellence,即卓越中心。在这里员工可以获取许多其他培训资料与信息,有学习用的光盘、录像带和培训教材的磁带,以及各种有关迪士尼文化、表演艺术、动画艺术的图书等。

新员工培训

在来到迪士尼的当天晚上,新员工就会收到一份次日在迪士尼大学开始的学习计划及其他培训安排的时间表。时间表上不仅有在迪士尼大学工作技能方面的培训,还包括一些有关美国文化及佛罗里达地区概况的讲座。这对于新员工尽快熟悉迪士尼及周边地区的文化非常有帮助。在几天的培训中,所有新员工需要马上学会下列新的迪士尼语言:员工是"演员",游客是"客人",一群人是"观众",一班工作是一场"表演",一个职位是一个"角色",一个工作说明是一个"脚本",一套制服是一套"表演服装",人事部是"制作部",上班是"上台表演",下班是"下台休息"等。

一般来说,迪士尼的新员工培训都安排在特别设计的贴满创始人沃尔特·迪士尼肖像和他最出名的角色(例如米老鼠、白雪公主和七个小矮人等)的训练室里进行,经过精心挑选的培训导师用认真编写的脚本和特殊语言,通过反复提问及回答的方式来加深新员工对迪士尼的个性、历史传统、神话等的认识。

最典型的对话练习如下:

导师:众所周知,麦当劳生产汉堡包。迪士尼生产什么呢?

新员工:迪士尼给人们带来快乐!

导师:对极了。我们给人们带来快乐。不管他们是谁,说什么语言,干什么工作,从哪里来，什么肤色，都要在此让他们快乐。你们不是被请来做工的，你们每一个人都是来我们的节目中扮演一个角色的。

在这种反复强化的训练中，迪士尼的宗旨（迪士尼给人们带来快乐）已经被灌输进每个被培训者的脑海里，并融化到血液中。在员工以后漫长岁月的工作中，心灵深处总有一个随时提醒自己的预警系统——自己的责任就是给人们带来快乐。在迪士尼大学的课本中，员工还可以读到这样的训练语言："在迪士尼我们可能会工作劳累，但是从来都不会厌倦。即使在最辛苦的日子里，我们也要表现出高兴，要露出发自内心真诚的微笑。"

通过这种从文化、精神，到角色、语言的培训，迪士尼所有的员工都会对企业有一个比较深入的了解，为他们以后更好地适应迪士尼的工作打下良好的心理基础。

老员工培训

对于已经有一定经验的迪士尼员工来说，他们需要接受的培训更多，从内容到形式都非常丰富。当然，大多数的培训课程都是针对员工自身素质提高与职业生涯规划的要求予以设计和安排的，员工选择的余地也比较大。

迪士尼深知：没有快乐的员工，哪来快乐的游客？快乐＝财富！这也是这个世界上最著名的娱乐业品牌的企业精神所在。公司每年会召开一次"员工大会"，向员工颁发R. A. V. E. 奖（R-respect, A-appreciate, V-value, E-everyone）。因为迪士尼的工作人员来自世界各地，代表不同的文化。大家相处要学会互相尊重、互相包容，这也是迪士尼文化提倡的"Diversity"（多样生存，四海一家）。在迪士尼的员工手册上有一条关于"平等就业机会"的条文：对所有员工、求职者，公司不以种族、宗教、肤色、性别、年龄、国籍、生理缺陷等为聘用和提升的考虑因素。这种包容性的文化保证了迪士尼的创造力和活力，并最终成为企业最宝贵的竞争力。

资料来源：改编自中国人力资源开发网文章：《迪士尼的员工培训方式》。

思考题：

（1）如何理解"快乐培训"对迪士尼经营的重要意义？

（2）从迪士尼的培训方式中你得到哪些启发？

战略人力资源能力建设，基本等价于战略性人力资源的开发与培训概念。

组织战略与员工的培训和发展具有高度相关性。组织战略的实施，既需要物力资源，又需要人力资源。其中，人力资源发挥着决定性的作用。新战略的实施和战略实施中的调整，对人力资源所蕴含的知识、技能和能力的需求必然发生变化。解决知识、技能和能力的需求变动问题，一是从外部引进，二是在内部追加投资，即通过教育、培训等手段，改变现有人力资源的内容、构成、层次和质量，以满足战略需求。这一过程可以理解为对人力资源的开发过程。

本章专题讨论战略人力资源的能力建设,即开发问题。从基本问题开始,分析开发需求,阐释开发与职业发展的关系,然后探讨战略生产力、执行力和领导力的开发特征与手段。

8.1 开发的基本问题

什么是人力资源开发?开发与培训是什么关系?开发管理分为几个步骤?开发包含哪些内容?

8.1.1 开发与培训

开发是英文 development 的译文。雷蒙德·A.诺伊等专家认为,所谓开发,是指有助于雇员做好未来工作准备的正规教育、工作经验、人际关系和对个性与能力的评估。

诺伊进一步说明,开发是指为了满足工作需求变动与客户和消费者需要变化,而进行的旨在提升雇员能力的知识、技能和行为方式的学习过程。

诺伊两次对开发概念的界定,包含如下三个信息:

第一,开发着眼于未来,是为员工今后可能发生的工作变动的需要做准备,不是针对当前工作岗位的需要;

第二,开发是 acquisition "获取、习得"这种长期或比较长期的过程,不是短期、直接、简单的学习活动;

第三,开发是对员工系统化知识和技能(正规教育)、工作经验、人际关系、个性特点、工作能力等各个方面的提升与完善,不是以提高短期工作绩效为目的的专项工作知识和技能的掌握。

基于这样的理解,人力资源开发概念,可以用更具表现力和准确的现代汉语表述出来:人力资源开发,是指为了适应组织未来发展战略对知识和技能需求的变动,而对员工知识结构、技能水平、能力强度、激励机制和工作经验进行优化或提升的过程。

接下来讨论什么是培训。诺伊等人在《人力资源管理》教材中这样阐释培训(training)概念:"培训是指公司为了提高雇员任职能力而有计划地促进学习的努力。""培训:有计划促进雇员学习相关工作知识、技能和行为的努力。"

诺伊等人的解释有其合理性。培训,主要针对员工当前工作岗位的需要,有计划地向员工追加人力资本投资——知识、技能和能力,目的是改善和提高员工当前或近期内完成工作任务的质量。

在表现力和准确度俱佳的现代汉语语境中,可以赋予人力资源培训这样的含义:制订并实施员工学习工作知识和技能计划,改善和提高员工完成工作任务、履行岗位职责、取得良好绩效的能力。

比较开发和培训的定义，二者的区别不言自明。详见表 8-1 所示。①

表 8-1 开发与培训比较

项目	开发	培训
着眼点	未来	当前
工作经验（相关度）	高	低
目标	为（未来）变化做准备	为当前工作岗位做准备
参与	自愿	必需
内容	知识结构、技能水平、能力强度、激励机制和工作经验	知识、技能和能力
性质	习得、提升、长期过程	学习、掌握、短期活动

事实上，无论是开发还是培训，都是指提高员工知识、技能和能力水平的过程或活动。二者的目的具有一致性，都是为了增进组织利益，实现组织战略目标。主要的不同之处在于出发点的差异性，一是立足当前，二是着眼未来。培训实际上就是短期开发，而开发其实就是长期培训。开发与培训并没有本质区别。于是，有专家把开发与培训视同等价概念。在本书中，开发与培训概念基本等值，有时替换使用。

〈概念·要点〉

人力资源开发，是指为了适应组织未来发展战略对知识和技能需求的变动，而对员工知识结构、技能水平、能力强度、激励机制和工作经验进行优化或提升的过程。

8.1.2 开发的步骤

开发过程、培训活动都需要管理，即需要精心计划、认真组织、有效领导、合理控制，以便节约资源、保持效率、优化绩效。

人力资源开发一般分为四个步骤：

（1）需求分析。是否有必要对员工进行开发或培训，需要组织进行严格的分析和论证。审视组织战略目标，核查完成战略任务对人力资源的需求，评估在职员工知识、技能和能力现状，比较人力资源需求与现有人员现状。如果有差距，则有开发和培训需求。

（2）方案设计。第一，要确认开发或培训所要达到的目标；第二，要确定内容与方

---

① 改编自雷蒙德·A. 诺伊等著，刘昕改编：《人力资源管理》（英文第 5 版），中国人民大学出版社，2006 年第 1 版，第 297 页表 8.1。表中第二项"use of work experiences"，应该指"需要工作经验的程度"。培训比开发与工作经验的联系更密切。

式;第三,要明确合适的讲师或培训师人选;第四,要制定学习中应该坚持的原则;第五,要向接受培训的人员提出要求。

(3) 计划实施。制订具体的行动计划,明确领导者、执行者和作业者人选与职责。按照既定计划开展工作,监控整个进展情况,进行中期或多期检查。确保开发计划有序、高效地得到落实。

(4) 效果评价。审查开发或培训取得的成效是否达到预期目标;了解接受培训者观念、行为、绩效是否发生变化;总结开发、培训工作的效率和效果;向有关人员和机构反馈结论。

图 8-1 所示为人力资源开发程序。图中所示的四个环节,都需要组织付出艰苦的努力。需求分析在实际操作中具有一定的难度。对需求什么和需求多少的判断,没有多少显著的和确定的信息可以为据,这在很大程度上取决于分析师的经验。

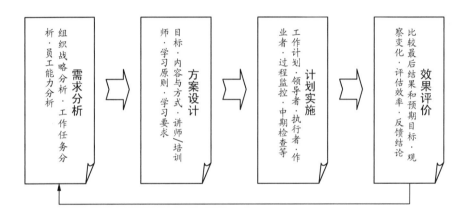

图 8-1　人力资源开发程序

方案设计环节最关键的问题是选择讲师或培训师。没有合适的、有能力的培训师,再好的设计也只能停留在文字上。优秀的培训师是决定人力资源开发成功的核心要素。

计划的实施相对比较简单,只要做好前期准备工作,实施过程就可以按计划进行。重点工作是管理者要注意做好与培训师的沟通、激励与约束工作。如果组织事先与培训师(特别是外聘的专家)就工作报酬、培训内容、预期效果等问题订立协议的话,那么实施过程出现问题的可能性就会大大降低。

效果评价环节困难比较大。效果好与坏,通常难以找到确切的根据。而且,即使取得了较好的效果,也需要假以时日才可能得到证实。在获得确定的效果评价之后,应该把结果及时反馈给需求分析管理者,对照期望的目标做出本期培训的效果评价,为优化下一期开发或培训工作提供依据。

<概念·要点>

人力资源开发分为四个步骤：(1) 需求分析；(2) 方案设计；(3) 计划实施；(4) 效果评价。开发过程需要管理，目的在于节约资源、保持效率、优化绩效。

8.1.3 开发的内容

战略人力资源开发是目的性很强的活动，关键的一点就是满足组织战略的需要。在战略目标之下，一般会有许多任务需要"人力"来完成。"人力"主要包括组织中员工所拥有的知识和技能，当然还包括员工的体能——作为一个生物体所拥有的肢体的运动能力。组织战略变化了，实现战略目标的任务也要随之发生变化。

可是，员工所拥有的"人力资本"却是相对稳定的，不可能发生一蹴而就质的变化。怎么办？开发！让员工的人力资本发生由少到多、由低向高、由简单到复杂、由一般性向专业化的转变。

简单一句"转变"，实际上包含着大量的劳动任务和运作成本——间接成本、直接成本；显性成本、隐性成本。"转变"之事，事关重大，行动之前要明确内容——要开发什么能力？需要哪些知识和技能？

观察大型企业的教育与培训活动，可以发现所开发的内容主要包括四个方面：

一是公司制度与文化。一般针对新员工进行。主要目的是"型塑思想"，即把新员工的"思想"在组织既定的"模具"里加以塑造的过程。包括向新员工阐释组织使命与战略、讲述传统与价值观、介绍行为准则、说明奖惩机制、介绍薪酬福利制度等内容。有的公司将针对新员工的培训分为"历史篇""文化篇"和"常识篇"三部分。

二是岗位知识与技能。对即将上岗或已经在岗的员工进行岗位知识与技能培训。主要包括工艺流程、设备操作、工具使用、技术标准、产品规格等内容。当组织战略、业务、设备、工艺或技术发生变动时，这种培训就成为必然之需。

三是执行能力。管理者最重要的职责是执行董事会的决定，执行上级的要求。执行能力包括创新能力，即创造性地完成上级交办的任务的能力。管理者执行能力的强弱，对于董事会或上级决策的成败具有决定性的影响。为此，公司经常会选择各种项目，不断地对担负执行使命的经理人员进行培训。

四是领导能力。凡有下属者都需要发挥领导力，要具备指挥和激励下属节约成本、提高效率、创造绩效的能力。针对总裁、总经理等老"总"级的高层管理者或中层管理者的领导能力建设工作，在国际化大型企业中是经常发生的事。

政府机关、高等院校等公共部门,开发人力资源能力的需求越来越大。开发的内容大致可以分为规章制度、工作知识、执行能力和领导能力四个方面。与企业人力资源开发内容的类型相似。

> ‹概念·要点›
>
> 大型企业的人力资源开发,主要包括四个方面的内容:一是公司制度与文化;二是岗位知识与技能;三是执行能力;四是领导能力。

8.2 开发需求分析

人力资源开发活动既消费资源,又产生效益。消费资源是必然的,但产生效益与否不是确定的。这需要对需求做出判断。需求分析的质量,直接决定开发效益的大小。

8.2.1 需求分析的原因

人力资源开发是培训和教育活动,难道不是多多益善?开发需求还需要分析?这里有一个案例:

> 某国一家公司有位新上任的人力资源总监王先生,在一次研讨会上了解到不少其他企业的培训经验,他认为很有价值。于是,他兴致勃勃地向公司提交了一份全员培训计划书,以提升人力资源部的新面貌。计划书很快获得批准,王先生踌躇满志地实施计划:对公司全体人员,上至总经理、下至一线生产人员,进行为期一周的计算机培训。为此,公司还专门下拨了十几万元的培训费。
>
> 可是,培训结束后,大家纷纷议论,对培训效果表示不满。除办公室的几名员工和45岁以上的几名中层干部觉得有所收获外,其他员工要么觉得收效甚微,要么觉得学而无用,大多数人竟一致认为:十几万元的培训费只买来了一时的"轰动效应"。有的员工甚至认为,这场培训是新官上任点的一把火,是花公司的钱往自己脸上贴金!最后的结果是,高层认为"钱没少花、精力没少投入,是中间管理层没做好";中层管理人员则说"不明白现在的员工到底想要什么";而一线工人埋怨"上面思路不明,瞎给我们吃药"。用心良苦的培训换来大多数人的不满。
>
> 听到这样的议论,看到这样的结果,王总监甚感委屈。在一个传统意识很浓的老国企,给员工灌输新知识,怎么会效果不好呢?他百思不得其解。在当今职场竞

争十分激烈的情况下,学习计算机技能应该是很有用的呀! 怎么会不受欢迎呢?[1]

这个案例表明,人力资源是否需要开发,开发什么和怎么开发,确实需要评估。"王总监"开展的这次计算机培训活动,直接成本是"十几万元的培训费",间接成本是接受与组织培训的人员一周所付出的时间和精力。收益有多少?"办公室的几名员工和45岁以上的几名中层干部觉得有所收获",其他人员"收效甚微"。显然,这是一次失败的培训。失败的主要原因就是没有进行认真的需求分析。简单照搬"其他企业的培训经验",给所有的人"吃一种药",必然失败。

可见,开发需要"诊断",需要"对症下药"。

8.2.2 需求分析与组织战略

组织人力资源开发需要"对症下药"。开发为战略服务,开发所针对的目标就是战略需求。不同的战略有不同的目标;不同目标的实现,对人力资源开发有不同的需求。

表8-2 所示为企业战略与人力资源开发需求之间的关系。表中的观点可能只是"一家之言",有参考借鉴价值,没有照抄照搬的意义。

表8-2　企业战略与人力资源开发需求

企业战略	战略要点	战略目标	关键事件	开发需求
集中战略	• 增加市场份额 • 降低运营成本 • 巩固并提高市场地位	• 提升产品质量 • 提高生产效率 • 创新技术流程 • 优化产品供给	• 引进新技术 • 建立新工艺流程 • 培训在职员工 • 招聘业务骨干	• 产品质量意识与提高质量能力 • 新技术、新工艺知识与技能 • 市场开拓与产品营销能力
(内涵) 发展战略	• 开拓新市场 • 开发新产品 • 发明新技术 • 吸收新资本	• 更大市场份额 • 更多营销渠道 • 增加产品技术含量 • 新产品问世 • 吸引投资者	• 打开新市场 • 建立新机构 • 创造新的工作岗位	• 组织文化建设 • 创新能力 • 生产能力 • 管理能力
(外延) 扩张战略	• 并购其他企业	• 横向一体化 • 纵向一体化	• 整合人力资源 • 解聘富余人员 • 重组机构	• 统一组织文化 • 沟通协调能力 • 重组方法与技术
紧缩战略	• 节约支出 • 转换产品 • 剥离 • 清算	• 减少或停止投入 • 降低成本 • 出售旧资产 • 选择新目标	• 员工转岗 • 裁减人员 • 产品退出市场	• 领导与管理能力 • 沟通技巧 • 压力管理 • 职业生涯规划

资料来源:参考彭剑锋主编《人力资源管理概论》,复旦大学出版社,2005年第1版,第448页表9-1"企业经营战略对培训策略的要求"。

---

[1] 改编自文可鑫:《员工培训:别拿一种药让所有人吃》,《工人日报》,2005年9月7日。

8.2.3 需求分析的类型与方法

人力资源开发需求分析(demand analysis for human resource development)分为三种类型:

(1) 组织需求分析。从组织愿景、使命、战略和目标角度,预期人力资源需求变动情况,审视拟定的人力资源教育与培训规划,是否与组织使命保持一致,是否有利于组织战略的实施,是否能够促进和保障组织目标的实现。分析中,需要紧密联系组织未来5年、10年或更长时期的战略目标,高度重视部门之间的合作与统筹,密切关注不同开发项目之间的联系与区别。

(2) 任务需求分析。预测完成既定战略任务所需要的知识与技能,评估现有人员知识与技能存量。完成任务所需与可用存量比较,差额部分即为开发需求。道理很简单,但实际操作起来难度十足。"任务所需要的知识与技能"如何测度?存在于人体中的"知识与技能"看不见、摸不着,如何判断存量多少、结构如何?既然二者难以确定,"差额"又从何而来?难度的确不小,但办法还是有的。智慧的人力资源管理专家找到了解决问题的办法。

(3) 员工需求分析。针对员工个人的分析。观察、了解员工是否具备所担任工作岗位要求的充分知识与技能,如果不足,即需培训。一家公司在物流环节安装了先进的计算机信息管理系统,但不久后发现,大多数员工英语能力不足,看不懂操作说明书和提示语。一所重点大学的管理学院,按照规定需要为本科生开设"英汉双语"专业基础课,但绝大多数教师没有双语教学能力。一家从事制造业的企业,在生产中引进了新技术,采用了新工艺,有不少员工难以适应和接受。诸如此类的问题,可以在员工需求分析中发现,并能够通过行之有效的措施加以解决。

需求分析方法主要有以下四种:

一是观察法。通过观察工作环境影响因素和工作进行情况来确定培训需求。

二是调查问卷法。向相关人员发放问卷,获得工作岗位知识和技能需求信息,以及员工满足工作岗位知识和技能需求情况,以便制定出正确的人力资本投资决策。

三是专家访谈法。请专家对人力资源开发需求做出预期。

四是绩效评估法。根据绩效评估结果,决定开发内容和形式。

◁概念·要点▷

人力资源开发需求分析分为三种类型:(1) 组织需求分析;(2) 任务需求分析;(3) 员工需求分析。需求分析方法主要有观察法、调查问卷法、专家访谈法和绩效评估法。

8.3 开发与职业发展

人力资源开发的客体或对象,无论是组织还是团队,最后总是要落实到个人。身在职业中的个人,运用凝聚在自己身体中的知识和技能,完成职业所赋予的任务。随着生命历程的变化,从业中的个人的职业生涯也会随之发生变化。处于不同职业生涯阶段的个人,对从职业中所获得的收益有不同的要求和感受。与此同时,组织对处于不同职业生涯阶段的员工所具备的知识和技能的使用价值,也会有清楚的认识。由此出发,设计满足组织需求并符合个人职业发展目标的人力资源开发活动。

一般而言,组织中的个人可以分为三类,分别是生产作业者、组织管理者(比如企业的中、高层经理)和领导决策者(比如董事会成员)。组织期望从这三类人的使用中获得不同价值,对这三类人人力资本的投资自然有所区别。

8.3.1 职业人职业发展阶段

除了自主创业者和依赖继承或赠予资源生活的人,社会上大多数人都需要选择一种职业,成为一个职业人——在一个组织中从事某种工作的人。成为职业人,既是获得生活来源的主要途径,又是实现个人价值目标的必要条件。

要成为职业人,必须具备一定的、符合组织需要的知识、技能和能力,必须在激烈的职业市场竞争中赢得胜利。要成为职业人,需要选择合适的职业方向和职业领域,然后在既定的领域内选择合适的组织。职业选择,应该坚持相对最优原则,即在有限的时间和有限的范围内,选择相对最优目标。绝对最优可以向往和追求,但不应该等待和坚持。相对最优选择就是职业人最优的选择。职业人在长期的相对最优选择中实现职业理想和价值。

图 8-2 所示为职业人的职业发展(career development)阶段。

一般说来,职业人的职业发展或职业生涯可以分为五个阶段:

一是从业准备阶段,典型年龄区间为 0—25 岁。从出生到大学或职业教育毕业前这段时间,要接受家庭、学校和社会三方面的教育与培训,获取作为职业人基础的和必要的知识、技能与能力,初步规划职业发展方向与目标,基本确定职业发展领域和路径。

二是职业开始阶段,典型年龄区间为 18—25 岁。大学或职业教育毕业之后,要接受职业市场检验,向相对理想的招聘组织提出申请,在一系列选拔环节中赢得胜利,进入相对理想的工作岗位,开始职业生涯。

三是职业发展成长阶段,典型年龄区间为 26—40 岁。逐步适应所选职业和组织的要求与文化,熟练掌握工作技能,争取获得良好的工作绩效,在工作中不断磨炼和强化个人职业能力,初步建立长期职业发展目标。在此期间,如果出现难以适应工作岗位或者

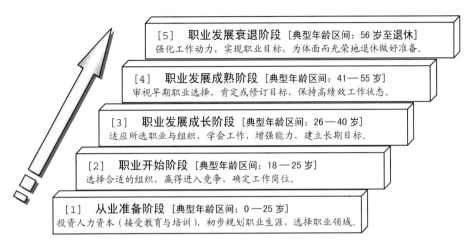

图 8-2 职业人职业发展阶段

感到职业发展目标受到制约的情况,则可以考虑在组织内部或向组织外部寻求新的工作岗位。

四是职业发展成熟阶段,典型年龄区间为 41—55 岁。这是职业人职业发展的成熟期和收获期。在此期间,需要审视早期职业道路的选择,充分肯定或小幅度修订职业目标,保持高绩效的工作状态,大规模收获职业发展所带来的成果。

五是职业发展衰退阶段,典型年龄区间为 56 岁至退休。这是职业发展的引退或停止阶段,也是职业发展成果的享用阶段。在此期间,还需要注意强化工作动力,为实现个人职业目标做最后努力,为体面而光荣地开始职业后生活做好充分的精神和物质准备。不少职业人往往退而不休,继续寻找机会,从事兼职工作。

◁概念·要点▷

职业生涯可以分为五个阶段:(1) 从业准备阶段;(2) 职业开始阶段;(3) 职业发展成长阶段;(4) 职业发展成熟阶段;(5) 职业发展衰退阶段。

8.3.2 组织中员工职业发展管理

随着组织的成长与发展,组织中的员工发生着成长、成熟与衰退的变化。员工的变化是生理机能变化的结果。对组织具有使用价值的是人力资本——知识、技能与能力。但是,人力资本以人为载体,人的变化必然引起人力资本使用价值的变化。因为在人身体中凝聚着的知识、技能与能力的使用或发挥,受载体人的控制与支配,人决定着知识、技能与能力使用的质量和价值。

为此,组织应该高度关注员工,特别是员工中的骨干成员的职业能力建设与发展,以便及时把握组织中人力资本的变动情况。图 8-3 所示为组织内员工职业发展管理过程。员工职业发展的管理,既有组织责任,又有员工个人的责任。

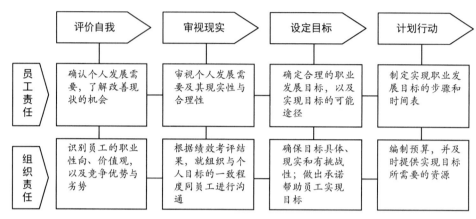

图 8-3 组织内员工职业发展管理过程

大规模、高层次和有潜力的组织,通常会把员工个人职业发展纳入人力资源部门的议事日程和管理活动之中。组织对员工职业发展提供的帮助越多,员工忠于组织的程度越高,员工个人职业目标与组织期望目标的一致程度也越高,组织实际获取的人力资本的数量和质量越有保障。

员工职业发展管理一般分为四个阶段:

一是评价自我阶段。在这一阶段,员工个人要确认自己的发展需要,了解改善现状的机会;组织帮助员工识别其职业性向、价值观,以及竞争优势与劣势。

二是审视现实阶段。在这一阶段,员工个人审视自己的发展需要及其在当前和未来条件下的现实性与合理性;组织根据绩效考评结果,就组织要求与员工表现之间的一致程度以及组织对员工能力的期望同员工本人进行沟通,以便与员工就如何在组织中发挥好作用,并使自己得到锻炼和提高达成共识。

三是设定目标阶段。在这一阶段,员工确定合理的职业发展目标,以及实现目标的可能途径;组织确保员工目标具体、现实和有挑战性,并承诺提供帮助。

四是计划行动阶段。在这一阶段,员工制定实现职业发展目标的步骤和时间表;组织编制预算,并及时提供实现目标所需要的资源。

8.3.3 不同职业发展阶段的员工能力开发

掌握员工职业发展情况,是做好开发工作的重要条件。在员工职业发展的不同阶段,组织应该实施有差别的能力开发计划。前面提到的那位人力资源总监王先生,对公司全体人员,上至总经理、下至一线生产员工,进行为期一周的计算机培训,给所有人"吃一种药",这种错误应该注意避免。

如何"对症下药",实施有差别的能力开发计划呢?一般情况下,对于处于职业开始阶段的员工,主要进行组织战略、岗位要求和组织文化培训;对于处于职业发展成长阶段的员工,重点提供新知识、新技能、新工艺、新模式等方面的培训;职业发展到成熟阶段时对培训的需求较少,如果组织战略发生重要变化,员工需要转换到新岗位,或者提升到更高职位,则需要进行相关内容的培训;对于处于职业发展衰退阶段的员工,其可利用价值下降,从而组织开发的必要性降低,如果有培训项目,那么主要内容应该是发挥余热、离职准备、心理调整、新生活选择等。

8.4　战略生产力开发

战略目标只有在生产力的推动下才有可能成为现实。符合战略需要的、足够强大的生产力,是组织落实战略规划的必要条件。组织从外部招募员工,满足战略对人力资本,即生产力的需求。但是,战略的变化需要及时调整、补充生产力,外部引进往往难以奏效。于是,产生了内部开发的必要性。通过开发(即教育与培训活动),把学习力转化为生产力。

8.4.1　学习力与战略生产力

学习(learn)是一种通过体验或者传授而获得某方面知识或技能的活动。个人为了获得生活与成长能力需要学习,组织为了满足生存与发展需求也需要学习。

学习是有成本的活动,既有学费等货币成本,又有时间、精力、智力等非货币成本。无论货币成本由谁承担,学习者个人都必须付出非货币成本。非货币成本的付出,需要动力。个人主动的学习或满足个人需要的学习,动力问题可以迎刃而解。但是,为了实现组织战略目标,满足组织生产与竞争需要的学习,就必须解决好学习者(即组织成员)的学习动力问题。为此,需要人力资源管理专家做好培训需求评估工作,选择好学习者和指导者,设计好学习计划和实施程序。只有这样,才能够解决好员工的学习力问题。

什么是学习力(learning ability)?一般可以理解为一个人在通过体验或者传授获得知识或技能的过程中所表现出来的动力强度、意志水平和认知能力。[①] 动力强度取决于学习的目标、兴趣和动机,目标越大、兴趣越浓、动机越强,动力强度越大。

[①] 这里关于"学习力"的内容,参考了李德进发表在《人民论坛》2004年第9期的文章《学习和学习力》的思路(2007年11月7日,人民网:http://www.people.com.cn/GB/paper85/13019/1170027.html)。

意志水平由价值观念、心理素质、目标定位等因素决定。学习活动越符合个人价值观、心理素质越好、目标定位越清晰,意志水平越高,参加学习活动越能够持久,效果也越好。认知能力源于智力水平和知识基础,主要包括阅读能力、理解能力、分析能力、判断能力、记忆能力等方面,智力越发达,知识内容越丰富,结构越合理,认知能力越强,学习效率越高。学习力越强,学习的效率和效果越好。学习力是决定个人和组织竞争力的核心要素。认识了学习和学习力的本质与特点,有利于做好组织战略生产力的开发工作。

所谓战略生产力(strategic productive force),是指在实现组织战略目标的生产(或服务)活动中生产者(或服务者)所发挥的作业能力(即劳动能力)的总和。为了获得充分的战略生产力,组织需要保持和强化员工的学习力,通过实施一系列教育与培训计划,不断把学习力转化为生产力。在这一过程中还需要注意学习者的学习效果问题,可以用学习曲线描述。

图 8-4 所示为典型的学习曲线。一般而言,具有一定学习力的人,在通过体验与传授获取知识和技能的初期,学习绩效呈上升趋势;到中期会遭遇"高原效应"——进步缓慢或者停滞不前,此时常有人知难而退。有毅力者继续努力,"高原效应"就会失效,学习绩效会出现持续上升态势。这意味着在组织实施有针对性的教育与培训计划的早期阶段,员工的学习绩效(即生产力水平)往往会有比较显著的提高,到中期会出现停滞现象。人力资源开发管理者如果能够及时预期或识别这种变化,采取行之有效的激励措施促进学习进程,则"高原效应"有望得到较好抑制,学习绩效的持续增进和生产力水平的提高就可能成为现实。

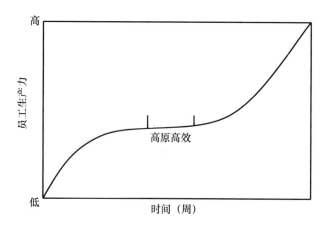

图 8-4　典型的学习曲线

> **◁概念·要点▷**
>
> 　　学习力是指一个人在通过体验或者传授获得知识或技能的过程中所表现出来的动力强度、意志水平和认知能力。
>
> 　　战略生产力是指在实现组织战略目标的生产(或服务)活动中生产者(或服务者)所发挥的作业能力(即劳动能力)的总和。

8.4.2　提升战略生产力的有效途径

战略生产力主要是指组织基于战略的生产中生产者所具备的作业能力,即一线员工的劳动能力或工作能力。

提升组织战略生产力的途径主要有以下七种。

(1) 在岗培训(on-the-job training):一边工作,一边接受上司或专业人员的指导,不断掌握工作岗位所需要的知识和技能,成为熟练的工作者。

(2) 学徒式培训(apprenticeship training):建立正式的师徒关系,由师父针对工作岗位要求,向徒弟提供理论知识和实践经验等多方面的指导与咨询服务。在技能水平要求较高,或者员工学习能力较低的情况下,学徒培训方式比较有效。

(3) 课堂指导(classroom instruction):在课堂内对员工进行集中指导,传授知识和技能。也可以通过学员之间、学员与指导者之间的互动,比如案例分析,增进学习绩效,提高员工实际工作能力。

(4) 视听培训(audiovisual learning):通过感受音频和视频信号(如听广播或观看录像资料),获取有价值的知识或信息。

(5) 模拟训练(simulating training):通过模拟实际工作状态或情景,对员工进行培训。比如,模拟生产过程、模拟营销市场、模拟商务谈判等。让员工扮演任职或拟任职角色,按照实际工作规范和要求上手操作或采取行动,指导者观察、评价,提出改进意见和建议。

(6) 拓展训练(outward development):也称为户外拓展训练或户外体验培训。许多企业或其他组织采用这种新兴的培训技术,目的是提高员工人际沟通能力、团队合作能力、组织协调能力、领导决策能力和个人心理素质。一般的过程是把平时在一起工作的人集合起来,带到一个完全不同于日常工作场景的户外环境或专门建造的设施中,进行体验式和参与式训练。拓展训练对组织具有增强凝聚力、提高竞争力和促进变革与学习的作用。对于参加训练的个人,具有多方面的作用,如释放生活与工作压力,调节心理平衡;认识自身潜能,增强自信心;提高自我控制能力,从容应对压力与挑战;强化探索精神与创新意识,培养进取心;学会更好地与他人沟通与合作,优化人际环境。①

(7) 电子化学习(e-learning):美国培训与发展协会(ASTD)给 e-learning 下的定义是由网络电子技术支撑或者主导实施的教学内容或学习。e-learning 以网络为基础,具有极大化的交互功能;开放式的学习空间带来前所未有的学习体验。在企业人力资源开发中,e-learning 以硬件平台为依托,以多媒体技术和网上社区技术为支撑,将专业知识、技术经验等通过网络传送到员工面前。员工可以随时随地利用网络进行学习或接受培训,将学习力转化为个人的生产力,进而提升企业的竞争力。据统计,自 1998 年 e-learning 概念提出以来,美国 e-learning 市场的年增长率几乎保持在 80% 以上。增长速度如此之快,除与企业对培训的重视程度日益提高有关外,更重要的原因是 e-learning 本身具有的特点:大幅降低培训费用,使个性化学习、交互式学习和终身学习成为可能。②

开发战略生产力,不仅要针对员工个人,而且要面向整个组织,要建设学习型组织。

> ‹概念·要点›
>
> 提升组织战略生产力的途径主要有:(1) 在岗培训;(2) 学徒式培训;(3) 课堂指导;(4) 视听培训;(5) 模拟训练;(6) 拓展训练;(7) 电子化学习。

8.5 战略执行力开发

执行力是决定战略成败的关键因素。执行力不足,再好的战略蓝图也无法变成现实。加强执行力建设,对于核心竞争力的保持与提升、战略目标的实现和组织使命的落实,具有极其重要的作用。

8.5.1 执行力的来源

战略执行力(strategic executive force)可以定义为组织执行者理解战略规划、领会战

---

① 参见百度知道:《拓展训练介绍》(http://zhidao.baidu.com/question/2618372.html? fr = qrl3)。另据介绍:拓展训练,Outward Development,意为一艘小船驶离平静的港湾,义无反顾地投向未知的旅程,去迎接一次又一次的挑战,去战胜一个又一个的困难。这种训练起源于第二次世界大战期间的英国。

② 参见 2006 年 8 月 15 日《培训》杂志:《e-learning:学习的革命》。

略决策、配置战略资源、完成战略任务的能力。执行者主要由组织中的中、高层管理人员组成。因此,组织战略的执行力源于组织管理者,由管理者,特别是管理者核心团队成员的核心能力构成。

一般认为,优秀的管理者应该具备九种核心能力(见图8-5):(1)战略思考能力;(2)积极行动能力;(3)知人善任能力;(4)协调指挥能力;(5)沟通关心能力;(6)激发挑战能力;(7)创新学习能力;(8)自我认知能力;(9)当机立断能力。

管理者核心能力		
	战略思考能力	从战略高度思考问题,客观、全面、理性。
	积极行动能力	目标明确,不畏困难,持久努力。
	知人善任能力	洞察员工的品格、才能,安排最适合的岗位。
	协调指挥能力	有效地组织、协调、控制下属,以团队方式开展工作。
	沟通关心能力	善于沟通,了解下属的需要,真诚地关心他人。
	激发挑战能力	能够为下属创造具有挑战性的工作环境。
	创新学习能力	及时学习新技术、新工艺、新管理知识,乐于创新。
	自我认知能力	深知自己的优势和劣势。
	当机立断能力	沉着、冷静、把握时机,快速决策。

图8-5 管理者的核心能力

8.5.2 战略与执行力

战略的成功与失败,甚至整个组织的生存与发展,都与执行力具有高度的相关性。

有专家研究发现,执行力是企业管理中最大的"黑洞"。[①] 在现实中,大量企业在不断衰亡,甚至有许多企业还来不及诞生,就在雄心勃勃的筹划之后不了了之;更有成千上万的企业,竭力在市场竞争中寻求发展,最终却落得消亡的结局。人们通常会把责任归咎于战略决策者的失误。实际上,在大多数情况下,战略本身没有错,设计的营利模式也正确。原因在于执行不力!

人们不难发现,社会上有不少企业或事业组织,愿景、使命一箩筐,规划、计划一大堆,口号不绝于耳,但在许多事情上议而不决,决而不行,行而无力,管理制度不合理,激励机制不健全,资源利用效率低下,结果只有一种:失败!

---

① 参见世界品牌实验室(ICXO.COM)文章:《执行力:管理中最大的黑洞》(2007年11月28日下载自http://brand.icxo.com/htmlnews/2005/12/15/739143_0.htm)。

问题已经发现,应该如何解决?有人认为,不可"头痛医头,脚痛医脚",而是要建立一种"执行文化",让执行有序、有效、有力。

TCL集团董事长兼总裁李东生,为国际远征不利而自责。李东生认为,曾经推动TCL成功的因素,如今变成了阻碍TCL发展的桎梏,企业在文化和管理观念适应国际化经营方面遭遇到了最大的瓶颈。他说:"我没能在推进企业文化变革创新方面做出最正确的判断和决策;没有勇气去完全揭开内部存在的问题……我没有勇气去捅破它;在明知道一些管理者能力、人品或价值观不能胜任他所承担的责任的情况下,我没有果断地进行调整。"①

从李东生自省的话语中可以看出,TCL的问题出在执行环节。国际化战略没错,但战略执行不力。李东生在关键时刻的几个"没有"作为,导致了企业经营的不利局面。他用鹰的故事激励自己,写作了系列文章《鹰之重生》。

"鹰"是否有如此"重生"的"故事"暂且不论,但一位企业家在经历挫折之后能够深入反思自己的决策并激励团队继续奋斗的做法,值得充分肯定和学习。

8.5.3 执行力开发战略

开发执行力,既需要战略眼光,又需要战略行动。具有远见卓识的领导者,总是会站在组织战略的高度认识执行力开发的重要性,为把中、高层管理者培养成为高绩效的执行者,往往要采取一系列具有战略意义的行动。

执行力是具体的、实在的。具体的执行力,主要表现为解决实际问题的能力。有一家国际著名企业,在培养管理者分析问题、解决问题能力方面,采取了很有借鉴意义的做法。公司把来自不同部门的经理人员,以5—10人为一组,建立学习团队。除集中传授与提高执行力有关的知识和技能以外,主要活动是按照案例分析方式,研究、解决公司某一个部门出现的问题。团队成员各有所长,既分工又合作,深入实地调查,广泛了解情况,运用所学的概念框架和理论工具,分析发生问题的原因,在多次讨论和论证的基础上,提出解决问题的方案。解决方案一旦被采纳,团队所有成员将受到公司的物质和非物质奖励。同时,团队成员的学习绩效将记录在案,作为今后晋升职务和增加薪酬的重要依据之一。这种方法,不仅有利于培养经理人员界定问题、分析问题和解决问题的能力,而且有助于促进组织内部交流,特别是还能够节约公司向外部专业机构咨询的成本,受到实务界人士和专家学者的充分肯定。

管理者执行力的提高,仅仅靠学习具体知识和技能是不够的。以解决问题为导向的短时间集中训练,也不可能建立起增强执行力的长效机制。在日常工作中边干边学,不断积累,逐步提高,形成良好的思维习惯,是提高执行力的一条重要途径。

---

① 参见2007年2月5日《牛津管理评论》(ICXO.COM);《李东生:我缘何为TCL的国际化自责》;详见TCL公司网页刊载李东生总裁系列文章《鹰之重生》;另见2007年2月12日央视国际(www.cctv.com)访谈;《李东生·远征心得》。

戴夫·马库姆(Dave Marcum)等专家总结了成为高效经理人的八种思维习惯,摘录如下,不妨一读[①]:

(1) 审视自我。若改变管理方式,首先要改变自己。

(2) 好奇求知。好奇心是商业思维的原动力,推动和激发思想的多样化。有好奇心、喜欢刨根问底的特点,有助于形成一种企业文化,鼓励大家提出问题,鞭策不善于思考的人。

(3) 抛去常规。解决方案的价值在于其所能够达到的最终结果,而结果有好有差。舍弃那些徒劳无功的解决方案。

(4) 挖掘证据。没有证据,就没有做事的根据,道理就是这么简单。

(5) 估量影响。一个解决方案的成本,可能比被解决问题的成本还高,这种情况并不少见。

(6) 纵观全局。对于公司的问题和机遇,要放宽眼界和思路,不仅要考虑对财务的影响,还要全面了解并确认哪些人或事将受到影响。

(7) 审慎行事。任何解决方案在执行过程中都存在障碍,处事要慎重。

(8) 溯本求源。透过问题的表象挖掘潜在的原因,一定要从问题的根源而不是表象着手,要经常问"为什么"。

开发经理人员执行力,还有不少常规的方法,比如:(1) 岗位轮换,以促进学习、交流不同岗位管理技能;(2) 研修班,即在组织内部举办专门管理技术研修班;(3) MBA、EMBA课程,即资助或鼓励经理人参加高级专业学位课程;(4) 研讨会,即举办或鼓励经理人参加管理前沿技术研讨会;(5) 管理知识(或技术)竞赛,即定期或不定期举行竞赛活动,以促进学习,发现人才,提升管理队伍竞争力。

> ◁ 概念·要点 ▷
>
> 高效经理人的八种思维习惯:(1) 审视自我;(2) 好奇求知;(3) 抛去常规;(4) 挖掘证据;(5) 估量影响;(6) 纵观全局;(7) 审慎行事;(8) 溯本求源。

8.6 战略领导力开发

战略领导力(strategic leadership)是领导者选择和执行战略的能力。领导者是战略决

[①] 参见2005年4月30日《牛津管理评论》(ICXO.COM):《高效经理人的八个思维习惯》。

策者。领导者的战略决策对组织的存在与发展具有决定性的影响。领导者又是战略执行者。领导者只有把自己及其团队所制定的组织战略付诸行动和变成现实,才能够体现存在的意义和工作的价值。领导者的选择能力和执行能力,取决于领导者的领导力。领导力的开发具有战略意义。

8.6.1 战略领导力

领导者(leader)是指引领或指导小组、团队或组织的人。① 有能力的领导者就像个好船长,能够在波涛汹涌、变化莫测的市场竞争之海中,带领大家驶过惊涛骇浪,到达胜利的彼岸。

领导力(leadership)是什么?简而言之,领导力就是领导者所具有的能力。但是,许多专家和学者赋予了领导力更多、更丰富的含义。

有人认为,领导力意味着富有远见卓识,意味着鼓舞人心和充满热情,意味着有爱心、有信任、有活力、有激情,意味着坚定和执着。有领导力的人,善于指导和培训,善于巡视和监督,善于在激烈的竞争中发现机会、赢得先机。

有专家指出,领导力就是在确立目标和获得成就的过程中影响组织活动的过程。

管理大师彼得·德鲁克认为,有效的领导力不是指如何做好演讲或者如何招人喜爱;领导力是由结果而不是某种特质决定的。

美国沃顿商学院的管理学教授凯瑟琳·克莱恩(Katherine Klain)和她的同事们,研究了公共医院外科急救中心的领导力问题,提出了领导力概念的新模型,即领导力"是一个系统或者一种结构——不是一种个人特征,而是一种整体特征"。传统的领导力模型,是把领导力视为"一种行动风格、一种个性魅力、领导者和下属之间的互动特征……领导力因此不可避免地与担任了领导角色的人联系在一起"。克莱恩等专家提出的新模型认为,"领导力只是一个角色,说得更详细一点,是一个特定的、社会赋予的和社会强制的一整套职能,那些在一段时间内占据了小组内专家权威位置的人可以担当领导角色,而这样的人有很多。领导力……不是领导者个人特点的产物,而是组织或者单位规范、习惯以及角色定义的产物"。克莱恩提出:"对于一家公司来说,不应只注重如何挑选和培训更好的人才,还要考虑如何合理制定结构和规范,使得领导者更有效率。充分打造领导角色、制定清晰的标准,这样的话,无论是谁出任都能有效率地开展工作。"②

综合以上观点,并按照本书的逻辑和风格,领导力可以定义为领导者描绘愿景、确定方向、决策战略、获取资源、指挥行动、实现目标的能力。简而言之,领导力就是领导者决

---

① 参见艾迪生·维斯理·朗文出版公司辞典部编,朱原等译:《朗文当代高级英语辞典》,商务印书馆、艾迪生·维斯理·朗文出版社中国有限公司,1998年第1版,第859页。

② 参见凯瑟琳·克莱恩发表于沃顿知识在线的文章《急救中心里的团队合作:领导力的新模型》。

策能力和执行能力的总和。

在现代市场竞争中,凡是具有一定规模的组织都离不开战略,凡是一定规模组织的领导总是会围绕战略展开。因此,可以认为这里所定义的领导力,基本等价于战略领导力概念。

> ＜概念・要点＞
>
> 战略领导力是指领导者描绘愿景、确定方向、决策战略、获取资源、指挥行动、实现目标的能力,即领导者决策能力和执行能力的总和。

8.6.2 领导力与执行力

战略领导力是领导者战略决策能力和执行能力的总和。决策是重要的,但重要的决策只有在充分的执行力的推动下才可能变成现实。当组织的领导者选择了正确的战略之后,领导者执行力的强弱就成为战略成败的关键。如前所述,TCL集团李东生国际远征的失利,原因就在于执行力不足。

世界领导力大师保罗·赫塞(Paul Hersey)[①]博士指出:成功企业的经验和研究结果表明,执行力问题就是领导力问题! 换句话说,领导力的关键在于执行力。

以戴尔电脑的成功为例。迈克尔·戴尔(Michael Dell)不仅具有果断、正确的决策能力,而且具有强劲、高效的执行能力。有两个例子可以说明这一点。一个例子是关于戴尔电脑推动国际互联网的深度运用与普及化的过程。迈克尔·戴尔很早就意识到,互联网将彻底改变人的生活形态与工作习惯,而且是直销的一种利器,有必要大力宣传、推动人们对互联网的重视。为了做好这项工作,迈克尔·戴尔安排在公司内部到处张贴一种大海报。在海报上,迈克尔·戴尔本人一脸酷相,半侧着身子,一手直指向画外(观众),海报上印了一行大字:"Michael wants you to know the net!(迈克尔想要你了解互联网!)"戴尔还在好几次公开演讲中,热情洋溢地重申他对互联网的看法。此番努力的结果是:戴尔电脑有70%的营业额可以通过网络下单成交,公司的多数管理制度及工具可以在网络上实行。

---

① 保罗·赫塞(Paul Hersey),世界组织行为学大师、领导力研究大师,美国领导力研究中心(CLS)创始人、主席。1969年,赫塞博士出版经典之作《组织行为学》,他在这本书中全面阐述了情境领导模式。情境领导理论的核心是:一个好的领导不应只是一个命令者,他在领导和管理团队时,不应使用一成不变的方法,而应随着情况和环境的改变及员工的不同来调整自己的领导方式。1975年,赫塞博士创建美国领导力研究中心。时至今日,全球已有125个国家的2000多万经理人接受过这一培训并运用赫塞博士的领导模型。其服务过的企业多数位于世界500强之列,如美孚(Mobil)、IBM等。

另一个例子是关于戴尔电脑供应商的选择管理。戴尔电脑是依靠OEM(原始设备创造商)模式运营的企业,原材料供应商和产品制造商的管理是公司管理的关键。迈克尔·戴尔对此非常重视,不仅对各个供应商的报价和产品标准细节了如指掌,并派高级管理人员不断巡视这些厂家,而且每年要亲自到供应商的生产现场考察数次,对生产细节深究不已。①

迈克尔·戴尔既有决策能力又有执行能力,显然是具有良好领导力的好领导!什么是好领导?保罗·赫塞如是说:"我在137个不同的国家工作过,其中我学到的很好的一点是各国的共同点超过了不同点,好领导的概念在我所到之处都是相同的。要想成为一名优秀的领导者,就必须使领导行为符合被领导团队的绩效需求。我们有时需要方向和指导,我们有时需要对话和交谈,我们有时只需要合理的解释,我们有时只需要知道底线,然后放手去做。因此,不在于使用什么样的领导方式,而在于根据绩效需求,选择合适的领导方式。"②

◁概念·要点▷

战略领导力是领导者战略决策能力和执行能力的总和。决策是重要的,但重要的决策只有在充分的执行力的推动下才可能变成现实。当领导者选择了正确的战略之后,执行力的强弱就成为战略成败的关键。

8.6.3 开发战略领导力

战略领导力的开发是一件既简单又复杂的事。说其"简单",是因为领导力似乎是一种与生俱来的天赋和高度个性化的能力,主要依靠个人在自我学习、体验、领悟中就可以实现能力的提升;说其"复杂",是因为领导力的形成机制具有多样性、特殊性和不确定性,仅靠个人的力量往往事倍功半。通过经验传授、集体研讨、专家指导等多种方式,有利于促进领导力的提高,收到事半功倍的效果。

沃顿商学院教授谈道,领导力的核心其实十分简单:"一切事关选择和决心。"对于选择并且决定要做一个有影响力的商界领袖的人,可以通过观察其他领导者,并把这种观察融合到自己的领导风格中去,从而获益。这就是说,领导力能够在模仿中获得和提高。

---

① 参见芮新国2005年4月29日发表于《中外管理》的文章《"执行力"的本质是"领导力"》。
② 参见2005年6月26日央视国际《对话》节目:《什么是"好领导"?》。

有专家提出"把自己打造成领袖的七个要诀":(1) 冲破心理障碍;(2) 敢在"工字铁"上跳舞;(3) 立志成就霸业;(4) 不要说"我试试";(5) 善用资源和时间;(6) 节约会议成本;(7) 抵制骚扰。

罗伯特·布莱克(Robert Blake)和简·斯瑞格雷·莫顿(Jane Srygley Mouton)开发了一种被称为领导力方格(leadership grid)的领导力开发管理工具[①],如图 8-6 所示。

这是一种领导方式诊断工具和领导力提升目标框架。领导力方格有两个维度,横向维度"关心生产",纵向维度"关心人"。根据对生产和对人关心的不同程度,可以在方格中找到某类型或者某一位领导者的坐标。方格中各点说明如下:

A 点(1,1),表示领导者对生产和员工都漠不关心,其领导风格可以称为"无所作为式管理";

B 点(1,9),表示领导者关心员工之间的和谐关系,但对生产的关心程度偏低,其领导风格称为"乡村俱乐部式管理";

C 点(9,9),是最理想的管理状态,表示领导者对生产和员工都高度关心,其领导风格称为"团队式管理";

D 点(9,1),表示领导者对生产高度关心,但对员工的关心程度偏低,其领导风格可以称为"权威—服从式管理";

E 点(5,5),属于"中间道路式管理",表示领导者对生产、对员工都是中等程度的关心。

在培训专家指导下举行领导者参加的研讨会。对照两个维度,评估领导者管理的特征,在方格中找到相应的位置。通过学习、交流活动,领导者不断自省、改进自己的风格,逐步向理想的方格 C 点(9,9)趋近。

关于领导力开发问题,多数专家认为主要在于自我体验、领悟和自省。传授知识和技能,教导原理和法则,不可能成为开发战略领导力的主要方式。

下面是与领导力开发有关的三个故事[②],其中也许有值得领悟的道理,不妨一读。

故事一　哈佛商学院教授分享一生最受用的忠告

哈佛商学院院长科拉克,回想小时候每天上学前母亲叮咛他:"你今天出门是要去当领袖的,千万要明辨是非,不要被人家牵着鼻子走!"

在最后一堂课里,科拉克把这个影响他一生的忠告,送给即将展翅的哈佛毕业生。他知道,未来的某个关键时刻,他们很可能因这句忠告而得到不同的人生。

忠告具有力量,因为它是人生经验的浓缩和菁华。接受一句忠告,抵得上拥有

---

① 参见乔治·伯兰德、斯科特·斯内尔著:《人力资源管理》(英文第 13 版),东北财经大学出版社,2003 年第 1 版,第 260 页。

② 根据《世界经理人文摘》网页文章《哈佛院长不谈策略》一文改编。

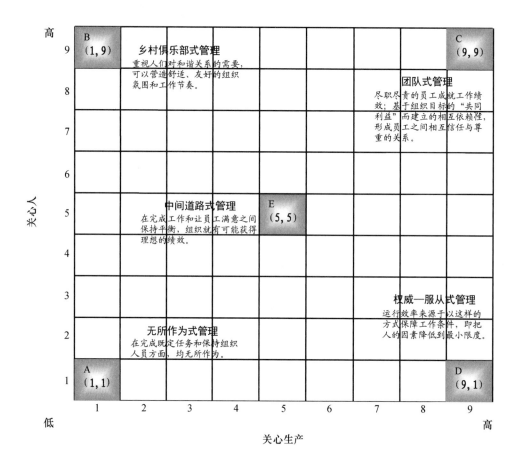

图8-6 领导力方格

一千盎司的智慧。面对突如其来的挑战或危机,一句冷静的箴言,也许就是拯救一家企业的关键。

故事二 邹开莲:当成就无法带来快乐……

这一天,Yahoo!奇摩搜寻分类服务事业部总监黄蕙雯,硬着头皮进了总经理邹开莲的办公室,递上自己刚写好的报告,等着"挨刮"。她错失了一个项目的截止日期,使得业绩下滑,造成损失。

连续好几天,黄蕙雯没法睡觉,她和邹开莲认识多年,知道美式管理风格的邹开莲严格要求自己,只求最完美的结果,当然也不会轻易宽恕部属的错误。这一次,自己是犯了她的大忌了。

不料,邹开莲看完报告,只是温和地对她说:"We all learn from mistakes(我们都是从错误中学习)。"黄蕙雯愣了一下,一股暖流涌进她的心里。"她(邹开莲)不知道那对我来说,是多大的一个 relief(解除痛苦)!"黄蕙雯同时惊讶于邹开莲的改变。

邹开莲变了,如果是五年前她看到这份报告,那她绝对不会是这样的反应。邹开莲拥有双硕士学位,一手创造出台湾的 MTV 台,成为台湾最年轻的电视台总经理。她的一切都赢过别人,包括高大英俊的男朋友,连公司里的短跑比赛,她都能轻易拿到冠军。

这样的邹开莲重视绩效。不管是对别人还是对自己,她都以成败论英雄。追求业绩、数字、表现的邹开莲在职场上一再缔造辉煌纪录,她永远精神饱满、光鲜亮丽地出现在任何场合。但是,站在令人艳羡的山峰上,邹开莲却并不快乐,也很少感到满足。"我好不容易才取得一个成绩,为什么马上又不快乐了?"

就在那一年的秋天,在一个偶然的机会,在一个神圣的地方,她看到一位伟大的哲人写的一本书里有这样一句:"人的一生,是在定义你的性格。"这句话令邹开莲震撼不已,她终于了解自己为何长期以来都不快乐。因为她不断用别人的标准来看自己成不成功、快不快乐,人生有没有意义。任何工作,不管是家品、广告还是唱片,只要她接了手,就得要"不负众望"创下纪录。她追求外在的成就,也活在别人的掌声中,曾经有一个周末的晚上没有人邀约她,她就整夜失眠。

看到这句话,她慢慢想通了。"上帝不会问我,邹开莲啊,你 2005 年第三季的表现为什么没有预期的那么好?他不会,他只会问我,你是不是做出了好的决定,成为一个好的人?"过去的邹开莲,虽然拥有美煞旁人的职场成就,但谈到对邹开莲这个人的感觉,大概就是"精明""干练",或者是"活泼",绝不会有人说她很"温暖";但这句话让她觉得,人生最有意义的目标,应该是让自己拥有温暖的性格。

之后,她开始试着当一个"温暖的邹开莲"。面对连续三个月,每星期一都要请假的下属,她说:"Why not?"只要这是员工需要的,她的心中不会有杂音。如果是在过去,虽然她表面上答应了,但心中会不断烦恼:项目延期会不会有问题?业绩怎么办?目标会不会达不到?

一句话,让邹开莲重新衡量人生,变成了给人以"温暖"的领导者!

故事三　李隆安:领悟水糅合混凝土,他改变领导风格

第一个、第二个、第三个……直到工程部维修处第五位工程师递交了辞职信,李隆安再也受不了了。1985 年,他加入台湾爱普生科技,曾是当年表现最优秀的工程师,也因此升上了小主管。不过,在仅仅六个人的部门里,不出三个月,五个人已经准备打包走人。

"我到底做错了什么?"李隆安扪心自问,要论勤劳,他比别人都认真,一忙起来,晚上就直接睡在公司;要问负责,他经手的,没有一件是不完美的项目。

但就是因为只相信自己的能力与意见,李隆安在同事眼中是"不用扮就是黑脸"

的主管。他的指令一是一、二是二,要求就像军事命令般冷峻,没有商量的余地。

例如,他要求维修处工作环境一定要整齐干净,如果同事让他"提醒"了第二次还没有改进,那么隔天那位同事的桌子就会变得非常"干净"。工具早就被李隆安丢掉,只能自己摸摸鼻子,去垃圾桶里捡回来。当时全公司都知道最凶的不是总经理,而是"李桑"(李先生)。"我是恨铁不成钢啊!"李隆安说。

沮丧与困惑之余,李隆安隐隐约约想起高中时代在杂志上看到过的故事:要盖房子,需要水泥、沙和土,但是只要缺一样东西,上述这些材料就无法发挥作用。那就是水!水是糅合混凝土的角色。但是,最后房子要落成,水一定要离开、消失,混凝土才能凝固、房子才会坚固。

强势的李隆安过去没有办法体会这段话的含义,经过这次挫败,他终于明白这个故事不正是在提醒他:团队合作,就是要有人很柔和地去整合大家不同的意见或看法,而不是让团队全都听自己的。然而,这个去整合大家的人,最后不见得是能站在第一线接受掌声的成功者。

好不容易从工程师踏上主管的领导之路,他明白要走下去,自己一定要改变,于是痛下决心掏出三万多元上卡内基课程,想要摆脱"黑脸"的形象、难以沟通的个性。

锲而不舍地"修炼"十年下来,"李黑脸"不见了!公司影像科技事业群协理黄志彬说,以往公司及旗下三家子公司抢年度预算,到了李隆安这一关,不管是这家公司的计划,还是那家公司的预算,都是他一句话说了算。四家原本应该合作的公司竞争得很厉害,私底下的埋怨也不少。

但是现在,预算报上去,李隆安不像以往那样,大笔一挥就决定了一切,反而是把提案放一边,缓缓地问黄志彬:公司存在的价值是什么?部门的营销目标和方向又是如何?提案的内容有没有重新评估的必要?他说的每一句话,都是开放性的问题。

这让跟了他十四年的黄志彬很不能适应,狐疑了半天:"老板现在是什么意思?"他默默地把提案拿回去,重新与部门讨论一遍,去除掉与年度目标不相干的枝节。没想到,当每一家子公司都重新设想公司目标时,彼此之间互相折中,编预算的季节不再你争我夺,目标也趋于一致,因为大家都是自发性的调整,火药味也少了许多。李隆安乍看毫无意见的态度,其实是他平衡四家公司利益的融合哲学。

"升任主管对工程师来说就像一个山谷。"李隆安说,"跳得过去,海阔天空;跳不过去,就会摔得很重,也许粉身碎骨。"对他来说,水与混凝土的故事就像为他在山谷上架起一座桥,让他走上总经理的位置。

❑ 要点回顾

- 组织战略与员工的培训和发展具有高度相关性。
- 人力资源开发,是指为了适应组织未来发展战略对知识和技能需求的变动,而对员工知识结构、技能水平、能力强度、激励机制和工作经验进行优化或提升的过程。
- 培训,主要针对员工当前工作岗位的需要,有计划地向员工追加人力资本投资——知识、技能和能力,目的是改善和提高员工当前或近期内完成工作任务的质量。
- 开发过程、培训活动都需要管理,即需要精心计划、认真组织、有效领导、合理控制,以便节约资源、保持效率、优化绩效。
- 人力资源开发分为四个步骤:(1) 需求分析;(2) 方案设计;(3) 计划实施;(4) 效果评价。开发过程需要管理,目的在于节约资源、保持效率、优化绩效。
- 大型企业的人力资源开发,主要包括四个方面的内容:一是公司制度与文化;二是岗位知识与技能;三是执行能力;四是领导能力。
- 人力资源开发活动既消费资源,又产生效益。消费资源是必然的,但产生效益与否不是确定的。
- 人力资源开发需求分析分为三种类型:(1) 组织需求分析;(2) 任务需求分析;(3) 员工需求分析。需求分析方法主要有观察法、调查问卷法、专家访谈法和绩效评估法。
- 职业生涯可以分为五个阶段:(1) 从业准备阶段;(2) 职业开始阶段;(3) 职业发展成长阶段;(4) 职业发展成熟阶段;(5) 职业发展衰退阶段。
- 员工职业发展管理一般分为四个阶段:一是评价自我阶段;二是审视现实阶段;三是设定目标阶段;四是计划行动阶段。
- 学习是一种通过体验或者传授而获得某方面知识或技能的活动。学习力一般可以理解为一个人在通过体验或者传授获得知识或技能的过程中所表现出来的动力强度、意志水平和认知能力。
- 战略生产力是指在实现组织战略目标的生产或服务活动中生产者或服务者所发挥的作业能力(即劳动能力)的总和。
- 提升组织战略生产力的途径主要有:(1) 在岗培训;(2) 学徒式培训;(3) 课堂指导;(4) 视听培训;(5) 模拟训练;(6) 拓展训练;(7) 电子化学习。
- 战略执行力可以定义为组织执行者理解战略规划、领会战略决策、配置战略资源、完成战略任务的能力。
- 优秀的管理者应该具备九种核心能力:(1) 战略思考能力;(2) 积极行动能力;(3) 知人善任能力;(4) 协调指挥能力;(5) 沟通关心能力;(6) 激发挑战能力;(7) 创新

学习能力;(8) 自我认知能力;(9) 当机立断能力。
- 战略的成功与失败,甚至整个组织的生存与发展,都与执行力具有高度的相关性。
- 戴夫·马库姆等专家总结了成为高效经理人的八种思维习惯:(1) 审视自我;(2) 好奇求知;(3) 抛去常规;(4) 挖掘证据;(5) 估量影响;(6) 纵观全局;(7) 审慎行事;(8) 溯本求源。
- 战略领导力是领导者选择和执行战略的能力。领导者是战略决策者。领导者的战略决策对组织的存在与发展具有决定性的影响。领导者又是战略执行者。领导者只有把自己及其团队所制定的组织战略付诸行动和变成现实,才能够体现存在的意义和工作的价值。领导者的选择能力和执行能力,取决于领导者的领导力。领导力的开发具有战略意义。
- 领导者是指引领或指导小组、团队或组织的人。
- 战略领导力是指领导者描绘愿景、确定方向、决策战略、获取资源、指挥行动、实现目标的能力,即领导者决策能力和执行能力的总和。
- 战略领导力的开发是一件既简单又复杂的事。说其"简单",是因为领导力似乎是一种与生俱来的天赋和高度个性化的能力,主要依靠个人在自我学习、体验、领悟中就可以实现能力的提升;说其"复杂",是因为领导力的形成机制具有多样性、特殊性和不确定性,仅靠个人的力量往往事倍功半。通过经验传授、集体研讨、专家指导等多种方式,有利于促进领导力的提高,收到事半功倍的效果。
- 领导力方格有两个维度,横向维度"关心生产",纵向维度"关心人"。根据对生产和对人员关心的不同程度,可以在方格中找到某类型或者某一位领导者的坐标。

思考与练习题

8.1 什么是人力资源开发?分为几个步骤?开发内容有哪些?
8.2 解释人力资源开发需求分析的重要性。
8.3 人力资源开发与员工职业发展有什么关系?
8.4 组织和个人在员工职业发展管理中分别发挥什么作用?
8.5 如何理解学习力与战略生产力的关系?
8.6 提升战略生产力有哪些有效途径?
8.7 什么是战略执行力?
8.8 如何有效开发执行力?
8.9 什么是战略领导力?
8.10 举例说明领导力与执行力的关系。
8.11 解释开发战略领导力的特殊性。

案例研究

腾讯：通过赋能实现组织再造

近年来，"赋能"成为一个现象级的热词。京东到家发布了零售赋能，阿里巴巴强调要赋能商家，马化腾希望腾讯成为一家赋能型公司，谷歌创始人拉里·佩奇（Lawrence Page）说，未来组织中最重要的功能不再是管理或激励，而是赋能。那么赋能是什么？为什么这么多标杆企业都在强调赋能？

国内最早提出赋能一词的是阿里巴巴集团总参谋长曾鸣，他的这个想法源于2008年阿里巴巴集团第一次提出新商业文明时他意识到的一个问题，即虽然他们在试图建设互联网的商业新模式，但是他们的组织方式是工业时代最传统的公司制度。曾鸣在解读《重新定义公司：谷歌是如何运营的》这本畅销书时指出：未来企业的成功之道，是聚集一群聪明的创意精英（smart creative），营造合适的氛围和支持环境，充分发挥他们的创造力，快速感知客户需求，愉快地创造相应的产品和服务。这意味着组织的逻辑必须发生变化，传统的公司管理理念不适用于这群人，未来组织最重要的功能不再是管理或激励，而是赋能。

赋是赋予的赋，能是能力的能，英文是enable，它所传达的核心意思是：怎样让别人有更大的能力，去完成他们想要完成的事情？其实，曾鸣所指的赋能更多的是从管理学组织的角度去解释的赋能。意思是说，我们的组织要提供给组织里的领导者以使他们能更高效创造的环境和工具，让他们通过自我激励和组织的赋能来创造成功。组织里的领导者具备与普通劳动者不一样的特征，即通过创造带来的成就感和社会价值来不断地驱动自己前进。

马化腾谈腾讯赋能

在2017年广州举办的财富全球论坛上，腾讯公司创始人、董事会主席兼首席执行官马化腾与《财富》杂志执行主编亚当·拉辛斯基（Adam Lashinsky）进行了一场对话。马化腾表示，腾讯在互联网时代要做去中心化的赋能者。马化腾对开放、合作生态打了一个通俗的比喻："譬如盖房子，我们不是（为了）出租，而是请你来建房子，建完房子（后它）就是你的，你的客户、粉丝都是你的，（你）不需要再交月租，月租不会每年涨价。"

在他看来，赋能大致可以分为两种，一种是中心化，另一种是去中心化。"赋能者，要看的是被赋能者的安全程度。当以后我百分之百的渠道都在别人的生态里的时候，基本上我的命运就掌握在别人手上了，利润也掌握在别人手上。从赋能最终的格局来看，被赋能者的安全程度、命运、利润等，都掌握在中心化的赋能者手中；而腾讯进行的是去中心化的赋能。"马化腾解释说。

他将近年来腾讯的战略概括为"两个半":一半是即时通信与社交网络,另一半是数字内容平台,后者是开放平台。这里的"半"指的是"互联网+":腾讯为各界合作伙伴提供像水和电一样的互联网基础设施,促进各行各业以"互联网+"为手段充分融入数字经济。腾讯只有"半条命",另外半条命掌握在合作伙伴的手中。

通过赋能再造企业

像腾讯力推的小程序,从2017年正式推广以来,我们就看到一个又一个的奇迹出现。比如"小睡眠"小程序,上线第一天便获得了70多万用户,不到半年就有了千万用户,留存率更是高达40%,而它的APP(手机软件)做了一年多也不过400万用户。你会发现,在腾讯小程序的轻(文件只有2M)、不用下载、自带流量的助力之下,企业的推广、转化和留存相对来说和APP的推广有了天壤之别。腾讯是如何赋能中小企业的?

从2017年开始,腾讯、阿里巴巴就开始进行新零售军备竞赛,"抢购"线下的零售企业,比如沃尔玛、永辉超市、步步高等。对于中小企业来说,如果能够得到腾讯的青睐,则无疑相当于背后多了一座靠山,和对手竞争时筹码也会更大。还有一个典型案例就是小米生态链,它现在已经投资70多家生态公司,从移动电源的紫米公司、手环的华米公司到平衡车的Ninebot公司等,这些生态公司经过几年时间都已经发展为行业第一,这对于传统制造业来说无疑是一个好消息。

腾讯给企业"赋"的四个能

技术赋能。腾讯以AI(人工智能)+大数据+腾讯云为支持,将线上集中化的流量入口、线下分布式的品牌数据通过会员体系打通,企业可以基于腾讯系统开发适合自己的零售解决方案,实现共赢。就像小程序,企业可以把小程序和公众号关联起来,嵌入文章、菜单栏等,而用户除了这些渠道,还能通过"附近的小程序"以及搜索窗口找到相应的小程序。

流量赋能。腾讯有QQ、微信、小程序、大众点评、搜搜等流量产品,这些都能支持企业营销。打个比方,企业可以通过小程序、微信支付、社交广告、礼品卡等产品为自己引流,并且形成完善的社交电商链。这里有两种常见的方式可供采用:其一,支付环节+会员营销紧密结合。利用精准营销策略抢占线下商户,转化为自己的用户。就像天虹商场,它把自己的会员体系和微信支付打通,不仅可以为商户提供会员招募、开卡、查询、消费、运营等五个环节的全流程体验优化,还能够让线下商户传统的CRM(客户关系管理)系统转为在线的双向系统。这样一来,天虹商场就可以根据以往数据精准区分每一个到店客户,制定个性化营销方案,解决以往传统会员开卡烦琐、触达率低、运营手段落后等问题;此外,天虹商场也借助微信自然流量实现了会员增长5倍的效果。还有面包新语上线微信储值功能,会员储值比例达16%,客单价①提升了12%,用户储值消费比例增长了近10倍。其二,小程序。这是流量商业化的重要渠道,可以有效提升用户体验。小程序具有无须安装、触手可及、用完即走、无须卸载等特性,具有更加灵活的应用组织形态。它不仅能与微信订阅号、服务号形成互补之势,还能基于用户账号体系,形成多场景的跳转连接,使品牌连接用户更加精准化,引流效果显著,为商家提供低成本、个性化营销的可能。比如,永辉超市上线小程序之后,当月小程序订单数是APP的4倍,订单支付率达90%,远高于APP。

数据赋能。在公众场合,马化腾一直强调腾讯的赋能是去中心化的赋能,这与腾讯开放、合作的生态有很大关系,而且在数据赋能方面表现得很明显。就拿最近几年很火的电影行业来说,在猫眼进入这个行业之前,大家想看到票房数据是很困难的,经常是隔两三天才能够看到产生了多少票房,而且票房分布、不同院线排片等数据是没有的。那时候,电影片方、出品方基本上都在"盲打",而不是基于数据去做决策。猫眼出来后,每一部影片、每一个地区,甚至每一个影院的实时票房数据都可以实时查看,影院、电影片方等也能够根据数据变化不断地调整发行、排片、营销策略。在2017年9月21日猫眼和腾讯系的微影时代合并后,猫眼的在线票务市场份额从原本的43%增长至65%,以绝对优势领先淘票票的30%,牢牢占据在线票务平台的头把交椅。而腾讯也在2018年11月对猫眼增加10亿元注资,将自己不擅长的业务整合给第三方。

营销赋能。今天,所有的传统行业都在面临这样的问题:要不要通过技术来解决行业的营销痛点?猫眼的影院联名卡是一个典型的营销赋能的例子。其实影院一直有营销的需求,猫眼联合7 000多家影院,推出影院联名卡,用户开卡量累积超过1 200万,可以帮助影院展开会员运营、增强用户黏性。通过数据赋能、营销赋能,猫眼与电影产业链内影院、片方、发行方形成了一个产业共同体,同时符合腾讯"连接+内容+0.5金融"的"两个半"战略。

以上就是腾讯给企业"赋"的四个能,不同的行业、企业可以根据自身特点,从技术、流量、数据、营销四个方面"接能"。

当然,企业"接能"前,首先要梳理自己的核心优势,制定转型升级的方向和对标,只有这样才能更好地"接能";否则,会反受其害。

很多企业领导者感觉自己是孤家寡人,什么事情都自己做,原因就是没有给团队赋能,领导者不应该像英雄一样自己去冲锋陷阵,而是应该像教练、园丁一样,负责营造组织环境、维系组织氛围,这是领导者的首要职责。第一,示范。做一遍给员工看。第二,结对。与员工一起做一遍。第三,建议。只提供修正意见。只有这样才能激发团队潜

---

① 客单价(per customer transaction),是指商场(超市)每一个顾客平均购买商品的金额,也即平均交易金额。客单价的计算公式是:客单价=销售额÷顾客数。

能,实现企业目标。

资料来源:改编自单仁行:《六年时间再造了15个腾讯! 腾讯是如何通过生态赋能的?》(2019年8月30日,搜狐网:http://www.sohu.com/a/226370875_131088)。

● 思考与讨论题

8.1 如何理解赋能在人才团队建设中的作用?

8.2 结合案例,谈一谈赋能的关键要素有哪些?

第 9 章 战略人力资源员工关系

良禽择木而栖,贤臣择主而事。

——中国智慧古语

卓有成效的管理者利用员工的长处创造生产力。

人的能力越强,缺点也就越多。这就好比山峰越高,峡谷就越深。

人决定了组织的绩效能力。没有一个组织能比它的员工做得更好。人力资源所产生的成果决定了整个组织的绩效。

——彼得·德鲁克

主要内容

- 员工权利与法律规定
- 雇佣关系与工会制度
- 组织制度与和谐文化

核心概念

雇主(employer)

员工(employee)

雇员(employee)

员工权利(employee rights)

雇用(employing)

被雇用的(employed)

雇佣关系(employment relationship)

工会(labor union)

集体谈判(collective bargaining)

真诚谈判(good faith bargaining)

预期目标

通过本章学习,你可以获得以下知识和能力:
- 理解员工权利及其保护的必要性;
- 掌握中国劳动法律制度的基本内容;
- 了解工会制度的目的与中国工会运行的模式;
- 认识组织制度建设与员工关系管理的关系;
- 认识组织和谐文化建设的重要意义。

开篇案例

滴滴出行:专车司机身份之谜

近年来,"互联网+"公司如雨后春笋般先后涌现,如滴滴出行、e代驾、Uber等,以滴滴出行为例,2015年全平台订单总量为14.3亿单……庞大的市场使得分享经济飞速发展,但与此同时,产生了新型用工形式,新的人力资源管理问题也给每个新型企业带来了新的挑战。

2018年9月,一位滴滴专车司机在专车运营过程中被交通执法总队行政处罚1万元,后该司机将"滴滴打车"运营公司北京小桔科技有限公司诉至法院,要求赔偿罚款1万元,并退还在使用软件过程中缴纳的管理费用。

2013年8月,在Uber的总部美国加州,三位Uber司机对Uber公司及其创始人特拉维斯·卡兰尼克(Travis Kalanick)、全球运营总监瑞安·格瑞维斯(Ryan Graves)提起诉讼。原告指称由于Uber对乘客宣称小费包含在Uber的整体收费中,导致司机没有获得美国汽车服务行业中惯有的这部分收益。如果Uber确实向乘客收取了小费,那么实际上司机并没有拿到这部分收益的100%。原告认为Uber的行为违反了加州关于小费规定的法律California Gratuities Law、《加利福尼亚劳工法典》(California Labor Code Section 351)以及《加利福尼亚反不正当竞争法》(California Unfair Competition Law)。9月1日,美国加州联邦法院裁定,在关于Uber司机是否应被认定为Uber正式雇员的纠纷中,Uber司机获得集体诉讼地位。法庭文件中称,这可能会涉及加州超过16万名的Uber司机。

虽然Uber、滴滴打车等打车软件在中国兴起不久,并由于涉及私家车运营问题始终没有得到"合法"护身符,但是相似的互联网服务类平台出现已久,其中涉及的法律关系也不尽相同。

"这种互联网+的业务模式也叫作'众包'模式,即公司把过去由员工执行的工作任务,以自有资源的形式外包给非特定的大众网络。"盈科律师事务所劳动争议业务部主任、高级合伙人何力认为,"大体上众包可以分为两方模式与三方模式。"

维基百科采用的就是只存在接受劳务与提供劳务的两方模式。而三方模式中多了一个"中间人":一种是通过签订三方协议,约定众包平台、劳务需求方与劳务提供方的权利和义务,如威客平台;另一种是众包平台与"两端"分别签订合同,"两端"可能是互不了解的承揽、委托关系等,如河狸家。而目前打车软件为了规避"非法运营"的法律监管,创造了更为复杂的"四方协议"。由软件平台同汽车租赁公司、劳务公司分别签订合同;私家车主将车挂靠在汽车租赁公司,自己与劳务公司签订合同。该种模式存在很多不稳定性。

"滴滴快车"司机与平台之间是否存在劳动关系?对劳动法专家而言,这个问题也并不容易回答。劳动法专业律师乘坐"滴滴快车"时抓住机会进行调研,询问司机同一个问题:"你与'滴滴'(公司)签订劳动合同了没有?"大部分司机听闻这个问题都一头雾水:"我为什么要与'滴滴'签劳动合同?我又不是它的员工!"

中国现行《劳动法》和《劳动合同法》及配套法规、规章皆属工业革命和能源革命时代的法律,随着互联网和人工智能的飞速发展,其已"未老先衰"、严重滞后,无法适应"智慧时代"的社会经济现实。迄今施行近十年的《劳动合同法》连"用人单位分类"和"劳动者分层"问题都未解决,调整"互联网+"背景下的劳动用工关系明显力不从心。若以婚姻作比,互联网经济与现行劳动(合同)法的结合可谓"问题婚姻",已不和谐;国家应高屋建瓴、尽快考虑制定作为单行法的"互联网劳动法"或统一适用于传统实体经济和互联网经济的劳动法典。

无论是单行法还是统一法典,"互联网劳动法"将是互联网思维、新经济现实与劳动立法理念和立法技术的完美结合,是互联网和劳动法"联姻"的结晶,而非二者生硬的物理组合或串联,是未来劳动立法的发展方向。站在"互联网劳动法"的高度,中国现行《劳动法》与《劳动合同法》的修改难题也将迎刃而解;一部"互联网劳动法"让中国经济再领全球风骚数十年并非妄言。

资料来源:改编自辛颖发表于《法人》的《专车司机身份之谜》(2019年8月28日,知网空间:http://www.cnki.com.cn/Article/CJFDTotal-FRZZ201511023.htm)和齐斌发表于《第一财经日报》的《时代呼唤"互联网劳动法"而非"互联网+劳动法"》(2019年8月29日,中华网—财经频道:https://finance.china.com/news/11173316/20170824/31171797.html)两篇文章。

思考题:

(1)中国的《劳动合同法》应如何适应新业态下新型用工关系的变化?

(2)结合中国劳动法律法规,谈谈你对劳动关系认定的理解。

管理学大师彼得·德鲁克指出:"没有一个组织能比它的员工做得更好。"一位著名企业家在听到人们对她领导下的公司取得的卓越绩效赞不绝口时,她总是不假思索地回答:我们只是做得像我们的员工一样出色!一位在一家制药企业担任高级管理职务的美籍华人经常请下属"吃饭",问其原因,他的回答是:很简单,我的绩效取决于他们的绩效!

事实上,对于任何组织而言,员工绩效都是组织绩效的来源和决定因素。因此,组织领导者、经营者如何处理好与执行者、生产者及其他所有员工的关系,或者说,雇主如何对待雇员,让雇员快乐工作,努力创造绩效,具有极其重要的战略意义。

激励员工努力工作,取得良好绩效,首要的和最根本的做法,就是要尊重员工的劳动,维护员工的合法权益。在这一过程中,政府部门和工会组织同样发挥着重要作用。

9.1 员工权利与法律规定

受雇于雇主(employer)——组织或个人——的员工(employee,或称为雇员)有什么权利?在哪些方面需要保护?本章首先了解中国法律对劳动者权益保护的有关规定,然后再了解美国的情况。

9.1.1 员工权利与保护

对于员工权利(employee rights),两位美国专家的解释是"雇主公正对待雇员的保证,尤其是指对雇员隐私权的尊重"。这应该是基于对美国现实情况的定义。对于员工的权利,只强调公平和隐私权即可。管中窥豹,略见一斑。由这一点可以看出,在美国发达的市场经济中,劳动者权利保障制度也已经建设到发达水平。

但是,在发展中或不发达的经济中,劳动者的基本权利(比如就业机会平等,同工同酬,按贡献分配,性别、体型、相貌、出身和种族等不受歧视,自由表达意见和建议,享有健康和安全的工作环境)经常得不到保护;有时,甚至人格和尊严不受侵犯的权利都不能够得到尊重。在这样的经济环境中,为民的、负责的和有能力的政府,就会担负起保护员工权利的责任。政府通常会通过制定法律、法规和政策,对雇主对待雇员的行为做出规定,为雇员向雇主主张权利提供依据,在雇员和雇主之间建立起利益博弈的规则。

按照这个逻辑,员工权利,即雇员权利,其内涵可以界定为国家法律、法规和政策赋予雇员不受雇主侵犯的权利,包括人格、尊严和隐私不受侵犯的权利,就业与发展机会平等的权利,在健康与安全的环境中工作的权利,以及按时获得合理的货币和非货币报酬的权利等。

无论在什么样的经济中,无论是什么样的组织,雇员都处于相对于雇主的弱势的一方。政府部门对雇员权利的保护至关重要。而且,越是发达的经济和社会,对雇员权利的保护和尊重制度越完善。尊重劳动,尊重劳动者,尊重包括雇员在内的一切社会劳动者的合法权益,是一个社会文明与进步的标志。

围绕着2007年6月29日第十届全国人民代表大会常务委员会第二十八次会议通过,2008年1月1日起实施的《劳动合同法》,特别是其中对签订"无固定期限劳动合同"的规定,引起了一些企业和研究者的议论。

实际上,"无固定期限劳动合同"条款,并不是《劳动合同法》的创新,而是对早在1995年1月1日起就开始施行的《劳动法》第二十条规定的细化与完善。

一名雇员在同一个用人单位连续工作已经满"十年",而且双方"协商一致"同意继续保持雇用与被雇用关系(说明这位雇员对用人单位仍然或更加具有使用价值),难道签订"无固定期限"的劳动合同只是单方面有利于雇员发展吗?有竞争力的和可持续发展的组织,有意识和有能力承担社会责任的组织,应该不会担心"无固定期限劳动合同"条款会带来什么不利的影响。

◀概念·要点▶

员工权利,即国家法律、法规和政策赋予雇员不受雇主侵犯的权利,包括人格、尊严和隐私不受侵犯的权利,就业与发展机会平等的权利,在健康与安全的环境中工作的权利,以及按时获得合理的货币和非货币报酬的权利等。

9.1.2 中国法律规定

在中国,为了调整复杂的劳动关系,维护劳动关系各方面主体,特别是亿万劳动者的权益,国家不断完善劳动法律制度。迄今为止,中国主要的劳动法律有四部(见表9-1):

(1)《中华人民共和国劳动法》(简称《劳动法》)。立法宗旨是"保护劳动者的合法权益,调整劳动关系,建立和维护适应社会主义市场经济的劳动制度,促进经济发展和社会进步。"[①]

表9-1 中国主要劳动法律

法律名称	通过时间	施行时间	主要内容
《中华人民共和国劳动法》	1994年7月5日第八届全国人大常委会第八次会议通过	自1995年1月1日起施行	(1)总则;(2)促进就业;(3)劳动合同和集体合同;(4)工作时间和休息休假;(5)工资;(6)劳动安全卫生;(7)女职工和未成年工特殊保护;(8)职业培训;(9)社会保险和福利;(10)劳动争议;(11)监督检查;(12)法律责任。共有十三章,一百零七条。

---

① 参见《中华人民共和国劳动法》第一条。

(续表)

法律名称	通过时间	施行时间	主要内容
《中华人民共和国就业促进法》	2007年8月30日第十届全国人大常委会第二十九次会议通过	自2008年1月1日起施行	(1)总则；(2)政策支持；(3)公平就业；(4)就业服务和管理；(5)职业教育和培训；(6)就业援助；(7)监督检查；(8)法律责任。共有九章，六十九条。
《中华人民共和国劳动合同法》	2007年6月29日第十届全国人大常委会第二十八次会议通过	自2008年1月1日起施行	(1)总则；(2)劳动合同的订立；(3)劳动合同的履行和变更；(4)劳动合同的解除和终止；(5)特别规定——集体合同，劳务派遣，非全日制用工；(6)监督检查；(7)法律责任。共有八章，九十八条。
《中华人民共和国劳动争议调解仲裁法》	2007年12月29日第十届全国人大常委会第三十一次会议通过	自2008年5月1日起施行	(1)总则；(2)调解；(3)仲裁——一般规定，申请和受理，开庭和裁决。共有四章，五十四条。

(2)《中华人民共和国就业促进法》(简称《就业促进法》)。立法目的在于"促进就业，促进经济发展与扩大就业相协调，促进社会和谐稳定。"①

(3)《中华人民共和国劳动合同法》(简称《劳动合同法》)。立法宗旨是"为了完善劳动合同制度，明确劳动合同双方当事人的权利和义务，保护劳动者的合法权益，构建和发展和谐稳定的劳动关系。"②

(4)《中华人民共和国劳动争议调解仲裁法》(简称《劳动争议调解仲裁法》)。立法目的在于"公正及时解决劳动争议，保护当事人合法权益，促进劳动关系和谐稳定。"③

在《劳动法》中，分别对"促进就业"(第二章)、"劳动合同和集体合同"(第三章)以及"劳动争议"(第十章)做了规定。根据经济和社会发展需要，为了更有效地开展就业促进工作，更好地保护劳动者合法权益，及时解决劳动争议，国家又分别制定了《就业促进法》《劳动合同法》和《劳动争议调解仲裁法》。这三部法律用于规制"用人单位"的行为，保护"劳动者"的权益。劳动者处于相对弱势的一方，法律保护的重点应该是弱者。对照法律条款，可以发现处处体现着对劳动者权益的保护。

在这四部法律中，《劳动法》为上位法，而《就业促进法》《劳动合同法》和《劳动争议调解仲裁法》属于下位法。上位法是高一个层级的法律，规定的全面性和原则性程度比较高；下位法是根据上位法的精神和原则，对其中某一个方面规定的具体化和完备化，有利于强化效力、遵照执行和完善措施。

---

① 参见《中华人民共和国就业促进法》第一条。
② 参见《中华人民共和国劳动合同法》第一条。
③ 参见《中华人民共和国劳动争议调解仲裁法》第一条。

此外，国家有关部门和机构还制定了多项法规、条例和政策，如国务院制定的《职工带薪年休假条例》，以进一步保护劳动者的合法权益。

调整和规范用人单位和劳动者行为，保护双方合法权益的中国劳动法律制度正在不断完善之中。①

9.2 雇佣关系与工会制度

从事任何一项生产活动——生产产品或提供服务的活动，都需要人和物两种资源。生产活动只要稍具规模，生产组织者就得借用外部资源。资金不足，可以从银行贷款。人员不够怎么办？外聘。正是外聘人员的需要，形成了雇佣关系，进而产生了工会组织。

9.2.1 雇用与雇佣关系

任何一种生产产品或提供服务的活动，都需要投入人力资源和物力资源两种要素。生产中所需要的人力资源，主要是指以人为载体的知识与技能。生产活动的投资者或组织者（甲方），根据岗位需要招聘、选拔适用的人员（乙方），与其签订劳动合同，甲乙双方约定在一段时间内，乙方所具备的知识与技能的使用权归甲方所有，甲方为此要支付乙方使用报酬。这时，甲乙双方就建立了雇用（employing）与被雇用的（employed）关系，即雇佣关系（employment relationship）。

雇用与被雇用是一种矛盾关系。雇用者希望被雇用者少拿工资多干活，而被雇用者希望多挣工资少干活。雇用者认为所支付的薪酬是合理的，但被雇用者认为偏低。雇用者让被雇用者加班加点干活，而且不支付加班费；被雇用者势单力薄，无力对抗，又担心失去"饭碗"，只好忍气吞声。尽管签订了劳务合同，对双方的权利和义务有约定，但任何合同都有漏洞，有时还会出现逃避责任或拒不执行等问题。如果诉诸法律，成本又太高。在这种情况下，被雇用者就会考虑采取其他更有效且成本更低的方式保护自己的权益。

自由市场经济国家的劳动者发现，保护自己权益的有效形式是建立集体组织，采取集体行动，即成立工会（labor union）。

9.2.2 工会组织的建立

在美国，早在1790年，熟练的手工业者（鞋匠、裁缝、印刷工人等）就组织了同业工会。1869年，一群裁缝集会成立劳工骑士团（Knights of Labor），到1885年，骑士团成员达到10万人。1886年，塞缪尔·冈伯斯（Samuel Gompers）创立了美国劳工联合会（Ameri-

---

① 西方国家，特别是美国，劳动法律制度比较健全。在中国流行的外版人力资源管理教材，主要来自美国。读者通过美国学者编写的教科书，可以了解到美国劳动法的制定和实施情况，这里不再重复介绍。在中国境内开业的"用人单位"和就业的"劳动者"，首先应该了解中国的劳动法律制度。

can Federation of Labor）。随着经济的波动，参加工会的人数也在发生变化。在第一次世界大战结束之前，工会会员已经超过 500 万人；此后，人数有所下降；到 20 世纪 70 年代，工会会员人数达到顶峰，大约 2 100 万人。①

有专家估计，在美国有超过 1 600 万名工人加入工会，占全部就业人员的 16%。在联邦、州以及地方政府雇用的人员中，有 40% 大约 700 万人是工会会员。在其他国家，参加工会的就业人数占全部就业人数的比例较高：加拿大为 37%，墨西哥为 43%，巴西为 44%，意大利为 44%，日本为 24%。②

中国的工会制度有其特殊性。《中华人民共和国工会法》第二条规定："工会是职工自愿结合的工人阶级的群众组织。中华全国总工会及其各工会组织代表职工的利益，依法维护职工的合法权益。"第三条规定："在中国境内的企业、事业单位、机关中以工资收入为主要生活来源的体力劳动者和脑力劳动者，不分民族、种族、性别、职业、宗教信仰、教育程度，都有依法参加和组织工会的权利。任何组织和个人不得阻挠和限制。"③

中国目前有多少工会组织和工会会员？据国家统计局统计，截至 2018 年，中华全国总工会共有基层组织 273.1 万个，全国已建工会组织的基层单位的职工人数达 30 582.9 万人，其中 29 476.5 万人为工会会员。全国工会系统有专职工作人员 102.2 万人。

中国现行的工会组织管理制度建立于计划经济时期，是适应计划经济运行模式的制度结构。随着经济运行模式向社会主义市场经济的转轨，工会的组织管理制度也应该发生相应变化。逐步创新、建立和完善适应中国社会主义市场经济制度发展要求，能够满足新时期中国劳动者要求的新型中国工会制度，势在必行。

在市场经济制度下，工会是劳动者为了维护自身利益而自主建立和自愿参加的组织。维护劳动者的合法权益，是工会组织存在的基础和工作的主要目标。

◂概念·要点▸

在市场经济制度下，工会是劳动者为了维护自身利益而自主建立和自愿参加的组织。维护劳动者的合法权益，是工会组织存在的基础和工作的主要目标。

---

① 参见加里·德斯勒、曾湘泉主编：《人力资源管理》（第 10 版·中国版），中国人民大学出版社，2007 年第 1 版，第 525 页"美国工会运动简史"。
② 转引自上书，第 524—525 页。
③ 参见《中华人民共和国工会法》。

9.2.3 工会制度的运行

工会是出于维护劳动者利益的需要而演化出的制度结构。工会组织活动的主要目标应该是维护和增进工会会员的合法权益,即保障基本权利,改善工作条件,提高薪酬福利。但是,工会组织一旦建立,就会出现保持和扩大组织者和组织本身利益的要求。

工会组织开展活动,既需要物力资源,又需要人力资源。一般而言,工会组织的物力资源有三个来源:一是收取会员会费,二是收取所在组织缴纳的费用,三是获得国家或政府有关部门的资助。

这里主要介绍中国工会制度的有关情况。《中国工会章程》总则规定:"中国工会是中国共产党领导的职工自愿结合的工人阶级群众组织,是党联系职工群众的桥梁和纽带,是国家政权的重要社会支柱,是会员和职工利益的代表。""中国工会的基本职责是维护职工合法权益,竭诚服务职工群众。"工会不仅要维护职工的政治权利,而且要维护职工的劳动权利和物质文化利益;同时,还要把参与协调劳动关系、调节社会矛盾作为一项重要工作,努力促进经济发展和社会的长期稳定。①

《中国工会章程》第七章"工会经费和财产"第三十六条,对"工会经费的来源"做了明确规定。共有五个方面的来源:

(1) 会员缴纳的会费;

(2) 企业、事业单位、机关和其他社会组织按全部职工工资总额的2%向工会拨缴的经费或者建会筹备金;

(3) 工会所属的企业、事业单位上缴的收入;

(4) 人民政府和企业、事业单位、机关和其他社会组织的补助;

(5) 其他收入。

这里需要特别注意的是,在中国,工会允许成立属于自己的"企业""事业"单位。单位的收益,要按照规定上缴所属的工会组织。

◁概念·要点▷

工会是出于维护劳动者利益的需要而演化出的制度结构。

工会组织活动的主要目标,应该是维护和增进工会会员的合法权益,即保障基本权利,改善工作条件,提高薪酬福利。

---

① 参见中华全国总工会网站登载《中国工会章程》。《中国工会章程》于2003年9月26日在中国工会第十四次全国代表大会上通过。

9.2.4 集体谈判的逻辑

集体谈判(collective bargaining)是指工会组织为了维护和争取会员利益,派出代表与用人单位代表就有关事项进行讨论和协商的过程。

集体谈判是工会组织显示力量和发挥作用的主要方式。集体谈判是一个双方相互妥协的过程,而不能以强制要求对方接受全部条件为目的。为此,谈判需要在有理、有利和合理、合法的基础上展开,即要进行真诚谈判(good faith bargaining)。这意味着劳资双方要反复沟通,充分协商,认真听取对方的意见和要求,做出适当让步,努力达成协议。

根据美国的情况,有专家归纳出违反集体谈判逻辑的"不真诚谈判"的十种表现[1]:

(1) 表面谈判。走过场,没有缔结正式协议的意图。

(2) 拒绝做出适当让步。

(3) 建议和要求不合理。

(4) 采取拖拉策略。

(5) 强加不合理的或苛刻的条件。

(6) 单方面改变条件。说明雇主在谈判中不想达成协议。

(7) 资方回避工会代表。

(8) 在谈判期间采取不当过激行为。

(9) 资方拒绝提供信息。

(10) 忽视谈判项目。拒绝就必须谈判的强制性项目进行谈判,或坚持就可以谈判的自愿性项目进行谈判。

如何做好谈判工作？里德·理查森(Reed Richardson)向谈判者提出了以下建议[2]:

(1) 一定要为每一个谈判项目设置明确的目标,并且一定要清楚设立每个目标的原因。

(2) 要从容不迫。

(3) 若有疑问,要及时与同事商量。

(4) 准备好数据支持你的立场。

(5) 对自己的主张要保持一定的弹性。

(6) 不要只在意对方所说的和所做的,而要找出他们这样做的原因。

(7) 注意保全对方的面子。

(8) 高度关注对方的真实意图,不仅要注意对方的目标,还要注意目标的先后顺序。

(9) 做一个善于倾听的人。

---

[1] 参见加里·德斯勒、曾湘泉主编:《人力资源管理》(第10版·中国版),中国人民大学出版社,2007年第1版,第543页。引用时在表述上有所改动。

[2] 转引自上书,第545页。引用时在表述上有改动。

(10) 建立一种公正而坚定的信誉。
(11) 学会控制自己的情绪,并将此作为一种手段加以利用。
(12) 每当你让谈判往前走了一步的时候,你自己一定要清楚下一步应该往哪里走。
(13) 用你的目标来衡量谈判的每一步。
(14) 要非常注意每个谈判条款的措辞,引发诉讼的往往就是措辞问题。
(15) 要记住,集体谈判是一个妥协的过程,世界上没有独占全部利益的好事。
(16) 努力了解人及其个性。
(17) 考虑当前谈判对未来谈判的影响。

◀概念·要点▶

集体谈判是指工会组织为了维护和争取会员利益,派出代表与用人单位代表就有关事项进行讨论和协商的过程。

9.3 组织制度与和谐文化

雇主与雇员之间建立良好的关系,对于双方利益的维护,有百利而无一害。对于任何一个组织而言,做好员工关系管理,对于组织效率的保持和绩效的提高,具有重要意义。

劳动法律制度对雇主与雇员的行为方式提出规范,为双方关系的调整提供依据。这是来自社会的外部强制力量对劳资关系的协调建立基础。工会组织的集体谈判往往意味着劳资关系的对立——在对立中寻求调和的出路。

一般而言,对立的成本总大于合作的收益。雇主与雇员合作关系形成的关键,在于组织内部管理制度和组织文化的建设是否卓有成效。有效率的组织制度,能够产生适度的约束与激励效应;而成功的文化建设,有利于促进组织内人际关系的和谐。

9.3.1 组织制度的约束与激励作用

组织建立各种规章制度,初始目的主要是"约束"员工的行为——要求员工按照组织管理者期望的模式行动,并对员工违反规则的后果做出规定。

约束是必要的,没有规矩不成方圆。杰克·韦尔奇在其自传中谈道:"不管他们来自什么地方,GE 总是致力于发现和造就了不起的人才。""我强调过很多观点,但我尤为注重把人作为 GE 的核心竞争力,在这一点上,我倾注了比其他任何事物都多的热情。"但是,韦尔奇强调:"在一个拥有30万名员工和4 000名高级经理的大企业里,我们所需要的绝不仅仅是能感触到的良好意愿,必须有一种合理的制度使员工们都懂得游戏规则。"①

需要注意的是,约束员工行为的规则要具有合理性、一致性、稳定性和可接受性。合理性是规则产生正效应的根本基础和必要条件。一致性意味着对所有相关人员一视同仁,让员工感到公平。规则在较长时期内的相对稳定性,便于让员工形成遵守规则的习惯和预期自己行为的后果。可接受性是指组织制定的规则,如果做不到全体员工一致同意,也要争取绝大多数人的支持,至少要得到多数员工的理解和认同。员工的理解与认同,是组织制定和执行规章制度能够产生良好效果的重要条件。

组织制定和执行规章制度,必须尊重员工权利,维护员工尊严,重视员工价值。沃顿商学院管理学教授西格尔·巴萨德(Sigal Barsade)与其博士生拉克希米·拉马拉杰(Lakshmi Ramarajan)的一项合作研究发现,在员工加入公司的那一刻起,他们便开始寻求与组织之间的认同感。拉马拉杰说道:"当员工越是被视为群体中的一员而感受到尊重时,他们便越容易产生这种认同感。受到尊重是使员工能安心工作并且热爱自己事业的一种途径。相反,如果员工发现身边的同事得不到别人的尊重,他们便会形成公司不善待员工的共识。"员工所感受到的来自组织的尊重或轻视都会对员工的倦怠情绪产生影响。巴萨德和拉马拉杰举例说明:"当员工们认为组织没有给予他们尊重或尊严时,员工的工作热情将受此影响而锐减,士气不振,继而产生倦怠情绪。受到组织轻视的员工在给客户提供服务的过程中需要掩饰自己内心的真实感受。这种掩饰与压抑会加剧他们的情感耗竭症状,在对社会服务行业进行的调查研究中,情感耗竭正是构成员工倦怠情绪的一个主要因素。"②

基于"尊重员工权利,维护员工尊严,重视员工价值"的组织制度,是对员工产生"激励"作用的基础。组织制度的激励作用,远比简单的约束作用有现实意义和实际价值。激励能够激发动力,鼓舞干劲,增进绩效。为此,组织在制定规章制度时,应该以奖励性条款为主,减少惩罚性条款。

尊重员工权利的组织势必会得到员工的尊敬,以及社会的尊敬。得到员工和社会尊敬的组织,一定会在资源——人力资源和物力资源——的获取,产品或服务的需求,以及生产价值的实现等方面得到社会的支持,进而获得可持续发展的实力,奠定"基业长青"的坚实基础。

---

① 参见杰克·韦尔奇、约翰·拜恩著,曹彦博等译:《杰克·韦尔奇自传》(第2版),中信出版社,2004年第2版,第118页。

② 参见沃顿知识在线(www.knowledgeatwharton.com.cn)2007年1月4日发布的文章《与工作要求或个性相比,缺乏来自组织的尊重才是加剧员工倦怠的主因》。

◁概念·要点▷

组织制定和执行规章制度,必须尊重员工权利,维护员工尊严,重视员工价值。

约束员工行为的规则要具有合理性、一致性、稳定性和可接受性。

组织制度的激励作用,远比简单的约束作用有现实意义和实际价值。

9.3.2 组织和谐文化建设的意义

沃尔玛的成功有三个重要因素:一是利用创新,牢牢把握生产率优势。沃尔玛的许多创新(如条形码、无线扫描枪、计算机跟踪存货等),不论大小,如今均已成为行业标准。二是遵循顾客至上的服务原则。"要做得比顾客所期望的更好",这是山姆·沃尔顿(Sam Walton)总结的沃尔玛十大经营规则之一。三是以人为本的管理理念,以及由此形成的员工强大的凝聚力。员工被当成合伙人对待,公司给予员工分享经营信息的权利和共同承担经营绩效的责任。[①]

但是,沃尔顿讲过这样一句耐人寻味的话:公司飞速发展的真正源泉在于我们的管理者同我们的员工的良好关系,这是我们公司能够不断在竞争中获胜,甚至获得自己意料之外的成果的唯一原因。通用电气前董事长杰克·韦尔奇认为,沃尔顿了解人性,就像爱迪生了解创新发明、亨利·福特了解制造生产一样。他给员工最好的,给顾客最好的,任何和他有接触的人,都可以学到一些有价值的东西。[②]

沃尔玛创新与服务的水平取决于员工的工作质量。因此,所谓导致沃尔玛成功的三个因素,根本上可以归因于员工的贡献,归因于"管理者同员工的良好关系",归因于山姆·沃尔顿奠基和建设的和谐的公司文化——了解人性,体察人心;给员工最好的,给顾客最好的。

管理理论和实践已经证明,和谐的组织文化,对于组织的成功具有决定性的作用。组织内部人际关系的和谐,意味着管理者与员工之间、员工与员工之间易于形成"沟通、理解、信任、支持、合作"的良好工作关系。组织内部和谐的工作关系,是激发工作动力的基础,取得工作成绩的保证,是一个组织获得持久成功的必要条件。

---

① 参见山姆·沃尔顿等著,沈志彦等译:《富甲美国——沃尔玛创始人自传》,上海译文出版社,2001年第1版,前言。

② 同上书,推荐前言。

> ◀概念·要点▶
>
> 了解人性,体察人心;给员工最好的,给顾客最好的。
> 组织内部和谐的工作关系,是激发工作动力的基础,是取得工作成绩的保证,是一个组织获得持久成功的必要条件。

❏ 要点回顾

- 员工权利,即国家法律、法规和政策赋予雇员不受雇主侵犯的权利,包括人格、尊严和隐私不受侵犯的权利,就业与发展机会平等的权利,在健康与安全的环境中工作的权利,以及按时获得合理的货币和非货币报酬的权利等。

- 在中国,为了调整复杂的劳动关系,维护劳动关系各方面主体,特别是亿万劳动者的权益,国家不断完善劳动法律制度。迄今为止,中国主要的劳动法律有四部:(1)《中华人民共和国劳动法》;(2)《中华人民共和国就业促进法》;(3)《中华人民共和国劳动合同法》;(4)《中华人民共和国劳动争议调解仲裁法》。

- 雇用与被雇用是一种矛盾关系。自由市场经济国家的劳动者发现,保护自己利益的有效形式是建立集体组织,采取集体行动,即成立工会。

- 在市场经济制度中,工会是劳动者为了维护自身利益而自主建立和自愿参加的组织。维护劳动者的合法权益,是工会组织存在的基础和工作的主要目标。

- 工会是出于维护劳动者利益的需要而演化出的制度结构。工会组织活动的主要目标应该是维护和增进工会会员的合法权益,即保障基本权利,改善工作条件,提高薪酬福利。

- 工会组织一旦建立,就会出现保持和扩大组织者和组织本身利益的要求。

- 集体谈判是指工会组织为了维护和争取会员利益,派出代表与用人单位代表就有关事项进行讨论和协商的过程。

- 集体谈判是工会组织显示力量和发挥作用的主要方式。集体谈判是一个双方相互妥协的过程,而不能以强制要求对方接受全部条件为目的。为此,谈判需要在有理、有利和合理、合法的基础上展开,即要进行真诚谈判。

- 组织制定和执行规章制度,必须尊重员工权利,维护员工尊严,重视员工价值。

- 约束员工行为的规则,要具有合理性、一致性、稳定性和可接受性。

- 组织制度的激励作用,远比简单的约束作用有现实意义和实际价值。

- 了解人性,体察人心;给员工最好的,给顾客最好的。

- 组织内部和谐的工作关系,是激发工作动力的基础,取得工作成绩的保证,是一个组织获得持久成功的必要条件。

思考与练习题

9.1 员工有什么权利?
9.2 为什么要保护员工权利?
9.3 中国主要的劳动法律有几部?每部法律的立法宗旨是什么?
9.4 为什么会形成雇用与被雇用的关系?
9.5 中国的工会组织采取什么样的管理模式?
9.6 中国的工会制度需要在哪些方面加以完善?
9.7 尝试设计适应发达的中国社会主义市场经济要求的新型的中国工会制度。
9.8 组织和谐文化建设的意义何在?

案例研究

张小平离职事件引发社会热议

2018年9月27日,一篇名为《离职能直接影响中国登月的人才,只配待在国企底层》的文章刷爆朋友圈。起因是西安航天动力研究所因副主任设计师张小平离职而发出的一封公开信,信中痛陈张小平离职的巨大损失:"张小平个人的离职对这四型发动机的方案论证及研制工作均造成了极大的影响……甚至从某种程度上会影响到我国载人登月重大战略计划的论证和策划工作。"

张小平1994年入职西安航天动力研究所,2011年8月取得研究员资格,2015年3月起担任低温推进剂发动机型号副主任设计师。2018年3月,张小平向西安航天动力研究所提出辞职申请。

西安航天动力研究所与张小平进行了多次沟通和挽留,但其离职意向坚决,并在单位未批准的情况下自行离所。西安航天动力研究所向西安市劳动争议仲裁委员会提起仲裁申请,要求张小平继续履行聘用合同,按脱密期管理规定回所脱密。

据爆料,张小平的待遇是年薪12万元,跳槽后加入北京蓝箭空间科技有限公司,年薪直接达到百万。这次西安航天动力研究所公开发文要押张小平回去,刷屏航天圈,张小平的能力变相得到整个国家体制的承认,肯定还要加薪升职。

一些网友发现,张小平辞职的时候没有遇到任何阻碍,领导直接就批了,不知道张小平在项目中意味着什么。等张小平走了一段时间,研究所慢慢发现不对劲了,公文中写得清清楚楚:"……尤其是480吨液氧煤油发动机在今年二季度的研制过程中出现了深层次的技术难题,急需发动机技术专家集智攻关工作以便尽快确定后续发动机研制方案……"所以发文向国家要人,期望张小平回来。二季度是4—6月,出现了重大的问题需要专家,卡住了项目进度,才有了9月份的这份要人公文。

张小平从一个小工程师,突然变成了关键人才和灵魂人物,离开他整个中国都受到影响了,他的个人离职居然能影响国家战略。

换句话说,如果不是因为项目被卡住了,西安航天动力研究所压根不会理会张小平的死活,主管领导也根本不认可张小平的技术能力,如果主管领导知道张小平有这么重要,就冲他今天能发出这种公文要人的紧迫劲头,当初就算闹上中央他都不会放人的。如果张小平没有辞职的话,那么他在研究所里注定一辈子是底层,根本没机会爬上去,因为你的技术和成绩领导不认可,也看不到,直到你辞职后整个项目出问题了,领导才会发现你的价值。

更让人心寒的是,张小平掌握着我国如此核心技术,却给了如此之低的技术层级。按照我国保密法,从我国核心技术部门离职的人有一个脱密期,在脱密期内不允许到外企任职,出境需要原单位审批。脱密期的长短和技术职称直接挂钩,职位越高,脱密期越长,关键岗位一般需要八年脱密期。但是张小平的技术层级太低了,他最多就是一年脱密,有可能连保密层级都沾不上边,因为层级实在是太低了。

有法律专家提出,张小平的离职以及引发的讨论,一方面给"人才观"敲响警钟:只有完善人才管理、使用、激励机制,真正为每一个人才提供干事创业的舞台,才能留得住人才;另一方面也提醒跳槽者,必须严格遵守《中华人民共和国保守国家秘密法》的规定:"涉密人员离岗离职实行脱密期管理。涉密人员在脱密期内,应当按照规定履行保密义务,不得违反规定就业,不得以任何方式泄露国家秘密。"

资料来源:改编自阿斌:《天价竞业限制案"引人侧目 张小平离职事件"敲响警钟——盘点2018年十大劳动争议案》,《劳动报》(2019年8月28日,http://gov.eastday.com/ldb/node41/node2151/20181226/n73633/n73651/u1ai430568.html)。

● 思考与讨论题

9.1 用人单位处理员工离职时应履行哪些法律程序?

9.2 员工离职时应对原单位履行哪些基本法律义务?

附录一

主要参考文献

1. HR 管理世界网(www.hroot.com)。
2. W. 钱·金和勒妮·莫博涅著,吉宓译:《蓝海战略——超越产业竞争,开创全新市场》,商务印书馆,2005 年第 1 版。
3. 保罗·尼文著,胡玉明等译:《平衡计分卡实用指南》,中国财政经济出版社,2003 年第 1 版。
4. 彼得·德鲁克、约瑟夫·马恰列罗著,蒋旭峰、王珊珊等译,詹正茂审订:《德鲁克日记》,上海译文出版社,2006 年第 1 版。
5. 彼得·德鲁克著,齐若兰译,那国毅审订:《管理的实践》(中英文双语典藏版),机械工业出版社,2006 年第 1 版。
6. 彼得·德鲁克著:《卓有成效的管理者》,机械工业出版社,2005 年第 1 版。
7. 毕意文、孙永玲著:《平衡计分卡——中国战略实践》,机械工业出版社,2003 年第 1 版。
8. 查尔斯·R. 格里尔著,孙非等译,《战略人力资源管理》,机械工业出版社,2004 年第 1 版。
9. 德里克·钱农主编,范黎波译:《布莱克韦尔战略管理百科词典》,对外经济贸易大学出版社,2002 年第 1 版。
10. 费欧娜·爱尔莎·丹特著,田洁译:《领导力》,上海交通大学出版社,2006 年第 1 版。
11. 哈尔·F. 罗森柏斯、戴安娜·麦克费林·彼得斯著,张庆等译:《全美最佳公司人力资源管理实践》,机械工业出版社,2003 年第 1 版。
12. 加里·德斯勒、曾湘泉主编:《人力资源管理》(第 10 版·中国版),中国人民大学出版社,2007 年第 1 版。
13. 加里·德斯勒著,《人力资源管理》(第 8 版·影印版),清华大学出版社,2001 年第 1 版。
14. 加里·德斯勒著,刘昕、吴雯芳等译:《人力资源管理》(第 6 版),中国人民大学出版社,1999 年第 1 版。
15. 杰弗里·梅洛著,吴雯芳译:《战略人力资源管理》,中国劳动保障出版社,2004 年第 1 版。
16. 杰克·韦尔奇、苏茜·韦尔奇著,余江译:《赢》,中信出版社,2005 年第 1 版。
17. 杰克·韦尔奇、约翰·拜恩著,曹彦博等译:《杰克·韦尔奇自传》,中信出版社,2004 年第 2 版。
18. 杰里·W. 吉雷、安·梅楚尼奇著,康青译:《组织学习、绩效与变革——战略人力资源开发导论》,中国人民大学出版社,2005 年第 1 版。
19. 劳伦斯·H. 彼德斯、查尔斯·R. 格里尔和斯图尔特·A. 扬布拉德主编,牛雄鹰、魏立群译:《布莱克韦尔人力资源管理百科词典》,对外经济贸易大学出版社,2002 年第 1 版。
20. 雷蒙德·A. 诺伊等著,刘昕改编:《人力资源管理》(英文第 5 版),中国人民大学出版社,2006 年第 1 版。
21. 雷蒙德·A. 诺伊等著,刘昕译:《人力资源管理:赢得竞争优势》(第 3 版),中国人民大学出版社,2001 年第 1 版。
22. 罗伯特·S. 卡普兰、戴维·P. 诺顿著,博意门咨询有限公司译:《组织协同——运用平衡计分卡创造企业合力》,商务印书馆,2006年第1版。
23. 罗伯特·卡普兰、大卫·诺顿著,刘俊勇、孙薇译,王化成译校:《平衡计分卡——化战略为行动》,广东省出版集团、广东经济出版社,2004年第1版。
24. 罗伯特·卡普兰、大卫·诺顿著,刘俊勇、孙薇译,王化成译校:《战略地图——化无形资产为有形成果》,广东省出版集团、广东经济出版社,2005年第1版。
25. 迈克尔·A.希特、R.杜安·爱尔兰和罗伯特·E.霍斯基森著,吕巍等译:《战略管理:竞争与全球化(概念)》,机械工业出版社,2002年第1版。
26. 迈克尔·波特著,陈小悦译:《竞争优势》,华夏出版社,1997年第1版。
27. 迈克尔·波特著,高登第、李明轩译:《竞争论》,中信出版社,2003年第1版。
28. 《牛津管理评论》(WWW.ICXO.COM)。
29. 彭剑锋主编:《人力资源管理概论》,复旦大学出版社,2005年第1版。
30. 钱诚:《我国不同学历毕业生起点薪酬比较及影响因素研究》报告(中国劳动保障科学研究院基本科研业务项目资助)。
31. 乔治·T.米尔科维奇、杰里·M.纽曼著,董克用等译:《薪酬管理》(第6版),中国人民大学出版社,2002年第1版。
32. 乔治·伯兰德、斯科特·斯内尔著:《管理人力资源》(英文版),东北财经大学出版社,2003年第1版。
33. 乔治·伯兰德、斯科特·斯内尔著:《人力资源管理》(英文第13版),东北财经大学出版社,2003年第1版。
34. 人力资源管理世界(www.hroot.com)。
35. 山姆·沃尔顿等著,沈志彦等译:《富甲美国——沃尔玛创始人自传》,上海译文出版社,2001年第1版。
36. 斯蒂芬·P.罗宾斯、玛丽·库尔特著,孙建敏等译:《管理学》(第7版),中国人民大学出版社,2004年第1版。
37. 托马斯·弗里德曼著,何帆译:《世界是平的——21世纪简史》,湖南科学技术出版社,2006年第1版。
38. 王建民:《构建基于"80/20效率法则"的组织人力资本管理制度》,《经济管理》,2002年第21期。
39. 王建民:《哈佛大学公共管理教育:观察与思考》,《高等教育研究》,2005年第11期。
40. 王建民:《论国有企业经营者人力资本的收益权》,《北京师范大学学报(社会科学版)》,2004年第2期。
41. 王建民:《论政府雇员制应该缓行》,《甘肃行政学院学报》,2006年第4期。
42. 王建民:《论中国高等教育"生产关系"变革:理性思考与战略选择》,《高等教育研究》,2006年第12期。
43. 王建民:《美国地方政府绩效考评:实践与经验》,《北京师范大学学报(社会科学版)》,2005年第5期。
44. 王建民:《企业人力资本管理:产权特征》,《经济管理》,2002年第15期。
45. 王建民:《中国地方政府机构绩效考评目标模式研究》,《管理世界》,2005年第10期。
46. 王建民编著:《战略管理学》,北京大学出版社,2006年第2版。
47. 王建民编著:《战略管理学》,北京大学出版社,2013年第3版。
48. 王建民著:《人力资本生产制度研究》,经济科学出版社,2001年第1版。

49. 王建民著：《研究生人力资本研究》(华夏英才基金学术文库)，科学出版社，2010 年第 1 版。
50. 威廉·P. 安东尼等著，赵玮、徐建军译：《人力资源管理：战略方法》(第四版)，中信出版社，2004 年第 1 版。
51. 裔锦声著：《职场政治——华尔街人力资源案例》，作家出版社，2003 年第 1 版。
52. 詹姆斯·W. 沃克著，吴雯芳译：《人力资源战略》，中国人民大学出版社，2001 年第 1 版。
53. 中国人力资源开发网(www. chinahrd. net)。
54. 中国人力资源网(www. hr. com. cn)。
55. Bakke, E. W., *The Human Resources Function*, New Haven：Yale Labor Management Center, 1958.
56. Performance Measurement Team, Department of Management and Budget 2004, Fairfax County Manual for Data Collection for Performance Measurement, p. 1. (From Harvard University Library e-resources, in January, 2005).
57. Drucker, P., *Management：Tasks, Responsibilities, and Practices*, New York：Harper & Row, 1974.
58. Drucker, P. and Maciariello, J. A., *The Daily Drucker*, New York：Harper Business, 2004.
59. Quinn, J. B., *Strategic for Chang：Logical Incrementalism*, Homewood, IL：Richard D. Irwin, 1980.
60. Janz, T., Hellervik L. and Gilmore, D., *Behavioral Description Interviewing*, Boston：Allyn and Bacon, 1986.
61. Kim, W. C., and Mauborgne, R., *Blue Ocean Strategy：How to Create Uncontested Market Space and Make the Competition Irrelevant*, Cambridge, MA：Harvard Business School Publishing Corporation, 2005.

附录二

图 表 目 录

● 图

图 1-1　海尔集团六阶段发展战略
图 1-2　一个国家或地区内人力资源构成
图 2-1　麦肯锡 7S 模型
图 2-2　战略管理模型
图 2-3　人力资源管理模型
图 2-4　人力资源与组织战略制定的关系
图 2-5　人力资源与组织战略实施的关系
图 2-6　战略人力资源管理模型
图 3-1　战略人力资源规划模型
图 3-2　战略人力资源规划的五个维度
图 3-3　人力资源规划内容梯度
图 3-4　战略人力资源规划的基本程序
图 3-5　某类工种或工作岗位人力资源短缺或过剩状态评估程序
图 4-1　工作分析过程
图 4-2　工作分析方法
图 4-3　工作分析的结果和应用
图 4-4　招聘的程序
图 4-5　招聘筛选金字塔
图 4-6　内部招聘的来源与方式
图 4-7　外部招聘的来源与方式
图 4-8　内部招聘与外部招聘比较
图 5-1　人力资源选拔程序
图 5-2　选拔测试常见类型
图 5-3　选拔面试内容
图 5-4　选拔面试步骤
图 5-5　常用面试类型与方法
图 6-1　组织绩效管理模型
图 6-2　员工个人绩效管理模型
图 6-3　中国地方政府机构绩效考评模型
图 6-4　员工个人绩效考评主体

图6-5　常用绩效考评方法

图6-6　目标管理法程序

图6-7　平衡计分卡模型

图7-1　薪酬福利的激励机制

图7-2　动机期望理论的激励逻辑

图7-3　薪酬的决定因素

图7-4　总体薪酬结构

图7-5　战略薪酬设计五维度模型

图7-6　战略薪酬设计程序

图8-1　人力资源开发程序

图8-2　职业人职业发展阶段

图8-3　组织内员工职业发展管理过程

图8-4　典型的学习曲线

图8-5　管理者的核心能力

图8-6　领导力方格

● 表

表3-1　人力资源需求趋势分析举例

表3-2　一家零售公司的马尔科夫分析举例

表4-1　结构性工作分析访谈表

表4-2　"人力资源部经理"工作说明书

表4-3　"人力资源部经理"工作规范表

表4-4　"执行秘书"工作规范表

表4-5　选择招聘学校的考虑因素

表4-6　2018年第四季度全国十大城市岗位需求和求职排行榜

表5-1　选拔方法与使用频率

表6-1　美国费尔法克斯县绩效考评指标体系

表6-2　中国地方政府机构绩效考评指标体系

表6-3　图示尺度法示例

表6-4　混合标准尺度法示例

表6-5　传统绩效考评指标体系与战略性绩效考评指标体系比较

表7-1　国内某大学教授2007年和2020年两个月工资单比较

表8-1　开发与培训比较

表8-2　企业战略与人力资源开发需求

表9-1　中国主要劳动法律

教辅申请说明

  北京大学出版社本着"教材优先、学术为本"的出版宗旨,竭诚为广大高等院校师生服务。为更有针对性地提供服务,请您按照以下步骤通过**微信**提交教辅申请,我们会在 1~2 个工作日内将配套教辅资料发送到您的邮箱。

◎扫描下方二维码,或直接微信搜索公众号"北京大学经管书苑",进行关注;

◎点击菜单栏"在线申请"—"教辅申请",出现如右下界面:

◎将表格上的信息填写准确、完整后,点击提交;

◎信息核对无误后,教辅资源会及时发送给您;
如果填写有问题,工作人员会同您联系。

温馨提示:如果您不使用微信,则可以通过以下联系方式(任选其一),将您的姓名、院校、邮箱及教材使用信息反馈给我们,工作人员会同您进一步联系。

联系方式:

北京大学出版社经济与管理图书事业部
通信地址:北京市海淀区成府路 205 号,100871
电子邮箱: em@pup.cn
电 话: 010-62767312 /62757146
微 信:北京大学经管书苑(pupembook)
网 址:www.pup.cn